吉林省社会科学院智库项目成果

吉林省
实施乡村振兴战略研究

Research on the Implementation of
a Rural Revitalization Strategy
in Jilin Province

李冬艳 - 著

社会科学文献出版社
SOCIAL SCIENCES ACADEMIC PRESS (CHINA)

前　言

　　"乡村振兴战略"是中共十九大报告提出的七大战略之一，它是关乎中国实现"两个一百年"奋斗目标、关系中国未来发展方向与命运的重大战略，它的提出具有重大的历史性、理论性和实践性意义。

　　乡村振兴战略蕴含着我们党对当前我国"三农"形势的重大判断：新型农业生产经营主体较快成长，农民转产就业、转移就业空间持续扩大，脱贫攻坚力度不断加大，农村水、电、路等基础设施显著改善，但劳动力大量外流，产业空心化问题更加突出，生态环境恶化趋势尚未根本遏制，农村繁荣发展形势依然严峻。

　　乡村振兴战略蕴含着我们党对"三农"工作方略的重大创新，对农村发展有新要求。站在新的历史起点上，党的十九大报告在阐述乡村振兴战略时明确提出，要按照"产业兴旺、生态宜居、乡风文明、治理有效、生活富裕"的总要求，建立健全城乡融合发展的体制机制和政策体系，加快推进农业农村现代化。

　　乡村振兴战略蕴含着我们党推进"三农"工作有新思路。在整体发展思路上，乡村振兴战略创新性地提出，建立健全城乡融合发展的体制机制和政策体系，加快推进农业农村现代化。在农业发展思路上，乡村振兴战略既一如既往地强调确保国家粮食安全，又创新性地提出了构建现代农业产业体系、生产体系、经营体系，培育新型农业经营主体，健全农业社会化服务体系，实现小农户和现代农业发展有机衔接等新思路。在农民增收思路上，乡村振兴战略提出，促进农村一二三产业融合发展，支持和鼓励农民就业创业，拓宽增收渠道。在农村发展思路上，乡村振兴战略提出，加强农村基层基础工作，健全自治、法治、德治相结合的乡村治理体系。培养造就一支懂农业、爱农村、爱农民的"三农"工作队伍。

乡村振兴战略蕴含着深化农村改革有新方向：坚持和完善农村基本经营制度，稳定土地承包关系，完善承包地"三权"分置制度，深化农村集体产权制度改革，保障农民财产权益，壮大集体经济。这些既反映了近年我国农村体制机制改革的最新成果，又将农村集体经济发展放在了更加显著的位置，指明了未来农村改革发展的重点和方向。

基于乡村振兴战略的地位和历史性、理论性和实践性意义，在总结近些年"三农"问题研究成果的基础上，我撰写了《吉林省实施乡村振兴战略研究》一书。

在书中，力求体现这样的思想：

第一，乡村振兴是我国农村体制机制改革的最新成果，是习近平新时代中国特色社会主义思想的组成部分。

第二，实施乡村振兴战略的重大部署，是首次将农业农村工作上升为国家战略。这标志着我国乡村发展进入一个崭新的阶段，也预示着一个以乡村振兴为基础的农业农村现代化建设新时代的到来。

第三，乡村振兴战略的实施，预示着我国经济社会发展将发生一系列转折。

第四，"乡村振兴战略"是中共十九大报告提出的七大战略之一。它跨越了过去所有涉及"三农"的发展战略及发展目标，体现了"三农"发展历史与现实的统一，展现了"三农"发展的未来。

在书中，力求反映这样的内容：

第一，乡村振兴的理论；

第二，乡村振兴的模式与实施路径；

第三，乡村振兴与新农村建设的关系；

第四，农业农村优先发展是乡村振兴的重要思想；

第五，农业农村现代化是乡村振兴的必由之路；

第六，粮食生产生态化是乡村振兴的前提；

第七，脱贫攻坚是实施乡村振兴战略的优先任务；

第八，农民素质提升是乡村振兴之根本；

第九，农业组织化是乡村振兴的手段；

第十，发展集体经济是乡村振兴的目标；

第十一，农村三次产业融合发展是乡村振兴的措施。

本书力求达到这样的目的：

第一，通过理论梳理，诠释乡村振兴战略提出的背景、内涵、地位、任务。

第二，通过要素分析，论述乡村振兴的重要思想、实施前提、首要任务、发展目标、手段和措施。

第三，通过实证研究，阐述新农村建设与乡村振兴的关系，论证乡村振兴的路径与模式。

中国特色社会主义进入新时代，这是党的十九大报告做出的一个重大判断。从历史角度看，乡村振兴是在新的起点上总结过去、谋划未来，在深入推进城乡发展一体化基础上提出的乡村发展的新要求、新蓝图。从理论角度看，乡村振兴是深化改革开放、实行市场经济体制、系统解决市场失灵问题的重要抓手。从实践角度看，乡村振兴是呼应老百姓新期待，以人民为中心，为了把农业产业搞好，把农村保护建设好，为农民发展进步服务好，提高人的社会流动性，扎实解决农业现代化发展、社会主义新农村建设和农民发展进步中遇到的现实问题。

我2008年到吉林省社会科学院工作至今，一直致力于农业农村经济与区域经济研究，本书是十余年研究成果的总结和理论升华。本书吸纳了诸多前辈的卓越思想和理论贡献，也得到了单位领导、老师的不吝赐教和帮助，得到了社会科学文献出版社领导和编辑的大力支持，在此致以诚挚的谢意！感谢他们！

由于本人学识有限，书中错误难免，恳请读者批评指正！

李冬艳

2019 年 12 月于长春

目 录

第一章　实施乡村振兴战略的理论诠释

"乡村振兴战略"是十九大报告提出的七大战略之一，它是关乎中国实现"两个一百年"奋斗目标、关系中国未来发展方向与命运的重大战略，它的提出具有重大的历史性、理论性和实践性意义。"乡村振兴战略"的提出，是我们党在农业农村发展理论和实践上的又一次重大飞跃，是新时代农业农村工作的总纲领和中心任务，是解决"三农"问题、全面激发农村发展活力的重大行动。

第一节　乡村振兴战略提出的背景

一　党对当前我国"三农"形势的重大判断

一是新型农业经营主体较快成长，农业科技装备水平有较大提高，农业生产的组织化、规模化、社会化水平提升较快，现代农业发展形势总体较好。国家统计局公布的统计数据显示，自 2000 年以来，我国粮食产量实现连续增长，主要农产品总量呈现供大于求的基本格局，大宗农产品价格保持稳定，全国农林牧渔业总产值保持了稳定增速。

二是农民转产就业、转移就业空间持续扩大，最低工资标准不断提高，农村社会保障体系不断完善，脱贫攻坚力度不断加大，农民增收形势总体较好。"十二五"期间，我国农村居民人均纯收入年均增速达 9.61%，高出同期城镇居民人均可支配收入年均增速近 2 个百分点。城乡居民收入比由 2009 年的 3.3 逐年下降到 2016 年的 2.7，城乡居民收入差距呈稳定缩小态势，2020 年实现农村居民人均可支配收入比 2010 年翻一番的奋斗目标已指日可待。

三是农村水、电、路等基础设施显著改善，但劳动力大量外流，产业空心化问题更加突出，生态环境恶化趋势尚未得到根本遏制，农村繁荣发展形势依然严峻。近年来我国农村发展不平衡问题突出，一些农村地区甚至陷入日渐凋敝的发展状态。农村经济在国民经济中的份额越来越小，对国民经济增长的贡献越来越弱。农村社会的聚合功能不断退化，人与人之间的联系日益松散。农村生态环境局部好转、整体恶化趋势仍在继续，农村增绿任务艰巨。

二 党对"三农"工作方略的重大创新

近年来，党对实现农村发展有新要求。站在新的历史起点上，党的十九大报告在阐述乡村振兴战略时明确提出，要按照"产业兴旺、生态宜居、乡风文明、治理有效、生活富裕"的总要求，建立健全城乡融合发展的体制机制和政策体系，加快推进农业农村现代化。其中体现了四个方面的重大变化。

一是生产发展转变为产业兴旺，表明该战略对新时期农村经济发展的目标要求更高、更实，农村产业不仅要发展，还要达到兴旺的更高要求。

二是村容整洁转变为生态宜居，表明该战略对新时期农村生态环境建设的目标要求更高，需要建设的内容更丰富。

三是管理民主转变为治理有效，表明该战略对新时期农村社会治理的要求更高、更全，更注重结果导向。

四是生活宽裕转变为生活富裕，表明该战略对新时期农民收入增长的要求更高，农民生活水平要从过去的宽裕上升到富裕。

值得注意的是，在报告中"乡风文明"传统提法得以保留，既反映了乡村振兴战略对过去新农村建设工作的继承，又表明加强农村文化和精神文明建设仍是新时期农村振兴发展的重要内容。

三　党推进"三农"工作的新思路

在整体发展思路上，相对于传统的"以城带乡、以工促农、城乡一体化"的发展思路，乡村振兴战略创新性地提出，建立健全城乡融合发展的体制机制和政策体系，加快推进农业农村现代化。

在农业发展思路上，乡村振兴战略既一如既往地强调确保国家粮食安全，又创新性地提出了构建现代农业产业体系、生产体系、经营体系，培育新型农业经营主体，健全农业社会化服务体系，实现小农户和现代农业发展有机衔接等新思路。

在农民增收思路上，乡村振兴战略提出促进农村一二三产业融合发展，支持和鼓励农民就业创业，拓宽增收渠道。

在农村发展思路上，乡村振兴战略提出，加强农村基层基础工作，健全自治、法治、德治相结合的乡村治理体系，培养造就一支懂农业、爱农村、爱农民的"三农"工作队伍。

四　深化农村改革有新方向

在深化农村改革问题上，乡村振兴战略一方面延续了十七大和十八大报告关于"坚持和完善农村基本经营制度、稳定土地承包关系"等提法，另一方面根据新时代、新要求创新性提出了完善承包地"三权"分置制度、深化农村集体产权制度改革、保障农民财产权益、壮大集体经济等要求。这些新的改革方略既反映了近年我国农村体制机制改革的最新成果，又将农村集体经济的发展放在了更加显著的位置，指明了未来农村改革发展的重点和方向。

第二节　乡村振兴的内涵

实施乡村振兴战略的重大部署，是首次将农业农村工作上升为国家战略。这标志着我国乡村发展将进入一个崭新的阶段，也预示着一个以乡村振兴为基础的农业农村现代化建设新时代的到来。

一　乡村振兴的目标要求和基本内涵

（一）目标要求

1. 愿景目标

乡村振兴战略与我国社会主义现代化建设"三步走"的战略目标同步，是按照"产业兴旺、生态宜居、乡风文明、治理有效、生活富裕"的总要求，实现"城乡等值"发展。

2. 具体目标

在国家总目标框架下，各地根据自身发展情况，因地制宜、各尽所能，制定具体的发展目标。

3. 总要求

乡村振兴的总要求是"产业兴旺、生态宜居、乡风文明、治理有效、生活富裕"。这是从我国当前最核心、最根本、最急需解决的矛盾和问题出发提出的极具现实针对性的要求，是和"五位一体"总体布局紧密相关的。因此，这不仅是乡村振兴的总目标，也是解决当前诸多深层次矛盾问题的总抓手。

（二）基本内涵

第一，实现乡村"产业兴旺"，是乡村振兴的核心，也是我国经济建设的核心。

乡村产业落后，会造成一二三产业不发达。乡村振兴，不但直接解决农民收入低下、农民弃农进城、城乡发展失衡等问题，还可以解决整个国民经济脱实向虚、城市畸形发展、经济结构调整艰难和可持续发展后劲不足等问题。

第二，实现乡村"生态宜居"，是农民的梦想，也是每个国人的梦想，更是我国生态建设的重点。

乡村落后，使得乡村变得不生态、不宜居，城市也变得越来越病态。乡村振兴，可以在乡村打造绿水青山、空气洁净、环境优美、服务完善的安居生活，成就国人的安居梦想。

第三，实现乡村"乡风文明"，是中华农耕文明的复兴，也是我国文化建设的主线。

乡村是优秀传统农耕文明的载体，乡村振兴，可以直接解决亲情和乡情缺失、熟人社会消失、人与人信任危机等问题，也可以间接清除自由市场经济带来的糟粕，提升社会整体的道德水平。

第四，实现乡村"治理有效"，是国家有效治理的基石，也是我国社会建设的基石。

乡村振兴，可以有效解决基层组织虚化、基层自治缺失、基层法治失效、基层德治失灵问题，也可以缓解因农村人口大规模、常态化、无秩序流动带来的诸多社会问题。

第五，实现乡村"生活富裕"，是农民的基本向往，也是我国政治建设的根本。

共同富裕、一个都不能少，是社会主义制度的基本要求。乡村振兴，是缩小城乡差距、贫富差距，全面建成小康社会的重要举措，也是共产党人的立党初心和执政基础。

第六，乡村振兴战略的实施，预示着我国经济社会发展将发生一系列转折。

一是由重点发展城市转变为城乡融合发展，重点是发展乡村。二是由经济的脱实向虚转变为脱虚向实，重点是发展乡村实体经济。三是由单纯的一二三产割裂发展转变为一二三产融合发展，重点打造乡村产业融合体。四是由产业依赖转变为生产生态、生活生态、人文生态、环境生态并重，重点是打造产、镇、人、文、治兼备的乡村新生活载体。

二　乡村振兴的主体

全党和全国人民都是乡村振兴战略实施的主体。"乡村振兴"是全党全国的大事，是实现两个一百年奋斗目标的重中之重。乡村是全国人民的乡村，乡村振兴需要全中国人民共同努力。

中央解决做成什么样的问题。乡村振兴要实现的模样，由党中央、国务院来确定，包括实现时限、目标以及政策支持。

省级及以下各级政府解决怎么做的问题。省级及以下各级政府应该遵循中央的目标指示，根据本地实际情况，制定本地发展规划，分步骤、分批次实施乡村振兴战略，完成中央下达的任务目标。

农民解决由谁来做的问题。乡村振兴战略最后的实施是要由广大农民、新型农业经营主体、涉农大企业大集团等来完成的。

第三节　乡村振兴战略的地位及意义

乡村振兴战略是十九大报告提出的七大战略之一。它跨越了过去所有涉及"三农"的发展战略及发展目标，体现了"三农"发展历史与现实的统一，展现了"三农"发展的趋势与未来。

一　乡村振兴战略的地位

第一，跨越了过去所有涉及"三农"的发展战略及发展目标。

十九大报告不同于以往的一个最大变化是，将所有"三农"问题归结为"乡村振兴"。农业现代化容易把人的思维局限在农业，但十九大报告明确提出要加快推进农业农村现代化，也就是不仅农业要现代化，农村也要现代化，"乡村振兴"是涉农领域全方位的战略。以前讲"三农"问题，更多的是讲农业，这次是讲农业农村现代化，更广义地讲，还包括农民的现代化，也即农业、农村和农民的"三农"现代化。虽然十九大报告没有这么强调，只讲农业农村现代化，但我们完全可以把农民现代化也纳入进来。

第二，体现了"三农"发展历史与现实的统一。我国乡村面临凋敝和衰落是客观事实，正是针对这个现实提出了乡村振兴战略，以此来激发乡村的发展活力，增强乡村吸引力，构建新时代乡村的可持续发展机制。既然使用了"振兴"一词，说明乡村曾经有过辉煌与成就。我国有着悠久的历史，乡村在国家中占据着重要地位，乡村的富庶是我国盛世历史的标志，也留下了数不清的描写乡村优美田园生活的浪漫诗篇。在城市赚钱后回乡置业的"衣锦还乡"曾经也是成功的标志，说明乡村有无穷的魅力与吸引力。新中国成立后，我们经历了工业化进程，无论是在改革开放之前还是之后，政策导向都是以城市和工业为核心的，乡村为工业和城市的发展做出了巨大贡献。现在重提"乡村振兴"，是在国家最高层面对乡村地位和作用的肯定，也是用历史的眼光看待乡村的地位与作用。乡村的振兴与复兴也体现了我国农村在实现"中国梦"伟大征程中历史与现实的统一。

第三，展现了"三农"发展的趋势与未来。"城乡等值"是乡村振兴的愿景目标和发展未来。"城乡等值"的意义在于，无论在城乡，享受到的公共服务是没有差别的。德国的城乡等值化战略具有非常重要的参考价值。二战后德国的城市发展很快，吸引了乡村大量年轻人进城打工，乡村陷入衰败之中。后来，德国实施城乡等值化战略，提出无论生活在城市还是乡村，享受到的公共服务是一样的，城市有的农村都应该有。城市的硬件设施非常发达方便，乡村也要如此，城市的购物中心、电影院、文体设施，乡村一个都不能少。经过多年的建设，德国的乡村不仅景色宜人，而且生活方便快捷。年轻人还是继续往城里跑，但乡村吸引了大量城市退休的老人来养老，乡村从此也有了人气，实现了城乡互动。可见，如果农村人口单向流向城市，不但会出现空心村，更会造成城市病，导致城里房价虚高、污染严重、交通拥堵。而城乡融合，是指城中有乡、乡中有城，城市像乡村一样美，乡村像城市一样便利，这是理想中的城乡发展格局。

二 实施乡村振兴战略的必要性

吉林省实施乡村振兴战略意义重大。目前是贯彻十九大关于实施乡村振兴战略的重大历史时期，是深化改革开放、全面建成小康社会的攻坚阶段，吉林省正处于全力推进现代农业发展的加速转型期。研究、实施乡村振兴战略，实现吉林省乡村振兴发展，恰逢其时。

党的十九大报告提出实施乡村振兴战略，具有重大的历史性、理论性和实践性意义。习近平总书记在中国共产党第十九次全国代表大会的报告中提出要实施乡村振兴战略，并把它作为贯彻新发展理念、建设现代化经济体系的六大内容之一。这项战略的提出，令人耳目一新、眼前一亮，具有重大意义，内容非常丰富，工作富有挑战性。理解和实施这一战略，要有历史维度、理论高度和实践广度。这项战略不仅是推动农业农村发展繁荣的重大决策，而且是推动新型城镇化大发展的重要内容，还与深入推进市场经济持续健康发展和建设富强民主文明和谐美丽的社会主义现代化强国有重要关联。各地要在中央的统一领导下，从全局和长远考虑，把推进实施乡村振兴战略作为重要目标、重要任务和重要抓手，深刻领会、提高认识、统一思想，加强领导、精心组织、高位推动，切实解决这项战略在组织实施过程中面临的各种问题，以推动国民经济发展的质量变革、效率变革、动力变革，为决胜全面建成小康社会和夺取新时代中国特色社会主义伟大胜利提供支撑和做出贡献。

首先，实施乡村振兴战略是新时代解决我国社会主要矛盾已经转化为人民日益增长的美好生活需要和不平衡不充分的发展之间的矛盾的迫切要求。中国特色社会主义进入新时代，这是党的十九大报告做出的一个重大判断，它明确了我国发展新的历史定位。新时代，伴随社会主要矛盾的转化，对经济社会发展提出了更高要求。改革开放以来，随着工业化的快速发展和城市化的深入推进，我国城乡出现分化，农村发展也出现分化。目前最大的不平衡是城乡之间发展的不平衡和农村内部发展的不平衡，最大的不充分是"三农"发展的不充分，包括农业现代化发展的不充分，社会主义新农村建设的不充分，农民群体提高教科文卫发展水平和共享现代社会发展成果的不充分等。从决胜全面建成小康社会，到基本实现社会主义现代化，再到建成社会主义现代化强国，离不开乡村振兴战略的实施。

其次，实施乡村振兴战略是与国家对外实行的开放经济战略进行组合配套，系统解决现代市场经济体系运行的深层次矛盾的既重要又可控的抓手。改革开放以来，我国始终坚持市场经济改革方向，市场在资源配置中发挥了越来越重要的作用，社会资源配置效率提高了，生产力发展水平大幅提升，社会劳动分工越来越细。随着市场经济的深入发展，需要考虑市场体制运行所内含的生产过剩矛盾以及经济危机等问题，需要不断拓展稀缺资源配置的空间和范围。

实行国际、国内两手抓，除了要把对外实行开放的经济战略、推动形成对外开放新格局——包括以"一带一路"建设为重点加强创新能力和开放合作，拓展对外贸易，培育贸易新业态、新模式，推进贸易强国建设，实行高水平的贸易和投资自由化、便利化政策，创新对外投资方式，促进国际产能合作，加快形成国际经济合作和竞争新优势等——作为重要抓手，也需要把对内实施乡村振兴战略作为重要抓手，形成各有侧重和相互补充的经济长期稳定发展的战略格局。国际形势复杂多变，相比之下，实施乡村振兴战略更加安全可控，更有可能做好，更有可能获得福利效果。

最后，实施乡村振兴战略是呼应新时期全国城乡居民发展的新期待，引领农业现代化发展和社会主义新农村建设以及农村教育、科技、文化进步的重要内容。经过多年持续不断的努力，我国农业农村发展取得了重大成就，现代农业建设取得了重大进展，粮食和主要农产品的供求关系发生了重大变化，大规模的农业剩余劳动力转移进城，农民收入持续增长，脱贫攻坚取得了决定性进展，农村改革实现重大突破，农村各项建设全面推进，为实施乡村振兴战略提供了有利条件。与此同时，在实践中，由于历史原因，目前农业现代化发展、社会主义新农村建设和农村的教育、科技、文化发展存在很多突出的问题，迫切需要解决。面向未来，随着我国经济不断发展，城乡居民收入不断增长，广大城市居民和农民都对新时期农村的建设发展有很多期待。把乡村振兴作为党和国家的战略，统一思想，提高认识，明确目标，完善体制机制，搞好建设，加强领导和服务，不仅呼应了新时期全国城乡居民的发展新期待，也将引领农业现代化发展和社会主义新农村建设以及农村教育、科技、文化的进步。

第四节　吉林省实施乡村振兴战略的任务

吉林省实施乡村振兴战略的总任务是实现振兴要素回归。"振兴要素"包括人、财、物。"人"，包括管理人才和经营人才；

"财"，包括政府财政、银行资金、社会资本；"物"，包括土地、基础设施、公共设施。振兴要素回归是指，通过一系列政策措施，引导和吸引已经远离乡村或者正要离开乡村的人、财、物重新回归乡村。这是实现乡村振兴战略的基础条件，人、财、物缺一不可。人是根本，只要有了人，什么奇迹都可能创造出来；财是前提，没有资本的支持，就什么都做不了；物是桥梁，振兴需要对象、场所和空间。吉林省实施乡村振兴战略，应着力于：通过建立农业标准，发展现代农业；提振农村新型文化自信，建设乡村文明；保护绿水青山，发展生态宜居农村；建立农民诚信体系，实现农村有效治理；建立城乡融合发展机制，实现城乡等值化发展。借助这些具体任务的实施，实现振兴要素的回归。

一 建立农业标准，发展现代农业

目前，我国农产品标准主要是依据 ISO9000 标准体系。根据国际标准化组织（ISO）的调查，已在 170 个国家颁发了 ISO9001 认证证书。在 2000 版认证证书中，中国获颁的证书占总量的 20%，居世界第一位。中国作为国际上的大国，也是名副其实的质量管理体系认证大国，因此需要制定出让世界各国认可的我们自己的农业标准。农业标准化是现代农业的重要基石。吉林省要实现乡村振兴，必须把农业标准化问题做好。国家有国家的农业标准，吉林省要有吉林省的特色农业标准。吉林省既要遵循国家的农业标准，又要敢于突破，建立具有本省特色的甚至高于全国标准的农业标准。

（一）实现吉林农业标准化的重要意义

首先，建立省级农业标准是加强对全省的农产品质量管理，保障农产品安全的重要基础。进入新时代，我国社会的主要矛盾已经发生了根本性变化，满足人们日益增长的美好生活需求成了最重要的问题。人们已经不再仅满足于温饱，不断提高农产品质量、保障农产品质量安全也成为需求之一。长期以来，我国一直把提高农产品数量作为农业生产的最终目标，实施"石油农业"的生产方式，通过大量使用化肥、农药来提高农业的单产水平。改革开放 40 多年，吉林省粮食产量连续跃上 200 亿斤、300 亿斤、400 亿斤、500 亿斤、600 亿斤台阶，目前已经稳稳站上 700 亿斤的阶段性新台阶。片面追求产量，导致农药、化肥大量使用，农产品有害物质残留问题日益突出，开始威胁消费安全，破坏生态环境。其主要原因是农业生产很长时间没有标准，广大农业生产者没有掌握农业技术标准，不知道什么是农业标准化，化肥施用量、农药施用量一概不问，觉得越多越好。这既增加了农产品中有害物质的残留，污染农业环境，又增加了农业的生产成本。实现农业标准化生产，可以从根本上规范农业生产技术，统一农产品的质量标准，提高对农业生产的有效管理水平。

其次，建立吉林省农业标准体系是提高农产品质量、增加农民收入的需要。目前，吉林省的土地流转面积不到全省承包地面积的40%，全省农业生产仍然以一家一户经营为主。农业生产所用的农业生产资料仍然以个体采购为主，涉及产前、产中、产后多个环节的农业生产没有统一标准，生产过程中的春耕播种、施肥保墒以及收割、运输、储藏等各个生产环节也缺乏统一标准。而且因农产品质量没有统一标准，更难形成品牌农产品，不能满足目前市场对农产品质量的要求，农产品价格不高，农民收入稳步提高的目标很难实现。没有统一标准、没有形成品牌的农产品，不可能有质量保证，不会得到市场认可，也不可能实现优质优价、增加农民收入的农业生产目标。

最后，实行农业标准化是促进农业科技成果转化、推进农业产业化经营的有效途径。农业产业化的实施过程，即是推广、普及农产品生产、加工、流通等环节标准化的过程。通过农业产业化，广大农民的生产行为逐渐标准化，逐渐适应市场对农业标准的要求。没有农业的标准化，就难以实现农业的产业化。

（二）吉林省农业标准化的主要内容

实现农业标准化是建设现代农业的现实选择。农业标准化是现代农业的重要标志。加快推行农业标准化，是促进现代农业发展、实现乡村振兴的重要步骤。吉林省农业标准化的主要内容包括：

第一，实现农产品标准化，农业生产技术标准化，农业生产管理标准化。

第二，实现农业市场规范、农村经济信息建设标准化。

第三，实现农产品生产及加工、流通的标准化。要以农业标准化带动农业生产的专业化和区域化，进而推动农业的战略性结构调整。

（三）要建立符合吉林省标准的特色农业产业

发展特色农业产业是吉林省现代农业的未来发展方向。包括主粮产业在内，吉林省有10个具有鲜明特色的农业产业。应做好顶层设计，通过政策、资金引导农业特色产业发展。通过标准化实施，这些特色产业将更加适应市场经济发展的需要，进而提高农产品的质量，增加农民收入。

（1）吉林省主粮产业

包括水稻、籽粒玉米、大豆等产业。吉林省要通过科技进步，使粮食作物优良种子保有率达到100%，提高农业经营主体的生产技能，加强农业生产工程的大型机械化水平，提高农田水利化水平，确保全省粮食综合生产能力保持在700亿斤的水平。

（2）吉林省人参产业

以集安市国家人参产业园区为龙头，开发建设好通化市快大和抚松县万良人参市场。同时，研究未来山地栽参的参地问题，大地种参的技术问题、污染问题、质量保障问题等。

（3）吉林省鹿产业

包括梅花鹿、马鹿等产业。以长春市双阳区、东丰县为基地，以鹿乡梅花鹿交易市场为中心，以敖东鹿业有限公司和东鳌鹿业集团为科技支撑，开发伊通满族自治县、通化市等地的养殖基地，打造吉林省的鹿产业集群，形成鹿产业文化。

（4）吉林省林蛙产业

包括山上饲养和圈养。珲春马川子乡正在组织实施林蛙圈养，这将是吉林省林蛙产业生产方式变革的一项巨大突破，可以总结经验，加以推广。

（5）吉林省木耳产业

包括黑木耳和玉木耳等产业。蛟河市黄松甸镇具有非常优良的种植黑木耳的气候条件和资源优势，目前种植规模较大，且种植经验丰富。李玉院士的玉木耳项目目前在白山市规模化种植获得成功，经济效益可观，值得在一定范围内、较大规模地推广。

（6）吉林省西部杂粮产业

包括绿豆、小米、燕麦、藜麦、高粱、红小豆等产业。要做好规划部署，充分利用已有的市场，建成吉林省乃至我国最大的杂粮杂豆交易市场和集散地。

（7）吉林省肉牛产业

包括通榆草原红牛、延边红牛产业。要从种的源头加以扶持。

（8）知名农业企业和品牌产业

要把吉林省的农业企业做大、做强，做进全国500强。把农业品牌做成国内知名品牌，让全国人民知道、相信吉林省的农产品品牌。吉林省有很多知名的农业企业和农产品品牌，应该从乡村振兴战略的高度来支持发展，如吉林德大、修正药业、通化东宝、吉林敖东、吉林华正、九台广泽、洮南雏鹰等。

（9）吉林省特色小产业

包括洮南市的辣椒、西瓜，通化市的葡萄、蓝莓、林下药业，延边州的苹果梨、苹果，镇赉县的烤烟，长岭县的葵花籽等产业。

（10）马铃薯产业

马铃薯为第四大主粮，产业发展前景广阔。要发展吉林省中西部地区的马铃薯种植业，加强东部地区的马铃薯种业。

二　提振农村新型文化自信，建设乡村文明

我国乡村文明历史悠久，农村文化各具特色。但伴随改革开放的推进，城乡差距逐步拉大，农村劳动力大量进城，广大农民渐失自信。同时，城乡"二元结构"的相关政策，也使得部分离开农村在城市工作的人群失去了返回家乡一解"乡愁"的机会。农村落后的一个重要原因是农村文化落后，农村文化失去了自信。因此，要建立新型农村文化，在提振中华文化自信的基础上，提振农村文化自信，进而建设乡村文明。

（一）吉林省农村的自身优势

首先，远离城市的喧嚣，有良好的生态环境。农村的绿水青山是农村经济社会发展的优势所在，是实现乡村振兴的基础。要充分利用和保护好现有的生态环境，让资源优势转变成经济优势。

其次，绿色有机无公害农产品首先满足了农民自身的需求。农户都有为自家吃喝准备的口粮田和园田地。这些口粮田、园田地一般不上化肥、不用农药，生产的完全是有机食品。这是农民的优势，也是城市居民的渴望。

再次，农村是"解乡愁"的归宿之一。2016年4月25日，习近平在安徽凤阳县小岗村主持召开农村改革座谈会并发表重要讲话。习近平总书记指出："建设社会主义新农村，要规划先行，遵循乡村自身发展规律，补农村短板，扬农村长处，注意乡土味道，

保留乡村风貌，留住田园乡愁。"① 目前，生活在城市的居民都会有这样、那样的"乡愁"，如何破解？唯有回乡。应出台一系列政策鼓励农民回到农村"解乡愁"。我国有着 5000 年的悠久历史和灿烂文化，传统文化源头在农村，很大一部分也保留在农村，应充分宣传农村、宣传农村文化，在乡村产业不断振兴的同时，振兴农村文化，繁荣农村文化。

（二）通过自身优势重拾乡村文化自信

首先，要认识到，农村自身的优势来自文化底蕴。在发展农村经济的同时，要不遗余力地推进乡村文化建设，用乡土文化来提升乡村发展的品质和农民的生活质量，使农民树立对美丽乡村、文化乡村的自豪感，在乡村文化建设中增强幸福感。

其次，乡村文化是振兴乡村的思想源泉。乡村振兴的表现形式之一是要实现乡风文明。要实现乡风文明，需要广大农民从思想意识上接受社会文明理念，从思想上接受先进文化的熏陶，从思想深处自觉接受文明社会、接受文明生产方式。

再次，通过文化建设促进乡村繁荣发展。只有产业兴旺，无法实现农村繁荣，农村繁荣是经济与文化共同发展的结果。从文化对经济发展尤其是对乡村振兴的作用中挖掘文化、社会、经济的相互关系，在不断丰富农村文化内涵及文化实现形式的同时，促进农村文化的繁荣发展，推动乡村全面振兴。

（三）因地制宜打造乡村文化品牌

由于各地经济社会发展的程度和过程不同，所形成的历史文化也大相径庭。在乡村振兴过程中，要因地制宜，根据各地的文化底蕴、资源禀赋，注重发掘本土文化资源，围绕当地的历史文化、遗

---

① 《补齐农村短板，"进"是目的》，《人民日报》2016 年 5 月 26 日。

留景观等，打造具有本地特色的文化品牌。与此同时，加强向外来文化学习，将外来文化与地方文化结合，实现地方乡村文化的繁荣，逐步打造自身的文化品牌。

三 保护绿水青山，发展生态宜居农村

我国现代农业的发展，农产品产量的大幅度提高，是伴随着农药、化肥、农膜等石油化工产品的大量使用而实现的。现代"石油农业"的发展造成农业农村发展环境急剧恶化，农产品质量不断退步，农村的山山水水失去了往日风貌，人们对我国农产品的质量逐渐失去信心，对绿水青山产生由衷的渴望。因此，应通过发展有机绿色农业、减少石油化工产品的使用，保护绿水青山；通过合村并屯，统一规划生活社区，建设具有传统农村风格或城市风格的新型村屯，实现生态宜居。实现乡村振兴，生态宜居是关键。要树立和践行"绿水青山就是金山银山"的理念，在尊重自然、顺应自然、保护自然的基础上保护绿水青山，推动乡村绿色发展，发展生态宜居乡村，实现百姓富足与生态和谐的统一。

（一）加强农村生态制度建设，保护好绿水青山

尽管近些年通过加强农业生态保护，强化各种措施开展农村环境整治，奉行绿色发展理念，吉林省的农村环境得到一定程度改善，生态建设长足发展，但是长期以来只注重生产、忽视生态的农业发展方式也使得改善农业生态环境、保护绿水青山任重道远，让绿水青山变成"金山银山"的任务更是紧迫。为此，必须从制度层面强化生态建设和环境保护。第一，制定吉林省农业生态环境保护条例，从制度上全面规定农业生态环境保护。第二，制定农业生态保护规划，从长期战略的角度保护好吉林省的农业生态环境。第三，实行吉林省农业生态环境保护第三方评估制度，定期对全省的

农业生态环境进行评估，动态保护好农业生态环境。

（二）强化规划设计，规范村庄建设

除农业生产层面需要规划设计之外，村庄建设更需要规划设计。村庄建设的规划设计与城市建设的规划设计同等重要。村庄建设的规划设计应包括：①从乡村卫生环境到基层设施建设。全面启动农村人居环境整治工作，包括改厕、改厨、危旧房改造、村屯道路建设、饮水建设、生活污水整治等。②启动乡村振兴示范村建设。全面推行河长制，开展重点流域综合整治，大力发展优良乡土树种和珍贵树种种植。③建立镇级、村级垃圾处理中心或村级垃圾处理设施。④出台村庄住宅规划，全面规范居民住宅。

（三）激活农村宅基地和建设用地用途，完成村庄生活区改造

充分利用土地增减挂钩和建设用地地票及耕地产能交换制度，激活吉林省广大农村的宅基地和建设用地用途，推广公主岭市、通榆县和农安县土地增减挂钩经验，规划、设计、完成农村居民住宅集体搬迁，统一上楼，统一管理。在此基础上，规划好农村集体经济发展的方向。

四　建立农民诚信体系，实现农村有效治理

农业农村现代化及农业农村经济的不断发展，也推动国家一些政策的出台。尤其是取消农业税之后，乡镇及行政村失去了对农民的直接管理，进而带来农民诚信度下降的局面。这种诚信度的下降在广大乡村有一定程度的存在，危险性较高。因此，需要进行顶层设计，通过"红黑榜"等诚信体系建设，形成有效的管理；通过强化对行政村党支部和村委会领导干部的监督管理，实现对农村全面

有效的治理。

（一）加强党对农村工作的有效领导，保证农村基层政权牢牢掌握在党组织手中

建设"三治结合"的乡村治理体系，是中共十九大提出的实现乡村有效治理的新思路。一是加强基层民主法治建设，这是乡村经济社会发展的必然要求。二是推进国家综合治理体系和治理能力的现代化。建立健全乡村治理体系，既要传承和发展我国传统的农耕文明，又要加强党的领导。三是弘扬社会主义核心价值观，不断提升乡村的德治水平。通过完善村规民约培育规则意识，把社会和谐稳定建立在较高的道德水准上。

（二）强化村民自治制度，保障农村社会长治久安

村民自治制度是中国特色社会主义民主政治的重要组成部分。一是要保证吉林省 9302 个行政村均制定了村民自治章程（包括乡规民约）。村民自治体现村民意志、保障村民权益，又约束村民行为、明确农民义务，因此可以保障农村有序发展。二是正确引导，使村民自治的水平不断提高。在目前实行农村村民自治的大背景下，应通过党组织引导农村自治组织和村民个人有序参与农村事务管理。通过引进第一书记、大学生村官、返乡就业青年等高素质人员，不断提高行政村党支部、村委会人员的素质，提升村民自我管理、自我服务的水平。

（三）提升乡村治理的法治化水平

应坚持依法治国理念，在乡村有效治理中不断加大依法治理力度，运用法治手段解决农村改革发展稳定中遇到的各类问题。加强对村务法治的指导，让广大农民感受到法律的力量，认知法律的尊严，增强对法律的信仰。

（四）发挥德治在农村社会治理中的基础作用

应长期强化在广大农村培育和弘扬社会主义核心价值观，大力宣传荣辱观、道德观，培育集体意识、法治精神，以及责任意识、大局意识。建立道德讲堂、文化礼堂阵地，引导人们讲道德、守道德底线。依托村规民约褒扬善行义举，贬斥失德失范，并且使其与各种农业奖补制度挂钩。

五 建立城乡融合发展机制，实现城乡等值化发展

要想彻底改变目前城乡二元结构发展模式，从现在起，就要逐步取消所有涉及城乡分治的政策，通过公共服务设施建设等值化、城乡服务均等化，实现乡村融合发展。

（一）制定城乡融合发展机制

要实现城乡融合发展，必须解决好有关政策层面的问题，出台相关政策，制定城乡融合发展的原则框架，使城乡融合发展有章可循、有政策可依。

第一，明确城镇化与农业农村现代化的关系问题，思考如何依靠乡村振兴战略实现城乡融合发展，解决中国农业农村的发展问题。

第二，明确作为粮食主产区，吉林省如何保障城乡融合发展既有利于经济发展，又能保障粮食安全；既有利于城乡一体化，又能保障农民安居乐业；既遵循国家的大政方针，又能体现地方特色。

第三，解决好农村劳动力进城与乡村振兴人才缺失的问题，城镇化发展与农民工就业困难问题，财政收入与粮食产量逐年提高不同步问题，城镇化用地与基本农田耕地红线问题。

这些内容的明确，有助于探索农业大省乡村振兴战略的实现模式，在建设新型城乡关系、转变农村生产生活方式的基础上，提升

乡村生活的幸福指数，缩小城乡差距；有助于在构建新型乡村融合发展方式的基础上，进一步促进由传统农业向现代农业、由传统农村向现代农村转变，进而全面建成小康社会；有助于在县域经济发展的基础上，为城乡融合发展建立平台，为城乡板块相互需求、共存共荣建立健全融合发展的体制机制，提供共生的区域空间。

（二）确定城乡融合发展的目标机制

确定发展目标，使城乡融合发展有方向、有动力。吉林省城乡融合发展的目标是实现城乡居民收入无差距，基本权益平等，生活条件、质量趋同。

第一，实现规划融合，构建城乡融合发展蓝图。

第二，完善城乡一体化规划机制，实现城乡等值化发展。建立健全"多规合一"、有机衔接的规划体系，坚持以规划引领城乡融合发展。

第三，建立覆盖城乡居民的社会保障体系，建立农村养老、最低生活保障等社会救济制度，统筹城乡社会保险。

（三）优化城乡的功能机制

全面落实乡村振兴战略，要按照吉林省的历史文脉、经济发展趋势、产业分布交互融合的空间结构，形成主体功能明确、区块有机联动、资源配置优化的城乡融合发展格局，推进城乡基本公共服务均等化。

第一，促进城乡教育一体化发展。加强城乡一体化的教育规划，优化教育布局。按照就近入学的原则，完善以常住人口为主的教育服务体系，按照人口动态监测情况布局教育资源，逐步实现城乡教育资源（包括校舍、设备和教师）配置的均等化，推动优质教师资源在城乡之间合理流动。

第二，促进城乡就业服务一体化发展。建立城乡统一的就业、失业登记制度和就业援助制度，完善政策体系、人力资源市场体系和就业服务系统。开展针对城乡劳动力的免费职业培训，提高城乡劳动力的素质和能力。

第三，促进城乡社会保障一体化发展。建立更加公平和可持续的社会保障制度，巩固和提高城乡社会保障体系并轨成果。

（四）创新城乡社区治理机制

城乡融合发展的一个重要内容是在强化城镇社区建设的同时，补齐乡村社区的短板。因此，吉林省要做到：

第一，在城镇建立县（市、区）、街镇、居村三级纵向贯通，部门横向协同，政社互联互动的社会治理格局。

第二，建立党建引领下的重心下移、服务靠前、做实基层力量、强化信息支撑、加强法治保障的城乡社区治理体系。

第三，在乡村加快构建村自治组织、社会组织和经营主体有机统一的生活共同体，形成以党建为引领、以自治为基础、以法治为保证、以德治为支撑的乡村治理体系。

第四，逐步形成建设趋同、管理统一、服务一体的城乡社区新格局。

第二章　吉林省乡村振兴的模式与实施路径

　　乡村振兴战略是十九大报告提出的七大战略之一，它的提出具有重大的历史性、理论性和实践性意义。从历史角度看，它是在新的起点上总结过去、谋划未来，为深入推进城乡发展一体化而提出的乡村发展的新要求、新蓝图。从理论角度看，它是深化改革开放，实施市场经济体制改革，系统解决市场失灵问题的重要抓手。从实践角度看，它呼应老百姓新期待，以人民为中心，力求把农业产业搞好，把农村保护和建设好，扎实解决农业农村现代化进程中遇到的现实问题。实施乡村振兴战略，能够化解目前农业农村发展过程中存在的不平衡、不充分问题，对于巩固农村稳定、保障粮食安全、促进农民增收、推进农业农村现代化、实现农业农村优先发展，具有重要的现实意义和深远的历史意义。

第一节　吉林省乡村振兴的成功模式

　　改革开放以来，特别是中共十八大以来，通过农村改革、新农村建设、扶贫攻坚，尤其是乡村振兴战略的实施，吉林省形成了具有代表性的乡村振兴模式。

一 村企合一的"大荒地模式"

"村企合一"模式，使村子与企业之间结成了统一的利益共同体，实现资金、技术、信息、管理、人才、土地等生产要素的优化配置。近年来，大荒地村党委走出了一条"村企共建新农村"的发展之路。

大荒地村地处吉林市昌邑区。由于该村集体经济薄弱，活动场所陈旧，东福集团公司在土地流转、劳动力用工等方面存在一些障碍。为破解这些难题，大荒地村将村党总支与东福集团公司党支部进行合并，成立了大荒地村党委。村党委下设15个党支部，共有党员116人，市人大常委会委员、东福集团公司董事长当选为村党委书记，原大荒地村党总支书记当选为村党委副书记。

(一) 村企"互惠双赢"打造和谐新乡村

村企合一后，村党委把强村富民作为首要任务并提上重要日程，研究确定了"特色农业强基础，工业经济促发展"的总体思路。根据实际，将全村规划为五个功能区，即设施完备的现代农民居住区，绿色无公害有机米生产区，绿色安全牧业养殖区，节能环保农产品加工区，集观光旅游、休闲娱乐于一体的生态观光区。

村子和企业协力共谋全村发展大计，积极发挥各自优势，真正做到优势互补，同时也实现了村企"互惠双赢"。为彻底整治村屯环境，2011年，东福集团公司出资400多万元，植树8000多棵，栽花5000多株，清理、改造边沟10000延长米，新建垃圾中转站9个，安装艺术围栏8000延长米、太阳能路灯210盏，新建停车场1500平方米，维修改造红旗桥12米，集中清理防涝沟15000延长米。东福集团公司还出让2公顷土地用于化解农民的土地纠纷问题，使困扰村镇多年的信访问题得以有效解决，维护了全村的和谐稳定。

（二）大力推广"公司＋基地＋农户"的生产经营模式

2012年，东福集团公司与7840户农户签订了绿色水稻生产订单，涉及的土地面积达7700多公顷，带动周边12个村发展绿色水稻，农民收入每年增加2250多万元。为切实把发展规划和目标落到实处，村党委大规模组织培训，全面提高党员和群众的素质。充分利用吉林农业科技学院、中国农科院特产研究所、党员远程教育站点、东福集团公司水稻研究所、农家书屋、党员活动中心等教育培训资源，多渠道开展创富培训。

（三）拓宽村民增收渠道

根据驻村企业的用工需求，村党委积极引导企业优先招用本村劳动力。目前，全村各类驻村企业共安置本村劳动力960多人直接就业，占全村剩余劳动力的80%，仅此一项就增加农民收入1500万元。同时，驻村企业的发展也带动了村里餐饮、运输等第三产业的发展。村党委为了提升黑米协会和绿稻协会的经营水平，指导建立了各项内部经营管理规范和规章制度，实行统一标准、统一技术、统一质量、统一销售、风险共担的经营管理模式，不仅增强了经营者抵御市场风险的能力，也增加了村民收益。在黑米协会党支部的运作下，协会会员将2000余吨黑稻子进行错时销售，平均每斤多卖2块多钱，仅此一项农民就增收1000余万元。

（四）培育产业大户

村党委紧紧围绕企业发展和村民增收致富开展活动，教育党员在工作岗位上发挥先锋模范作用。大荒地村以建设生态农业产业示范区为契机，引导东福集团公司实行集约化生产，农民以土地入股，成为产业工人，实现企业发展和农民增收互惠双赢，再上新台阶。

目前，全村共培育产业大户 35 户。有 96 户党员家庭年收入达到 5 万元以上，占全村党员的 80%；年收入 10 万元以上的 48 户，占全村党员家庭的 40%。全村共有私家车 80 余辆，修建休闲广场 1800 平方米、停车场 1500 平方米，人均住房达到 30 平方米。全村已有规模以上民营企业 8 家、个体私营企业 36 家，农民个人年均收入近万元。

二 "村党委 + 公司 + 合作社"的"陈家店模式"

长春市农安县陈家店村通过学习借鉴外地成熟的经验做法，立足于盘活土地资源，摸索出"村党委 + 公司 + 合作社"的"1 + 2"富民党建新模式，成立了吉林省众一农业开发集团有限公司，大力发展村集体经济。该集团公司下辖农业机械专业合作社、蔬菜种植专业合作社、畜牧养殖专业合作社三个合作社，全村 3898 人全部入股合作社，村集体占股 60%，村民占股 40%。通过这一探索，村集体由原来的负债 108 万元，转变为现在的固定资产累计达到 1 亿元，村人均收入由原来的 2000 元提高到现在的 15000 元。合作社拥有大型机械 160 台，2016 年为 9 台机械安装了远程视频监控系统，购置了 2 台无人机，实现土地流转 600 公顷，辐射作业面积达 3000公顷。

陈家店村以农民入股方式先后成立了多家股份制企业。2016年，村民住上漂亮楼房、行在宽阔马路上，过上上班挣工资、下班扭秧歌的幸福生活。从 2005 年到 2016 年，村里发生了巨大变化，该村先后获得全国文明村镇、中国最美休闲乡村、全国民主法治示范村等称号。

（一）村民要想富，建强堡垒是核心

2005 年，新一届村党委成立。班子成员首先定规矩、立规范，凡重大问题都要拿到村班子和村民大会上集体讨论，让权力在群众的监督下良性运行。为使党组织的设置适应新形势发展的需要，村党委牢固确立了在村域经济社会发展中的主导地位，积极尝试把支部建在产业链上，建立了"村党委＋公司＋合作社"的"1＋2"村级党组织建设新模式。党组织的设置由传统以区域为主的"块状"格局转变为以产业为主的"链状"格局，使党的组织网络与经济结构中的产业网络很好融合起来。近年来，全村各产业党支部共培养和发展青年党员 17 人，其中有 6 人担任了村组干部。为发挥党员的模范作用，带领群众共同致富，每年年初村党委都组织有能力的党员签署承诺书，明确带富帮扶任务。几年来，全村党员共承诺服务事项 310 项，已全部向群众兑现。

（二）村民如何富，找准方向是关键

陈家店村原有基础薄弱，产业结构单一，向什么方向发展、怎么发展成为村党委必须研究解决的大课题。在深入调研、广泛听取意见、充分论证的基础上，村党委根据全村的现有基础和产业发展趋势，研究制定了《陈家店村 2007 年—2020 年发展规划》，大胆提出了建设"东北小华西"的奋斗目标和战略构想。在村党委的领导下，采取股份制形式，先后集资 120 万元，创办了空心砖厂；集资 200 万元，创办了新型墙体材料厂。因地制宜，引导广大村民组建了以养殖生猪为主的涉及畜禽养殖、蔬菜生产、农机生产等的三个大型农民专业合作社，当年就产生了经济效益。2018 年，畜禽养殖合作社四栋 3600 平方米标准化猪舍及内部配套设施已全部竣工并投入使用，年出栏商品猪 10000 头，创产值 1650 万元、纯利润 300 万元，户均增收 3000 元，带动了周边 1000 余户养猪散户。蔬菜合作社入股的农民发展到 401 人，拥有大棚 15 栋，单栋经济效益达 6 万余元。农机合作社，机收玉米 410 公顷，深翻深松土地作业面积达 530 公顷，全村及周边 2000 公顷耕地实现了机械化耕种。

（三）村民靠啥富，用活土地是出路

发展壮大村集体经济，关键是要用好、用活村土地资源，核心是要实现规模化、集约化发展。2011年，在既没有相关政策又无成功经验的情况下，村党委大胆推进土地流转，以每公顷土地1万元租金，先后从合作社农民手中流转土地300公顷，引进沈阳一家花卉公司，在陈家店村建成了占地10公顷的生产基地，开发花卉项目。部分村民除了得到流转土地租金外，还可以进入基地打工，当工人，挣工资，有效提高了农民的工资性收入。

为了适应村子发展的新需求，着眼于建立"以村带企、村企融合，利益联动、共建共享"的村企合一机制，村党委大胆推进组织创新，成立了吉林省众一农业开发集团有限公司。公司是独立注册的法人实体，下有3个股份制工业企业、3个股份制农业专业合作社，拥有固定资产4000多万元，401户村民入股资金达到1200万元，形成了"村党委+合作社+公司"的"1+2"党建富民新模式。2015年，全村实现工业产值811万元，农业产值2319万元，蔬菜及特色产业收入1670万元，农民打工收入2500万元，其他收入341万元，农民人均纯收入达14500元。2015年，村集体固定资产达7000万元，2016年突破1亿元。

（四）村民富裕之后，强化民生改善是"硬道理"

村党委一边大力发展村集体经济，一边管住村民的"钱袋子"，把每一分钱都花在提升村民素质、改善居住环境的刀刃上。2012年以来，村里共投资556万元，建设水泥路15公里、砂石路15公里，完成村路两旁植树10000株；投资14万元，新打机电井8眼，改善了农田的基础设施，兴建了现代农业观光园；规划新村社区建设，兴建了占地6公顷的休闲广场、18公顷的景观带，完成了居民楼二期工程建设，累计建成23栋15万平方米居民楼，可入住农民1170

户，90%以上的村民由平房住进了楼房；投资20万元，新建了占地1500平方米、建筑面积达208平方米的村卫生所，兴建农民夜校和农民书屋。为了改善村民子女受教育的质量和环境，将村小学合并到镇中心小学，由村里购买了两台新客车，专门负责接送学生。顺应网络时代、信息社会要求，村里铺设了文化信息远程教育网络，开展网络教育，完善村域公共文化服务体系。

三 土地股份合作制的"水口模式"

农村综合改革是理顺农业生产力与生产关系，积极创新发展经营方式，打造新的发展动力，推进农业现代化的必由之路。图们市水口村临近中朝边境，户籍人口有300多人，其中朝鲜族人口占98%，是典型的朝鲜族聚居村落。村内朝鲜族青壮年劳动力大都赴韩国或沿海城市务工，目前常住人口不足100人，留守的老年人和儿童无法从事农业生产。近年来，在村"两委"班子的带领下，经过多年的改革探索，建立了股份制合作农场，形成了全体村民合作共建的规模经营新模式。

(一) 试水农民专业合作社，明确改革方向

为了解决长期以来因大量青壮年劳动力外出务工造成的50公顷耕地闲置问题，以及因转包、租金、补贴等问题引发的矛盾纠纷，2007年，被问题困扰多时的村"两委"紧紧抓住《农民专业合作社法》颁布实施的政策机遇，主动作为，尝试改变土地无序管理的现状。年底，村"两委"利用村民回家过年的机会召开了村民大会，劝导村民把撂荒土地交给村里留守的亲属耕种，并牵头成立了"富强农民专业合作社"，将36户的30公顷闲置旱田纳入统一管理。2009年和2011年，又分别成立了负责水田经营的"稻花香农民专业合作社"和"农业机械专业合作社"，入社耕地达到60公

顷，实现了生产计划制订、生产资料采购、机械化耕种、农产品销售的"四统一"，大幅降低了生产成本，提高了农业收益，一举解决了土地撂荒问题，消除了因土地转包产生的矛盾隐患。初试改革，不仅使入社的村民增加了收入，更让村"两委"尝到了改革的"甜头"，坚定了继续深化改革、推进集体经营的决心和信心。

（二）创办股份制农场，实现"三大转变"

合作社的成功没有让村"两委"止步不前，实现共同富裕才是他们的目标。2011年，尝到改革甜头的村"两委"，再次抓住延边州出台《关于发展专业农场促进土地流转加快速推进城镇化的若干意见》的机遇，利用春节外出人员返乡的时机，召开全体村民大会。前后经过20天的研究和动员，最终确定了"创办集体农场，盘活土地资源，以壮大集体经济、带动村民致富"的新路子。由村集体主导，将原有的两个种植合作社整合，按照村民入股自愿、退股自由的原则，以承包土地入股的形式，组建了"便民粮食种植专业农场"。对入股土地以高于市场流转价格给付租金，并在年底按股分红，将每年农场纯收入的30%按照股权占有比例分配给农户，剩余70%作为农场发展资金和村集体经济发展资金，实现滚动发展。经过一年的经营，村集体经济经营性收入历史性突破了5万元，村民人均纯收入达到8700元，所有合同承诺均如期兑现。2012年冬，当初对股份制经营持怀疑态度的6家农户，主动将土地从外来人员手中收回，并向农场提出了入股申请。至此，全村150公顷耕地全部入股农场，走上了整村土地规模经营、土地收益均沾、村民共同致富的一体化发展道路，实现了"资源变股权、资金变股金、农民变股东"的重大转变。

（三）打破传统经营方式，实现"五化"发展

一是整合土地资源，实现集约化管理。村集体将分散管理的土

地整合在一起，消除户与户之间的土地隔界，扩大地块面积，有效增加耕地面积5%左右，实现了统一的农资采购、田间管理和加工销售，降低了经营成本，提高了生产效率。

二是购买大型农机，实现机械化作业。村里先后投入资金150余万元，购置了9台中型拖拉机、3台播种机、2台大豆收割机、2台玉米联合收割机、1台水稻收割机，分别使春耕期缩短1周、秋收期缩短2周，生产效率和经济效益大幅度提高。

三是推行科学种植，实现标准化生产。村里聘请了6个种田能手，负责育苗、农机操作、田间管理、收割等田间作业，积极推广应用测土配方施肥、高光效栽培、优良品种应用等科学技术，在育苗播种、田间管理、农作物收割、产品存储等方面实行标准化管理，既保证了产品质量安全，又降低了生产成本，提高了农产品的市场销售价格。

四是打造有机品牌，实现产业化经营。着重培育绿色无公害有机农产品，注册了"水香牌"有机大米品牌。2015年，农场整合资金170余万元，新建了500平方米粮食加工厂，购置了12台生产设备，安装了1条生产线，并积极与上海粮油贸易企业合作，对产品实行统一的包装和销售。通过一二三产业融合发展，农场实现了生产、加工、销售一条龙。农场仅销售大米一项，收入就达到450万元以上。

五是完善股权制度，实现现代企业化管理。农场实行"股东会＋董事会＋监事会"的现代企业管理制度，不断规范自身管理，制定了农场章程，确定每年春、秋、冬召开三次股东大会，审议生产计划、收支情况、利润分红等重大事项。日常生产经营由股东大会授权6名村"两委"班子成员具体负责，形成了规范有序的股权管理体系。

（四）整村股份制经营，破解"三农"问题

水口村全员参与、整村推进股份制农业经营，解放了剩余劳动力，盘活了闲置土地，提高了农业收入，更增加了集体积累，优化了村务管理。

一是农场加快发展，带富能力不断增强。经过五年发展，农场已拥有粮食加工厂1家、农机设备41台，总资产超过360万元。农场的快速发展，使村民从中得到实惠，仅种植业人均收入就在11000元以上。同时，农场的经营，使农民特别是村"两委"成员的生产经营理念有了极大提升，村"两委"领导发展、带富增收的能力明显增强。

二是集体收入增加，村民福利得到提升。村集体的年经营收入由2013年的5万元提高到2015年的20万元，村集体积累达到60余万元。村里每年投入3万元为全村村民购买合作医疗保险、人身伤害保险、房屋火灾保险，同时，每年投入2.5万元资助村老年协会、妇委会等组织开展文体娱乐活动。

三是村务管理加强，生活环境极大改善。村里累计投入200余万元用于基础设施建设，更换75户农房的铁皮瓦，新建4000平方米农民休闲广场，安装标准化钢板围栏3400延长米，设置太阳能路灯41盏，种植云杉等绿化植物5000余株，人居生活环境得到极大改善。

农村综合改革，离不开土地问题。水口村在土地改革方面思考"人往哪去、谁来种地、如何种地"问题，有效调整生产关系，发展生产力，改革产权制度，实现规模经营，推进农业现代化发展。这些探索为吉林省深入推进农村综合改革带来了重要的启示。

四　发展集体经济的"陆家村模式"

通榆县乌兰花镇陆家村农村集体产权制度改革基本实现两年任务一年完成,并探索出农村集体经济发展新模式。陆家村于 2016 年 1 月及时启动试点工作,严格按照要求加强组织领导、制定工作方案、强化工作保障,环环相扣地推进集体经济组织成员身份确认、清产核资、折股量化、政经分开等各项改革试点工作,保证把每个环节抓对、抓稳、抓实、抓好,探索出"资源变股权、资金变股金、农民变股民"的农村集体经济新模式。

陆家村是通榆县乌兰花镇的一个贫困村。土地沙碱化严重,自然环境恶劣;市场化程度低,农民收入比较单一,2015 年人均纯收入为 5500 元,70% 的农户有债务,村集体负债 100 多万元;基础设施严重落后,公共服务乏力。全村耕地面积为 1147.8 公顷,共有村民 391 户 917 人,2016 年建档立卡贫困户有 92 户 198 人。2016 年以来,通榆县坚持以扶贫开发为统领,把易地扶贫搬迁作为脱贫攻坚的重要举措来抓,组织全县力量全力攻坚,将省级规划重点扶贫村陆家村作为易地扶贫搬迁试点村,努力实现"搬得出、稳得住、能发展、可致富"的目标。

(一)坚持规划引领,推进易地搬迁

为切实搞好易地扶贫搬迁工作,陆家村在县有关部门的指导下制定了《陆家村易地扶贫搬迁实施方案》,规划建设总投资达 5230 万元、建筑面积为 23000 平方米的安置新区,包括住宅楼、公寓楼、综合办公楼、敬老院、幼儿园等,计划于 2016 年底前,全村实现易地搬迁 391 户 917 人,2017 年 9 月底前,完成 100 公顷迁出区生态修复、宅基地复垦和土地整理工作。通过两年精心建设,到 2017 年底,陆家村达到省级美丽乡村建设试点标准,以及国家生态文明建

设示范村标准。

（二）坚持政府主导，突出群众主体

故土难离，让村民搬迁哪有那么容易啊！当地的干部挨家挨户讲解资源整合的益处，把易地扶贫搬迁政策逐条念给大家听，带着村民到村部看规划图、算对比账。在村干部的努力下，大家开始主动搬、自愿搬。为了让搬迁农户搬得安心、开心，全县各级党委和政府积极发挥主导作用，强化政策宣传，并针对群众关心的搬迁后土地、林草、户籍等问题积极回应。按照"村民自治、村民自愿"的原则，以陆家村村委会为主体制定了《通榆县乌兰花镇陆家村拆迁安置补偿实施方案》，由镇党委和政府复议，请易地扶贫搬迁领导小组把关，报县政府常务会议审核，经村民代表会议公示无异议后再组织实施。在保证有房的贫困户和低保户至少能住上 50 平方米户型楼，没有房的贫困户和低保户入住统一建设的 35 平方米户型公寓的基础上，坚持公平、公正、公开原则，楼层由村民抓阄决定，同一单元可自主调剂，由此确保新区建得成、管得住、用得好。

（三）激发各方活力，保障资金投入

陆家村易地扶贫搬迁计划总投资 9730 万元，其中新区建设 5230 万元，搬迁户补偿 3000 万元，旧址土地复垦及生态修复 1500 万元。为了保证易地扶贫搬迁工程有效实施，县委、县政府进行统筹协调，确定易地扶贫搬迁项目投融资主体，由其负责承接省级投融资主体统筹安排的资金，并负责与省易地扶贫搬迁投融资主体、国家开发银行吉林省分行、中国农业发展银行吉林省分行等金融机构联系，承接好国家政策性信贷资金。同时，为解决资金不足问题，积极与县农业发展银行等金融机构沟通，运作信贷资金。县财政按照吉林省出台的相关政策规定，统筹地方可支配财力，支持投融资主体还贷。

（四）完善配套建设，培育产业发展

陆家村一手抓搬迁安置，一手抓产业建设。为提高搬迁户的生活质量，安置点的目标是实现"五化、五通、五有"，即硬化、绿化、亮化、净化、美化，通路、通电、通水、通电视、通网络，有活动广场、有购物区、有卫生室、有幼儿园、有垃圾收运点。陆家村将搬迁集中安置区与复垦拆旧区的100公顷建设用地统筹规划建设。同时，引导搬迁群众将土地、林地等生产资源向龙头企业和产业大户流转，并将该区域内的贫困户、移民搬迁户全部纳入产业链条，带动发展。对搬迁户和贫困户，逐户制订产业发展计划，实施产权入股、园区务工，提高群众的财产性、经营性和工资性收入，拓宽搬迁群众的增收渠道，促进群众增收。

陆家村建设棚膜经济园区27公顷、高标准水田100公顷、冷库1500平方米；发展乡村旅游，建设农家乐、采摘园、垂钓园等景点，打造乡村体验游、休闲农业游、生态养生游、光伏观光游、民俗文化游五大特色品牌；发展劳务经济，让农民变工人，通过新村物业、合作社、家庭农场和龙头企业安置约400人就业。

五 龙头企业带动发展的"棋盘模式"

棋盘村是吉林市乡村振兴发展的一个典范。10年前，该村大多数村民以种菜为生，村里人均耕地少，收入低，村集体资产基本为零。村班子适时提出规模化发展现代农业，对村里土地实行"三权分置"，即所有权归村集体，承包权归村民，经营权归村集体企业。其后，他们将"三权分置"模式复制推广至周边，流转了大屯村、官地村、靠山村千余公顷土地，为发展现代农业搭建了更大的舞台。在成功运营的基础上，他们精打细算"现代农业＋"，发展触角伸向房地产、金融、互联网等诸多领域，形成了独具棋盘村特色的发展模式。目前，该村集体资产积累逾 2 亿元，村民个人年均收入超过 2 万元。

富起来的棋盘村牢记社会责任，坚持把扶贫当作回馈社会的一项重要工作来做。逢年过节送温暖、资助贫困户、帮助贫困村销售农产品等成为该村扶贫的"常规动作"，受到社会各界赞誉。

"对外输出'棋盘模式'，推动贫困村整体改造。"棋盘村拿出的这个方案让人惊讶之余更感到欣喜。在九台农商银行大力支持下，"棋盘行动"付诸实施。

吉林市永丰惠民农业科技有限公司、双顶子惠民农业科技有限公司已经先后注册成立，分别操盘"棋盘模式"在永丰村和双顶子村落地，并推行相关事宜。在永丰惠民农业科技有限公司中，永丰村占股 49%，棋盘村占股 51%。在双顶子惠民农业科技有限公司中，同样是双顶子村占股 49%，棋盘村占股 51%。

目前，先行对接的永丰村正在按照"棋盘模式"走出第一步，积极组织村民进行土地流转。棋盘村的快速发展源于创新，对贫困村输出发展模式实际上是一种创新嫁接。其可贵之处在于合作共享，因为棋盘村把自身的发展绑定在精准扶贫的动车上。告别"火车头"时代之后，"动车组理论"在主导前进的速度。若要动车加速前进，棋盘村必须为贫困村赋能，从而让每一节车厢都充满动能。

第二节　吉林省乡村振兴战略的实施路径

针对吉林省农业农村现代化发展的实际，实施乡村振兴战略，要以习近平新时代有中国特色社会主义思想为指导，坚持农业农村优先发展，按照"产业兴旺、生态宜居、乡风文明、治理有效、生活富裕"的总要求，建立健全城乡融合发展的体制机制和政策体系。

为完成到 2035 年提前 10 年率先基本实现现代化的乡村振兴目标任务，吉林省应当以生产要素的组织化为核心改变生产方式，推动农业供给侧结构性改革；以产销互动为核心改变消费、生活方式，推动供需生态平衡；以城乡融合发展的体制机制创新为核心改变城乡先后发展关系，推动城乡等值化发展，逐渐消除二元结构；以"三治合一"的乡村治理体系建设为核心改变发展环境，探索有制度保障的乡村振兴发展路径。

一　吉林省实施乡村振兴战略的基本思路

吉林省应抓住乡村振兴发展的历史机遇期，实现全省乡村全面振兴。首先，用好新时代乡村振兴战略，这是指导吉林省乡村振兴的总纲领；其次，总结吉林省改革开放 40 多年来农业农村发展的经验教训，这是全省实现乡村振兴的实践基础；再次，要借鉴国内外乡村振兴的模式和方法，古为今用，洋为中用；最后，要找准今后乡村振兴发展的出发点和落脚点，明确发展道路，选准发展路径。

（一）补短板，实现乡村产业振兴

优先发展农业农村现代化，最关键的是产业发展。振兴乡村首在振兴产业。没有产业的兴旺，就没有理想的就业和收入。没有理想的就业和收入，就不能吸引和留住年轻人。留不住年轻人，乡村就不可能充满生机活力。新时代振兴乡村产业，要从社会主要矛盾的变化中捕捉机遇。我国社会主要矛盾已经转化为人民日益增长的美好生活需要和不平衡不充分的发展之间的矛盾。这个重大变化，为乡村资源价值的重估带来了历史性机遇。在农产品数量短缺的年代，我们的注意力放在大宗农产品生产上，对农业的休闲观光、生态涵养、文化传承等功能满足不够。在农村劳动力大量剩余的年代，我们的注意力放在促进农村劳动力转移就业和农民转移进城上，但对城镇居民到农村休闲、旅游、养老需求的满足不够，应予改进和提高。

（二）攻难点，解决乡村振兴中最棘手的治理和农民增收问题

乡村振兴是一项系统工程，从重塑城乡关系、走城乡融合发展之路，到打好脱贫攻坚战、走中国特色减贫之路，系统完备，环环相扣，而乡村治理在这个系统工程中的作用凸显。它是实现乡村振兴的制度基础和重要保障。不论是重塑城乡关系，还是巩固和完善农村基本经营制度；不论是深化农业供给侧结构性改革，还是促进绿色发展；不论是传承、发展、提升农耕文明，还是打好脱贫攻坚战；这些都离不开乡村治理。而乡村治理又必须充分发挥农民的主体作用。在乡村治理的实践中，吉林省存在一些亟待改进和完善的问题。例如，乡村治理的顶层设计不完善，缺乏治理的针对性和有效性；乡镇债务沉重，公共产品供给不足，社会保障水平不高，导致城乡差距较大；乡村治理的体制机制不完善，群众参与不足；宗族势力对乡村治理干扰严重，影响乡村的和谐稳定；"空心村""三留守"以及环境污染问题日益突出；等等。这些都要求我们必须进行乡村治理体系的创新，否则就会影响乡村的整体振兴，农村这块短板就会越来越"短"，就会拖现代化建设的后腿。

农民增收同样是乡村振兴的难题之一。传统意义上的农民仍然占吉林省农民的大多数，耕地只流转出去35%，大多数农民仍然从事着传统的农业生产。尽管国家重视农业农村，各种惠农政策让人眼花缭乱，但是如果农民单一从事小规模的农业生产，就很难实现发家致富。

（三）提质量，满足人们对优质农产品的需要

根据我国社会主要矛盾的变化，必须解决好人们日益增长的美

好生活需要和不平衡不充分的发展之间的矛盾。吉林省需要从自身的资源禀赋出发，因地制宜地发展特色农业。东、中、西部采取不同的现代农业发展战略：东部山区、半山区，以发展生育期短的水稻、大豆及林下植被为主，中部平原区以大田作物及农区畜牧业为主，西部干旱、半干旱地区以发展杂粮杂豆及草原畜牧业为主。

（四）全面发展农村经济，实现三次产业融合发展

振兴乡村产业，不能只搞农业，还要促进经济多元化。但经济多元化不能像 20 世纪 80 年代搞乡镇企业那样村村点火、户户冒烟。新时代促进乡村经济多元化，要用好乡村的自然资源和人文资源优势，发展乡村休闲、旅游、康养产业及传统工艺等。吉林省应遵循新发展理念，利用乡村的优势资源发展新产业、新业态、新经济，把绿水青山转变为"金山银山"。伴随着社会主要矛盾的变化及城市化的推进，高收入地区的人们对生态产品、生态服务的需求不断增强，为乡村地区的绿水青山变"金山银山"提供了强大的市场需求拉力。在市场机制发挥作用的同时，吉林省应发挥好调控机制的作用，逐步建立健全生态效益补偿机制及生态转移支付机制。

二　吉林省乡村振兴战略的实施路径

吉林省应按照十九大乡村振兴战略的具体要求，确定本省的乡村振兴战略的实施路径，做到实施路径支撑发展模式、发展模式支撑发展战略。

（一）从乡村振兴十大工程起步

在国家优先发展农业农村，实现农业农村现代化的政策指导下，按照"产业兴旺、生态宜居、乡风文明、治理有效、生活富裕"的总要求，吉林省实施乡村振兴战略应从十大工程入手，进而

完成乡村振兴的伟大事业。

1. 实施现代农业三大体系建设工程

现代农业三大体系包括产业体系、生产体系和经营体系。三大体系建设是实现"产业兴旺"的基础，是实现农业现代化的保障，是实现乡村振兴的前提。吉林省主要围绕转方式、调结构，加快完善现代农业产业体系；围绕强化科技支撑，加快建设现代农业生产体系；围绕深化农业综合改革，加快建立现代农业经营体系。

2. 实施粮食和食品安全工程

实现粮食和食品安全是乡村振兴的目标之一，是"产业兴旺"的基本目的。粮食和食品安全关系到国家安全，关系到全国人民的生活水平。吉林省作为农业大省、产粮大省实施这项工程，任务艰巨，使命光荣。

3. 实施生态环境保护工程

实施生态保护是乡村振兴的前提，是"生态宜居"的基本保障。从前一段时间国家处于集中解决温饱问题状态，忽略了对农业生态的保护，造成农业生态整体状况不佳、农村整体环境污染较为严重。实施乡村振兴战略，必须把保护生态环境作为基本抓手，这是前提、是基础。

4. 实施美丽乡村建设工程

建设美丽乡村是"生态宜居"的关键措施。吉林省要在新农村建设的基础上，给予这项工程更加积极的政策支持。建设美丽乡村是真正缩小城乡差距的具体体现，是能够让全社会看得见、摸得着的乡村变化。

5. 实施人才培育工程

人才培育是乡村振兴的关键措施，是实现20字总要求的基本保障。建设人才队伍是乡村振兴的根本任务，没有人才，乡村振兴无从谈起。建设人才队伍包括两个方面，一方面要有计划地培养人才，另一方面要留住现有人才，二者缺一不可。

6. 实施富民工程

实现生活富裕是乡村振兴的目标，推进富民工程是实现乡村居民生活富裕的基本过程。实施乡村振兴战略最重要的任务是增加广大农民的收入，提高广大农民的生活水平。

7. 实施农村三次产业深度融合工程

农村一二三产业融合发展是实现乡村振兴的重要措施和手段。从吉林省的发展实践来看，农村三次产业融合发展的模式和机制尚不完善，还有很多深层次问题有待破解。

8. 强化精准扶贫、精准脱贫工程

通过精准扶贫实现精准脱贫是乡村振兴的首要目的，是实现全面建成小康社会的第一目标。乡村振兴的首要任务是解决我国农村的贫困问题，贫困问题不能很好地解决，就不能实现乡村振兴。因此，吉林省在实施乡村振兴的过程中，精准扶贫工程不可缺少。

9. 实施农村公共服务建设工程

实现城乡公共服务均等化是实现乡村振兴的重要标志。乡村振兴的最终目标是缩小城乡差距，逐步实现城乡一体化发展。尽管实现全部公共服务城乡均等化需要较长时间的努力，但经过近些年的推动，城乡差距开始缩小，反映在公共服务上，表现为服务水平逐渐趋于一致。为了进一步缩小差距，加快实现公共服务均等化，吉林省有必要进一步采取措施，加强推进。

10. 实施农村有效治理工程

乡村治理是国家治理的基础，是综合治理、源头治理的重要组成部分。乡村治理水平的高低关系到党和国家的政策能否得到有效落实，也关系到农民的切身利益。农业丰则基础强，农民富则国家盛，农村稳则社会安。吉林省需要进一步加强对全省农村的有效治理工程。

（二）解决乡村振兴发展要素缺乏问题

激发各类资本进入农业农村的信心和动力，可以同时满足乡村振兴对人、财、物的需求。农业农村投资热与消费结构升级和规模经营发展密不可分。社会资本进入和由此带来的管理资源、经营理念，将有助于提升农业的整体经营水平。从全国来看，实施乡村振兴战略，激发了各类资本投入农业农村的信心和动力。2018年一季度，第一产业投资比2017年同期增加565亿元，增速高达24.2%，同比提高4.4个百分点。第一产业固定资产投资继续快速增长，增速大幅高于第二和第三产业。国家乡村振兴战略规划出台后，掀起了新一轮的农业农村投资高潮。据统计，2018年前两个月，第一产业民间投资达到919.3亿元，同比增长24.4%，比2017年全年增幅高11.1个百分点，民间投资占农业固定资产投资的81.2%。

（三）鼓励适度规模经营

吉林省通过培育新型农业经营主体和新型职业农民，逐步解决农村土地分散、农业效益不高的问题。家庭联产承包经营制度实施的时候，为了公平起见，各家各户分到各种等级的承包地，非常零碎，规模很小，既不利于耕作，又不利于提高经济效益。如今，要继续支持培育职业农民，鼓励新型农业经营主体流转更多的土地，在不断提高规模经营比重的同时，把不愿意从事农业生产的农民解放出来，从事第二和第三产业，这样既能增加收入，又可以解决从事第二和第三产业的人员缺乏的问题。

（四）发展壮大农村集体经济

发展壮大农业集体经济，这是中国特色社会主义发展最本质的要求之一，也是吉林省乡村振兴战略的实施路径之一。

一是实施农村集体产权制度改革。通过资源变股权、资金变股金、农民变股东，同时引入社会资本、外部技术、管理理念，实现资源重新配置，发展高效农业。

二是引进人才。我国还处在城市化发展阶段，大量农村人口要进城。与此同时，已经进城的一部分优质劳动力和人才需要回到农村。乡村振兴需要人才，这些人才仅靠沉淀在农村的人很难满足，很大程度上要靠外来人员。

三是土地制度问题。目前这套土地制度如果不改革，乡村振兴的规划和项目恐怕不能落地。

四是业态重塑。小规模、地域特色鲜明的农业在传统业态下有局限性，要获得竞争力，必须利用互联网。互联网可使特色农产品有更大的市场空间，产品也能卖出更高的价格。

（五）逐步实现城乡公共服务均等化

吉林省努力建立城乡融合发展机制，实现城乡等值化发展。表现在：彻底改变目前城乡二元结构发展模式，逐步取消所有涉及城乡分治的政策，实施公共服务设施建设等值化、城乡公共服务均等化，实现乡村融合发展。制定并完善现代城乡规划体系，建立健全"多规合一"、有机衔接的全省规划体系，坚持以规划引领城乡融合发展。优化城乡功能布局，全面落实 20 字总要求，按全省东、中、西部不同区域确定不同的主体功能定位，塑造综合考虑历史文脉、经济流向、产业分布的空间结构，形成主体功能明确、区块有机联动、资源配置优化的城乡融合发展格局。围绕农业创新链、人才链、供应链、价值链、产业链，构建区域协调、产业高端、绿色循环、主体多元、供给高效、协同联动、功能复合的现代农业生态圈，实现农业增效、农民增收、农村发展。创新城乡社区治理，加快构建村自治组织、社会组织和经营主体有机统一的生活共同体，形成以党建为引领、自治为基础、法治为保证、德治为支撑的乡村治理体系。促进城乡要素自由流动，打破要素从城市向农村流动的体制和机制障碍，创新人才、土地、资金、技术在城乡间的流动制度，推动优质要素向农村流动。推进城乡基本公共服务均等化，这是城乡融合发展的核心内容，包括促进城乡教育、就业、服务及社会保障体系均等化建设。

第三章　新农村建设与乡村振兴战略

新农村建设是通过工业反哺农业、城市带动乡村的途径，发挥农民的积极性和创造性。其根本目标是要通过发展农村生产力、提高农民生活水平、建设农村物质和精神文明、推动农村基层民主政治建设，最终实现缩小城乡差距、全面建成小康社会和构建和谐社会。

第一节　新农村建设的时代意义

当前，我国全面建成小康社会的重点、难点在农村，农业丰则基础强，农民富则国家盛，农村稳则社会安。没有农村的小康，就没有全社会的小康；没有农业的现代化，就没有国家的现代化。世界上许多国家在工业化有了一定发展之后，都采取了工业支持农业、城市支持农村的发展战略。我国国民经济的主导产业已由农业转变为非农产业，经济增长的动力主要来自非农产业。根据国际经验，我国现在已经处于工业反哺农业的阶段。因此，我国新农村建设重大战略性举措的实施正当其时。

一　新农村建设提出的

1956 年，一届全国人大三次会议通过的《高级农业生产合作社示范章程》提出了"建设社会主义新农村"的奋斗目标，也最早提出了"社会主义新农村"的概念。1960年4月，二届全国人大二次会议通过了《关于为提前实现全国农业发展纲要而奋斗的决议》。《决议》指出："中共中央制订的1956年到1967年全国农业发展纲要，是高速度发展我国社会主义农业和建设社会主义新农村的伟大纲领。"1963年12月，中央下发的《中共中央、国务院关于动员和组织城市知识青年参加农村社会主义建设的决定（草案）》提出，在今后一个相当长的时期内，要动员和组织大批城市知识青年下乡参加农业生产，建设社会主义的新农村。这一时期的社会主义新农村建设取得了一定的成绩，但是其目的是要求农业支持工业、农村支持城市，导致城乡差别越来越大。

1982年1月1日，中国共产党历史上第一个关于农村工作的"一号文件"正式出台，明确指出包产到户、包干到户都是社会主义集体经济的生产责任制。家庭联产承包责任制应运而生，打开了新的篇章。1982～1986年中央连续五年发布关注"三农"的"一号文件"，以促进农村改革和农村建设。1996年10月，胡锦涛在全国农村基层组织建设工作座谈会上对新农村干部队伍的培育提出了要求，并先后开展了"三讲"和"三个代表"重要思想学习教育活动。党的十四届六中全会提出："要以提高农民素质、奔小康和建设社会主义新农村为目标，开展创建文明村镇活动。"中央提出要"建设社会主义新农村"，开始实施"多予、少取、放活"政策，并规定了到2010年的奋斗目标。党的十五届三中全会提出要坚持多予少取，让农民得到更多的实惠。接着，又提出改革农村管理体制、搞活农村经济。2003年初，把农村改革列为四项改革之首，并把农村税费改革工作作为第一项。新时期的新农村建设取得了巨大成就，但没能从根本上解决"三农"问题，其症结仍在于工农关系、城乡关系没有得到根本调整。

改革开放以来，我国的农村面貌发生了翻天覆地的变化，但城乡发展水平和城乡居民收入水平的差距却不断拉大，我党针对农村建设中存在的一些问题进行了探索。2003 年 10 月，党的十六届三中全会提出了"五个统筹"的概念，并把"统筹城乡发展"放在了"五个统筹"的首要位置。2005 年 10 月，党的十六届五中全会提出了"建设社会主义新农村"的时代命题。全会通过的《中共中央关于制定国民经济和社会发展第十一个五年规划的建议》，提出了"积极推进城乡统筹发展"。2005 年 12 月，十届全国人大常委会第十九次会议决定，自 2006 年 1 月 1 日起全面免除农业税，废止《农业税条例》，这意味着在中国延续 2000 多年的农业税正式成为历史。2004～2008 年，中共中央连续出台 5 个指导农业和农村工作的"一号文件"，分别以促进农民增收、提高农业综合生产能力、推进社会主义新农村建设、发展现代农业和切实加强农业基础建设为主题，共同形成了新时期加强"三农"工作的基本思路和政策体系，构建了以工促农、以城带乡的制度框架，掀开了建设社会主义新农村的历史新篇章。2008 年 10 月，党的十七届三中全会审议通过的《中共中央关于推进农村改革发展若干重大问题的决定》，要求把建设社会主义新农村作为战略任务，把走中国特色农业现代化道路作为基本方向，把加快形成城乡经济社会一体化新格局作为根本要求。

二　新农村建设的概念和内涵

"建设社会主义新农村"不是一个新概念，自 20 世纪 50 年代以来曾多次有过类似提法。在新的历史背景下，党的十六届五中全会提出的建设社会主义新农村具有更为深远的意义和更加全面的要求。新农村建设是我国总体上进入以工促农、以城带乡发展新阶段后面临的崭新课题，是时代发展和构建和谐社会的必然要求。

（一）按照五大要求推进新农村建设

2005 年 10 月 8 日，中国共产党十六届五中全会通过《十一五规划纲要建议》，提出要按照"生产发展、生活宽裕、乡风文明、村容整洁、管理民主"的要求，扎实推进社会主义新农村建设。

生产发展，是新农村建设的中心环节，是实现其他目标的物质基础。建设社会主义新农村好比修建一幢大厦，经济就是这幢大厦的基础。如果基础不牢固，大厦就无从建起。如果经济不发展，再美好的蓝图也无法变成现实。

生活宽裕，是新农村建设的目的，也是衡量我们工作的基本尺度。只有农民收入上去了，衣食住行改善了，生活水平提高了，新农村建设才能取得实实在在的成果。

乡风文明，是农民素质的反映，体现了农村精神文明建设的要求。只有农民群众的思想、文化、道德水平不断提高，崇尚文明、崇尚科学，形成家庭和睦、民风淳朴、互助合作、稳定和谐的良好社会氛围，教育、文化、卫生、体育事业蓬勃发展，新农村建设才是全面的、完整的。

村容整洁，是展现农村新貌的窗口，是实现人与环境和谐发展的必然要求。社会主义新农村呈现在人们眼前的，应该是脏、乱、差状况从根本上得到治理，人居环境明显改善，农民安居乐业的景象。这是新农村建设最直观的体现。

管理民主，是新农村建设的政治保证，显示了对农民群众政治权利的尊重和维护。只有进一步扩大农村基层民主，完善村民自治制度，真正让农民群众当家做主，才能调动农民群众的积极性，真正建设好社会主义新农村。

（二）新农村建设与五大建设

一是经济建设。社会主义新农村的经济建设，主要指在全面发展农村生产的基础上，建立农民增收的长效机制，千方百计增加农民收入，实现农民富裕，努力缩小城乡差距。

二是政治建设。社会主义新农村的政治建设，主要指在加强农民素质教育的基础上，切实加强农村基层民主制度建设和农村法制建设，引导农民依法实现自己的民主权利。

三是文化建设。社会主义新农村的文化建设，主要指在加强农村公共文化建设的基础上，开展多种形式的、体现农村地方特色的群众文化活动，丰富农民群众的精神文化生活。

四是社会建设。社会主义新农村的社会建设，主要指在加大公共财政对农村公共事业投入的基础上，进一步发展农村的义务教育和职业教育，加强农村医疗卫生体系建设，建立和完善农村社会保障制度，以实现农村幼有所教、老有所养、病有所医的愿望。

21世纪以来，新农村建设有了新的社会内容。其中，"三农"问题反复被党中央列为工作重点，2007年之后又先后出现了"新型农村合作医疗""全面免除农业税"等社会热点话题。在新的历史时期，党和政府不断寻求新的问题切入点、新的解决方案，不断向我们交出新的答卷。

五是法制建设。社会主义新农村的法制建设，主要指在经济、政治、文化、社会建设的同时大力做好法律宣传工作，按照建设社会主义新农村的理念完善我国的法律制度，进一步增强农民的法律意识，提高农民依法维护自己的合法权益、依法行使自己的合法权利的觉悟和能力，努力推进社会主义新农村的整体建设。建设社会主义新农村必须依法进行，因此把保障农民利益和维护农民权利的相关制度用法律的形式确定下来，是依法推进社会主义新农村建设的必然要求。尽管宪法和法律对公民的权利和利益作了许多规定，但是在具体的法律制度方面，尤其是涉及农民切身利益的法律制度方面，还多有不完善之处，仍需大力加强，所以国家高度重视农村的法制教育与宣传工作，努力提高广大农民的法律认知水平。

总之，扩大国内需求是我国发展经济的长期战略方针和基本立足点。农村集中了我国数量最多、潜力最大的消费群体，是我国经济增长最可靠、最持久的动力源泉。推进社会主义新农村建设，可以加快农村经济发展、增加农民收入，使亿万农民的潜在购买意愿转化为巨大的现实消费需求，拉动整个经济的持续增长。

（三）新农村建设必须坚持的目标和原则以及三大部署

党的十六届五中全会提出了建设社会主义新农村的重大历史任务，并将其作为"十一五"时期经济社会发展的一个主要目标。新农村建设是要实现农村社会的物质文明、精神文明、政治文明和生态文明的和谐发展，要按照"生产发展、生活宽裕、乡风文明、村容整洁、管理民主"的要求，坚持党的领导，落实科学发展观，遵循统筹城乡经济社会发展、切实保障农民权益等原则。

1. 农村改革发展的六个目标任务

农村改革发展的六个目标任务涉及经济体制、现代农业建设、农民人均纯收入、基层组织建设、城乡基本公共服务、农业生产体系建设等方面。到 2020 年，农村改革发展的基本目标任务是：农村经济体制更加健全，城乡经济社会发展一体化体制机制基本建立；现代农业建设取得显著进展，农业综合生产能力明显提高，国家粮食安全和主要农产品供给得到有效保障；农民人均纯收入比 2008 年翻一番，消费水平大幅提升，绝对贫困现象基本消除；农村基层组织建设进一步加强，村民自治制度更加完善，农民民主权利得到切实保障；城乡基本公共服务均等化明显推进，农村文化进一步繁荣，农民基本文化权益得到更好落实，人人享有接受良好教育的机会，农村基本生活保障、基本医疗卫生制度更加健全，农村社会管理体系进一步完善；资源节约型、环境友好型农业生产体系基本形成，农村人居环境和生态环境明显改善，可持续发展能力不断增强。

2. 五项重大原则

巩固加强农业的基础地位、切实保障农民权益、不断解放和发展农村社会生产力、统筹城乡经济社会发展、坚持党管农村工作是新农村建设必须坚持的重大原则。具体表现在：必须巩固和加强农业的基础地位，始终把解决好十几亿人口的吃饭问题作为治国安邦的头等大事；必须切实保障农民权益，始终把实现好、维护好、发展好广大农民的根本利益作为农村一切工作的出发点和落脚点；必须不断解放和发展农村社会生产力，始终把改革创新作为农村发展的根本动力；必须统筹城乡经济社会发展，始终把着力构建新型工农关系、城乡关系作为加快推进现代化的重大战略；必须坚持党管农村工作，始终把加强和改善党对农村工作的领导作为推进农村改革发展的政治保证。

3. 三大部署

加强农村制度建设、积极发展现代农业、加快发展农村公共事业是今后一个时期推进农村改革发展的具体任务。要大力推进改革创新，加强农村制度建设；积极发展现代农业，提高农业综合生产能力；加快发展农村公共事业，促进农村社会全面进步。

第一，加强农村制度建设。实现农村发展的战略目标，推进中国特色农业现代化，必须按照统筹城乡发展的要求，抓紧在农村体制改革的关键环节上取得突破，进一步放开搞活农村经济，优化农村发展的外部环境，强化农村发展的制度保障。要稳定和完善农村基本经营制度，健全严格规范的农村土地管理制度，完善农业支持保护制度，建立现代农村金融制度，建立促进城乡经济社会发展的一体化制度，健全农村民主管理制度。

第二，积极发展现代农业。发展现代农业，必须按照高产、优质、高效、生态、安全的要求，加快转变农业发展方式，推进农业科技进步和创新，加强农业技术装备，健全农业产业体系，提高土地产出率、资源利用率、劳动生产率，增强农业的抗风险能力、国际竞争能力、可持续发展能力。要明确目标、制定规划、加大投入，集中力量办好关系全局、影响长远的大事。

第三，加快发展农村公共事业。建设社会主义新农村，形成城乡经济社会发展一体化新格局，必须扩大公共财政覆盖的农村范围，发展农村公共事业，使广大农民学有所教、劳有所得、病有所医、老有所养、住有所居。要繁荣发展农村文化，大力办好农村教育事业，促进农村医疗卫生事业发展，健全农村社会保障体系，加强农村基础设施和环境建设，推进农村扶贫开发，加强农村防灾、减灾能力建设，强化农村社会管理。

三 新农村建设的意义

第一，建设社会主义新农村，是贯彻落实科学发展观的重大举措。科学发展观的一个重要内容，就是实现经济社会的全面、协调、可持续发展，城乡协调发展是其重要的组成部分。全面落实科学发展观，必须保证占人口大多数的农民参与发展进程、共享发展成果。如果我们忽视农民群众的愿望和切身利益，农村经济社会发展长期滞后，我们的发展就不可能是全面、协调、可持续的，科学发展观就无法落实。我们应当深刻认识建设社会主义新农村与落实科学发展观的内在联系，更加自觉、主动地投身于社会主义新农村建设，促进经济社会转入科学发展的轨道。

第二，建设社会主义新农村，是确保我国现代化建设顺利推进的必然要求。国际经验表明，工农和城乡之间的协调发展，是现代化建设成功的重要前提。一些国家较好地处理了工农和城乡关系，经济社会得到了迅速发展，较快地迈进了现代化国家行列。也有一些国家没有处理好工农和城乡关系，导致农村长期落后，整个国家经济出现停滞甚至倒退，现代化进程严重受阻。我们要深刻吸取国外正反两方面的经验教训，把农村发展纳入整个现代化进程，使社会主义新农村建设与工业化、城镇化同步推进，让亿万农民共享现代化成果，走具有中国特色的工业与农业协调发展、城市与农村共同繁荣的现代化道路。

第三，建设社会主义新农村，是全面建成小康社会的重点任务。我们正在建设的小康社会，是惠及十几亿人口的高水平的小康社会，其重点在农村，难点也在农村。改革开放以来，我国城市面貌发生了巨大变化，但在大部分地区农村面貌变化相对较小，一些地方的农村还不通公路，群众看不起病、喝不上干净水，农民子女有的上不起学。这种状况如果不能有效扭转，全面建成小康社会就会成为空话。因此，我们要通过建设社会主义新农村，加快全面建成小康社会的进程。

第四，建设社会主义新农村，是保持国民经济平稳较快发展的持久动力。农民的生产生活条件和消费环境的改善可以消化掉当前部分行业的过剩生产能力，促进相关产业的发展。

第五，建设社会主义新农村，是构建和谐社会的重要基础。社会和谐离不开广大农村地区的社会和谐。当前，我国农村社会关系总体是健康、稳定的，但也存在一些不容忽视的矛盾和问题。通过推进社会主义新农村建设，加快农村经济社会发展，有利于更好地维护农民群众的合法权益，缓解农村的社会矛盾，减少农村的不稳定因素，为构建和谐社会打下坚实基础。

总之，建设社会主义新农村，是在全面建成小康社会的关键时期，在我国总体上经济发展已进入以工促农、以城带乡的新阶段，以人为本与构建和谐社会理念深入人心的新形势下，中央做出的一个重大决策，是统筹城乡发展，实行"工业反哺农业、城市支持农村"方针的具体化。

第二节　2006～2013年吉林省新农村建设情况

党的十六届五中全会提出建设社会主义新农村的重大历史任

务。2006 年，吉林省委、省政府成立了吉林省社会主义新农村建设
领导小组，下设领导小组办公室，省委书记、省长任领导小组组
长，省委组织部等 60 个省直部门和单位的主要领导为成员。办公室
设在省农委，主任由省农委主任兼任，省财政厅、省军区政治部等
15 个部门和单位的分管领导为副主任。为加强新农村建设工作机构
和队伍建设，2006 年正式设立吉林省新农村建设工作办公室，为隶
属于省农委的事业单位，享受处级待遇。按照省里的要求，9 个市
（州）、长白山管委会和 60 个县（市、区）全部成立了由党政主要
领导亲自抓、分管领导直接抓、相关部门协同配合的新农村建设组
织领导机构和工作机构。全省共设立市、县两级新农村建设工作机
构 70 个，其中，常设机构 34 个，非常设机构 36 个；省军区政治部
成立了专门的新农村工作办公室，负责全省预备役和边境地区的新
农村建设。在省委、省政府的正确领导下，全省上下深入贯彻落实
"三化"统筹的战略，坚持把新农村建设作为"三农"工作的统领，
紧紧抓住产业发展和民生改善两大重点，强力推动，吉林省新农村
建设取得了重大进展。

一　农村经济快速发展，农民收入大幅增长

2006～2013 年是吉林省新农村建设快速推进的八年，也是吉林
省农业和农村经济发展较快的重要时期。2013 年，吉林省"三农"
工作成效明显、形势喜人，粮食总产量突破 700 亿斤大关，达到
710.2 亿斤，创历史新高。农民安居乐业，人均纯收入比上年增加
1000 元以上，增长 11.9%。园艺特产业产值实现 1240 亿元，比上
年增长 18%。农产品加工业销售收入突破 4000 亿元，比上年增长
10% 以上，畜牧业、林业和县域经济持续较快发展。农村经济呈现
出多措并举、提质增效、互促共进、良性发展的新格局，成为全省
经济发展的亮点。

二　基础设施和公益事业全面加强，民生显著改善

2006~2013年，全省建设农村公路 5.35 万公里，乡镇和行政村通水泥（沥青）路率分别达到 100% 和 99%；解决了 672.24 万名农村人口（包括 12 万名农村学校师生）的饮水安全问题，告别了饮用高氟、高砷水的历史；通过农网改造升级工程，农村电网获得了较大发展，基本解决了 56.5 万户的"低电压"问题，农网改造升级工程共计新增 66 千伏变电容量 203 万千伏、10 千伏配变容量 65 万千伏，更新了 20 座 66 千伏变电站的老旧设备，改造了 66 千伏线路 1771 公里；建设农村户用沼气池 13.35 万户；76 万户农村泥草房改造任务全部完成，改造农村危房 6.26 万户；切实改善了农村学校办学条件。

2013 年，全省累计建设城乡校舍 704 平方米，落实资金 75.6 万元；新农合实现了全覆盖，新农合筹资标准已经提高到人均 301 元，政策范围内住院费用报销比例不低于 75%，最高支付限额达到 8 万元，是 2012 年吉林省农民人均收入的 10 倍以上。农村社会保障水平明显提高，农村社会养老保险制度建设全面加强。实施"村村通"工程，涉及 5554 个广播电视"盲村"；全省 20% 以上的自然村通电话率达到 100%；实现"乡乡通宽带"，建设并开通行政村宽带互联网 5254 个；建设并开通了"12316 新农村热线"、12582 农信通短信平台。累计扶持、建设乡镇综合文化站 624 个，实现省内全覆盖。扶持、建设农村文化大院 6000 个、社区文化中心 271 个，"送戏下乡"达 1.5 万场。全省建成县级全民健身中心 36 个，60 个县（市、区）建有全民健身广场或体育公园，3741 个村配建了健身设施，占全省行政村总数的 36.6%。推进 2020 个贫困村整村跃升，实现 106 万名农村贫困人口脱贫。

三　村镇改造、建设步伐加快，农村面貌发生了较大变化

2006 年以来，吉林省扎实进行"百镇千村"和县（市、区）

整体推进县新农村建设试点工作。2010 年转入深入实施阶段，启动了"千村示范、万村提升"工程。2013 年，为了解决垃圾围村和农村脏、乱、差问题，进一步加大了村镇改造和农村环境整治的力度。八年时间，全省村镇共完成产业项目 22006 个，总投资达 648.2 亿元。建设"一村一品"专业村屯 4835 个，修建农民夜校 2640 所、卫生室 6050 个、农家书屋 7249 个，建成的科普画廊达 2850 延长米。2009 年以来，全省实施农村基层党组织"三项工程"建设，累计投入资金 30.62 亿元，村级的党组织活动场所基本实现全覆盖；新建大型秸秆气化站 30 个，建成室内水冲和户外卫生厕所 54.8 万个、公共厕所 2.1 万个，修建垃圾处理场（点）5.5 万个、排水设施 3005 万延长米、围墙 3631 万延长米，新建大门 20.6 万个，安装路灯 5.78 万盏。2009 年以来，吉林省支持的绿化和美化村屯达到 8436 个，达到绿化、美化标准的村屯已有 2.1 万个。同时，全省新农村建设坚持高标准要求、高质量推进，每个市（州）还集中打造了 2~3 个样板村群，截至 2013 年，全省符合规划建设科学合理、基础设施完备、公共服务和社会事业完善配套、产业支撑作用明显、农民收入大幅提高、农民生产生活环境明显改善要求的标兵村有 400 个、先进村 500 个、样板村群 30 个，农村面貌大为改观。

四　专项投入不断增加，辐射带动效应明显

在吉林省新农村建设专项资金的辐射引导下，各级财政进一步加大了对新农村建设的投入力度，形成了省、市、县、乡四级财政共聚财力和社会各方面共同支持新农村建设的大好局面。2006 ~ 2013 年，全省投入专项资金 15 亿元，带动各方面投入 363.6 亿元，放大效应达到 24.2 倍，形成了以政府投入为引导、以农民投入为主体、以社会投入为补充的多元投入新格局，实现了工业反哺农业、

城市支持农村，市带县、城帮乡，促进了城镇资源要素向农村配置，公共财政向农村倾斜。

五 政策体系不断完善，扶持力度逐年加大

2006 年，吉林省委、省政府制定实施了《吉林省 2006—2020年社会主义新农村建设实施纲要（草案）》；2008 年，省委、省政府制定下发了《关于深入实施社会主义新农村建设的若干政策意见》；2009 年，省委、省政府制定了《关于实施社会主义新农村建设"千村示范、万村提升"工程的意见》；2010 年，省农委制定了《吉林省社会主义新农村建设"十二五"规划》。省里还制定了有关帮扶责任落实、重点部门责任分工、派驻指导员、专项资金管理、示范村分级分类管理等内容的重要文件。

六 宣传培训工作深入开展，不断营造良好的舆论环境

2006～2013 年，吉林省先后举办了地厅级领导干部新农村建设培训班，组织全省县（市、区）委书记和县（市、区）长到中央党校参加新农村建设培训。省委组织部和省新农村建设办公室联合对全省 624 个乡（镇）的党委书记进行了新农村建设专项培训。从2009 年开始，省委组织部、省新农村建设办公室联合组织实施了万名村干部培训工程，面向万名村党支部书记、村委会主任和选聘的高校毕业生、大学生村官进行系统培训。至 2013 年底，共举办了29 期培训班，圆满完成了培训任务。从 2014 年开始，继续实施新一轮村级干部培训，主要面向村"三委"干部、大学生村官、农村"三资"代理服务中心负责人和新型职业农民进行培训，每年培训2000 名。同时，先后组织三期 90 人赴韩国参加新农村建设培训班，一期 12 人赴台湾，五期 200 人考察新农村建设活动。

七　健全领导组织体系，完善帮扶工作机制

吉林省落实了省、市、县三级党政主要领导负总责、分管领导直接抓，一级抓一级、层层抓落实的新农村建设领导工作责任制。八年中，全省共有 2714 名领导、3829 个帮扶部门和单位、2777 名指导员参与了新农村建设，参与帮扶的企业达到 4645 家。全省形成了 1000 名领导干部、1000 个（所）部门单位和大专院校、1000 家企业帮扶 1000 个示范村，整合各方面社会力量帮扶新农村建设的制度。同时，还形成了领导带建、部门促建、村企共建、军民共建、能人援建、干部回乡帮扶的建设新农村的有效工作方法，合力共建新农村的氛围越来越浓。

第三节　2014~2020 年吉林省新农村建设总体部署

为全面贯彻落实党的十八大和十八届三中全会精神，吉林省的新农村建设在取得了阶段性成果的基础上，进一步解放思想、稳中求进、改革创新，坚决破除体制机制弊端，总体部署了 2014~2020 年全省新农村建设的任务，坚持农业基础地位毫不动摇，加快推进农业现代化。

一　吉林省新农村建设的重点任务

当前，中国经济社会发展正处在转型期，农村改革发展面临的环境更加复杂，困难挑战增多。2014 年，吉林省按照中央"一号文件"《关于全面深化农村改革加快推进农业现代化的若干意见》的精神，确定了新时期全省新农村建设的重点任务。

（一）农村环境清洁工程

在全省范围内，广泛开展以清垃圾、清柴草、清粪堆、清院落、清沟渠、清死角和消灭老鼠、蟑螂、蚊子、苍蝇为主要内容的农村环境清洁工程。

（二）基础设施建设工程

加大对农村公路养护的资金投入，强化农村公路建设和养护管理，加快推进农村公路畅通工程建设和农村公路、危（险）桥改造，逐步提高乡镇与村、村与村、村与屯的连通水平，逐年完善防排水设施和交通安全设施。

逐步解决农村居民和学校的饮水安全问题。加快农村集中式供水工程、分散式供水工程和管网工程建设，加强对工程运行的管理，全面开展水源保护，建立健全工程的长效运行机制，确保饮水安全工程良性运行。

推进城镇郊区利用土地增减挂钩试点政策建设城镇型农民新居，引导分散村屯合村并组，集中建设中心村。加强对传统村落的保护和特色村建设，突出对历史文化名村、特色景观旅游名村、民俗名村、少数民族特色名村的修缮和建设。

以外，还要开展围墙和大门改造、小流域和河流治理，以及卫生厕所、清洁能源、科学储粮仓、路灯、电力和通信设施等建设。

（三）农村人畜分离工程

科学制定畜牧业发展规划，发展生态、安全、高效、健康养殖，依法划定畜禽养殖禁养区。加强牧业合作经济组织建设，深入开展"退户入区"活动，实行人畜分离。加强政策扶持，鼓励和引导零散、小规模饲养向规模化、标准化、集约化养殖转变，重点扶持"退户入区"的畜禽标准化规模养殖场（小区）建设。

（四）垃圾污水处理工程

按照减量化、资源化、无害化的要求，推行"户集、村收、乡运、县处理"的垃圾集中收集处理模式，开展垃圾"分类分拣、源头追溯、定点投放"试点，提高垃圾无害化处理水平。

有条件的建制镇和规模较大、基础较好、有一定经济实力的村庄要建立集中的污水处理设施。城市周边村镇的污水可纳入城市污水收集管网统一处理。居住比较分散的村，应建设户用污水处理设施，采取分散式、低成本、易管理的方式处理。积极推广氧化塘、湿地等微动力和无动力污水处理方式，解决好农村污水转化利用和处理问题。

（五）公共服务配套工程

一是完善村部建设，包括村办公室、村文化科技广播电视室、村警务（治安）室、村卫生室和村多功能室（农民夜校）等。二是加强休闲健身广场建设。三是建立和完善中小学校舍的安全保障长效机制，进一步提高中小学校舍的安全管理水平和防灾减灾能力，配齐配全安全校车。四是有条件的村屯要积极建设社区服务中心、托老场所、农贸集市、旅游景点、邮政和储蓄网点、网吧、超市、浴池、理发店等配套服务设施，做到规划科学、布局合理、环境优美、整洁清新。

（六）生态环境改善工程

开展"绿化美化村屯、创建绿色家园"活动，道路两侧及村屯四周、荒山、荒坡、荒滩、荒沟种植树木。巷道两侧及庭院前后有序种植花草树木。有条件的村屯打造景观带，基本实现"窗前有花、院内有果、屯边有树、路边有荫"的目标。进一步巩固农村环境连片整治成果。

实施农村生态创建工程，围绕"清洁水源、清洁家园、清洁田园"的目标,积极开展"百镇、千村创建工程",在全省全面推进生态建设示范区的创建工作,打造一批符合国家、省级、市级标准的生态村、生态镇。

以土地整理项目为基础,搭建土地整治平台,实施田、水、路、林、村改造提升,节约、集约使用土地,有效增加耕地面积,改善农村生产条件,提高农业综合生产能力。

加强农业面源污染治理,合理处置农药包装物、农膜等废弃物,开展农业清洁示范区建设,综合利用清洁种植、清洁养殖和废弃物资源化利用等技术,实现田园(养殖区)清洁、水源清洁和家园清洁,加强农村工业点源污染防治,大力推广绿色有机无公害种养殖技术,全面改善农村生产环境。

二 吉林省新农村建设的实施步骤

吉林省遵循农村建设的客观规律和共有属性,按照搞好农村基础设施建设、综合治理农村环境、美化提升农村田园景观的层次递进的工作要求改善农村人居环境,分三个阶段实施。

(一)2014年,全面启动、重点突破

全面启动农村环境清洁工程,农村环境清洁总体达标率达到40%以上,其中东部山区达到50%以上,中西部地区达到30%以上。公共服务配套等其他项工程建设取得积极进展,启动建设410个改善人居环境的重点村,打造美丽乡村样板。市(州)、县(市、区)、乡(镇)都树立典型,发挥典型的辐射带动作用。

(二)2015~2016年,深入实施、全面推进

全面深入实施农村环境清洁工程,农村环境总体达标率达到60%以上,主要公路线、铁路线、旅游线和城镇周边的"三线一

环"地带，以及农贸集市、人口聚居的中心村、产业发展园区等处作为农村人居环境改造提升的重点区域，农村环境清洁率达到100%，垃圾围村和脏、乱、差问题得到有效解决。农村基础设施和公共事业建设等项工程建设取得突破性进展，建立起较为完善的农村环境建设投入机制、共建机制、长效管护机制。

（三）2017～2020年，提高完善、全面达标

全面完成农村环境清洁、基础设施建设、人畜分离、垃圾污水处理、公共服务配套、生态环境改善等六大工程的建设任务，农村人居环境改造提升全面达标。吉林省农村将实现基础设施完善、公共服务配套、环卫队伍整齐、管理规范长效、环境清洁生态的目标。

三　吉林省新农村建设保障的措施

吉林省的新农村建设的保障措施集中在六个方面。

（一）加强领导，强力推动

吉林省把改善农村人居环境作为统筹城乡发展的龙头工程，摆上各级党委和政府的重要议事日程，加强组织领导。改善农村人居环境工作，由省社会主义新农村建设领导小组统筹推进。建立考核评价机制，将改善农村人居环境工作作为各级党政干部政绩考核的重要内容，对于成效突出的县（市、区）、乡（镇）、村等，省政府分别给予表彰。

（二）分工负责，合力推进

改善农村人居环境涉及方方面面，要细化工作任务，明确工作主体，落实工作责任。吉林省农业部门负责改善农村人居环境建设的统筹协调、组织推动，以及新农村建设、美丽乡村创建、推广休

闲观光农业、推进农村清洁能源使用、农业面源污染防治等工作。住房城乡建设部门突出抓好农村人居环境改造提升总体规划，以及垃圾、污水处理和农村危房改造工作。环保部门要加强对农村环境连片整治示范项目的管理、对生态保护建设的监管和农村生态建设示范区创建工作。发展和改革部门、财政部门要把农村人居环境建设纳入经济社会发展规划，制定有关扶持政策。交通、国土、水利、林业、卫生、粮食等部门要抓好农村道路、土地整治、饮水安全、绿化美化、卫生和厕所、科学储粮仓等方面的基础建设。畜牧部门要抓好畜禽标准化规模养殖场（小区）建设，加强对畜禽的规模养殖、废弃物综合利用的指导和服务。教育、文化、体育、商务、旅游、民政等部门要抓好农村中小学、文体活动场所、农贸集市、乡村旅游开发、农家书屋、农村社会福利服务中心和农村社区建设。档案管理部门要抓好对有关改善农村人居环境的文件材料的收集、整理、保管等工作的监督、指导和检查。其他有关部门按照各自的职能分工，积极支持和参与改善农村人居环境工作。

（三）整合资源，加大投入

吉林省要求省、市、县各级人民政府要不断加大对改善农村人居环境建设的投入力度，将改善农村人居环境工作纳入每年各级政府的民生实事范围，明确政策和资金支持力度。调整资金结构，加强资金整合，按照"渠道不乱、用途不变、统筹安排、集中投入、各负其责、各记其功、形成合力"的原则，统筹涉农资金使用，鼓励县级政府把资金集中起来，确保农村人居环境建设有序、扎实。建立有效的引导和激励机制，鼓励社会资金参与农村人居环境建设。完善村级公益事业"一事一议"机制，有效调动农民参与农村人居环境建设的积极性。

（四）帮扶共建，社会参与

坚持政府主导、社会参与同农民主体相结合的原则，拓宽社会参与途径，调动一切积极力量，开创各行各业支持农村人居环境建设的生动局面。鼓励和引导党政机关、人民团体、企事业单位、社会各界人士以及志愿者，通过结对帮扶、捐资捐助和智力支持等多种方式改善村容村貌、建设美好家园。加大宣传力度，进一步营造关心、支持农村人居环境建设的浓厚氛围。

（五）健全制度，规范管理

逐步建立长效管理机制，做到有制度、有资金、有人员，提高管护人员的素质，逐步实现城乡管理一体化。有条件的地方，要积极探索建立住户付费、村集体补贴、县乡财政补助相结合的管护经费保障制度，确保农村人居环境整治的成果能持续发挥作用。制定村规民约，约束不卫生、不文明、不健康的行为，提高农民的环境意识、卫生意识和公共道德意识。

（六）统筹建设，全面发展

统筹协调做好农村的各项工作，合理区分生产和生活区域，加强生产性基础设施建设，发展休闲农业、休闲旅游、文化创意等产业，推动农村人居环境建设与发展现代农业、促进农民创业就业工作相结合，使生态环境优势转化为发展优势，不断增加农民收入。在农村人居环境建设过程中，加强服务型党组织和村委会自身建设，充分发挥各类基层组织在建设中的引领作用。提高村民的文明素质，增强农民的参与意识，实现农村人居环境建设与提高农民素质相结合。

第四章　农业农村优先发展与乡村振兴战略

　　吉林省已经具备农业农村优先发展的基础条件，农业结构进一步优化、农业绿色发展成为趋势，农村改革稳步推进；但是同时，与城市相比，农业农村优先发展仍然存在劣势。要实现农业农村优先发展，必须解决好相关经济社会问题及要素倾斜问题。这种要素倾斜不仅是一种增量倾斜，而且在相关领域也是一种存量倾斜。只有经过这种增量倾斜，以及一段时期的增量调整后，才能逐步实现城乡居民人均占有的公共资源存量相对均衡，最终实现城乡居民权利平等和公共资源均衡配置的目标。

第一节　农业农村优先发展的概念和内涵

　　优先发展是政府的一种战略和政策导向，是政府在公共资源配置和政策支持上给予优先考虑。坚持农业农村优先发展，是中共十九大和 2018 年中央"一号文件"为解决城乡发展不平衡、补齐农业农村短板问题做出的重大战略部署，是全面建成小康社会和全面建设社会主义现代化国家的重要战略原则和政策导向。新中国成立以来，根据国民经济和社会发展的需要，我国实行过多个优先发展战略，例如，新中国成立初期的重工业优先发展战略，改革开放以来先后实行的交通、就业、教育、人才等优先发展战略。此次提出的农业农村优先发展，是以习近平总书记为核心的党中央，在历史关键时期提出的关乎中国长盛不衰、建设现代化强国目标实现的关键举措。

一　农业农村优先发展的概念

2018 年，习近平总书记在中央农村工作会议上指出，把农业农村优先发展的要求落到实处，要在干部配备上优先考虑，在要素配置上优先满足，在资金投入上优先保障，在公共服务上优先安排。这就使我们明确了农业农村优先发展的概念内容，并指明了农业农村优先发展的方向。

（一）在干部配备上优先考虑

党管农村工作，是我们最大的政治优势。坚持农业农村优先发展，必须全面加强党对"三农"工作的集中统一领导，特别是在干部配备上优先考虑"三农"事业需要。中央明确要求，各级党委和政府的主要领导干部要懂"三农"工作、会抓"三农"工作，分管领导要真正成为"三农"工作的行家里手。

从目前情况看，"三农"工作的领导和推进机制、"三农"干部队伍和不少农村基层党组织还不能很好地适应这一要求。一些地方对党管农村工作的重要性认识不足，实际中"三农"工作"说起来重要、做起来次要、忙起来不要"的问题还比较突出；不少干部对农业农村情况不够了解，和农民聊得来、说农民听得懂的话的干部还不多；甚至部分地区农村基层党组织软弱涣散，侵犯农民利益的"微腐败"时有发生。

针对这些问题，要认真落实五级书记抓乡村振兴的要求，建立市县两级党政领导班子和领导干部实绩考核制度，压实市县两级的责任，特别是推动县（市、区）委书记把主要精力和工作重心放在农村工作上，当好乡村振兴"一线总指挥"。要把到农村一线锻炼作为培养干部的重要途径，将优秀干部充实到"三农"战线和基层一线，抓实、建强农村基层党组织，真正把农村基层党组织建成坚强的战斗堡垒。

（二）在要素配置上优先满足

近年来，我国在统筹城乡发展方面取得了积极进展，但城乡要素合理流动的体制机制还没有完全建立起来，渠道还没有完全打通，要素不平等交换问题还比较突出，农村人才、资金等还在大量流入城市，农业农村"失血"问题仍很严重。例如，搞城市建设主要征占农村土地，但全国土地出让收益支出中用于农业农村的比重还不到30%，"取之于农、用之于城"问题突出；每年新增1600万名农村劳动力进城，大量有文化的年轻人持续外流，老一辈农民逐渐退出，"谁来种地、谁来兴村"的问题越来越突出；农村金融主体供给不足，产品供给单一，农民特别是新型经营主体融资难、融资贵问题依然没有得到很好解决。

坚持农业农村优先发展，必须强化制度性供给和政策安排设计，破除阻碍要素自由流动、平等交换的体制机制壁垒，改变资源要素向城市单向流动的格局，构建城乡互补、全面融合、共享共赢的互利互惠机制，使土地、人才、资金、技术等各类发展要素更多流向农业农村。

（三）在资金投入上优先保障

将优先发展真正落到实处，补上我国农业农村发展多年的欠账，急需大量"真金白银"的投入。农业农村建设面广、量大，很多项目都是公益性的，社会效益明显高于经济效益，少数有回报的也是投入大、周期长、回本慢，必须发挥公共财政资金的主渠道作用。据粗略测算，从 2018 年开始的农村人居环境整治三年行动，即完成农村厕所、生活垃圾和污水专项整治"三大革命"，需要资金超过 3 万亿元。我国大多数县乡财政都是"吃饭"财政，村集体经济家底普遍较薄，甚至还有不少零收入的空壳村。仅仅靠农村农民自身的力量，靠现有的资金筹集渠道、投入力度，远远满足不了农业农村发展的需要。现有的中央和地方财政投入"三农"的资金项目，很多还是"撒芝麻盐"，钱不能集中起来用，不能解决大问题。为此，要坚持把农业农村作为财政优先保障领域和金融优先服务领域，加大公共财政的倾斜力度，提高土地出让收益用于农业农村的比例，确保投入力度不断增强、总量不断增加。同时，加快涉农资金统筹整合，集中力量办大事，发挥好财政资金"四两拨千斤"的作用，撬动更多社会资金配置到农业农村。

（四）在公共服务上优先安排

城乡差距大，体现得最直观、农民反映最强烈的，还是基础设施建设和公共服务水平的落差。这既是农业农村优先发展必须首先补齐的突出短板，也是影响农民群众获得感、幸福感、安全感的主要痛点。近年来，我国农村基础设施、社会事业明显改善，但与城镇相比，仍是两套标准、两个天地。据有关部门统计，全国约 1/3 的行政村村内道路没有硬化，近 1/3 的农村生活垃圾没有集中收集处理，超过 80% 的农村生活污水未得到集中处理，使用无害化卫生厕所的农户比例不到一半，不少村庄还没有连上 4G 网络和宽带光纤，农民看病、子女入托和上学还有不少难处，因病致贫现象仍大量存在。坚持农业农村优先发展，要把公共基础设施建设的重点放在农村，推动公共服务资源更多向农村倾斜，持续改善路、水、电、物流等基础条件，逐步实现城乡基础设施共建共享、互联互通，全面提升农村科教文卫体、养老社保等公共服务的水平，努力推进城乡基本公共服务标准统一、制度并轨，从形式上的普惠向实质上的公平转变，使农民在农村就可以享受到优质的公共服务资源，过上与城里人一样的日子。

二　农业农村优先发展的内涵

坚持农业农村优先发展的总方针，对于全面建成小康社会具有重大意义。应深入理解和把握农业农村优先发展的丰富内涵，处理好城乡融合发展和农业农村优先发展、长期目标和阶段性任务、总要求和重点突破、发挥市场在资源配置中的决定性作用和更好地发挥政府的作用等关系，完成好"三农"领域必须完成的硬任务，突出重点，推进农业农村优先发展。

（一）坚持农业农村优先发展是实施乡村振兴战略的总方针

习近平总书记在党的十九大报告中首次提出坚持农业农村优先发展，历史性地把农业农村工作摆在党和国家工作全局的优先位置。在 2017 年底中央农村工作会议上，习近平总书记深刻阐述了坚持农业农村优先发展的重大意义和科学内涵，提出了"四个优先"的明确要求。在 2018 年 9 月中央政治局第八次集体学习时，习近平总书记明确提出坚持农业农村优先发展是实施乡村振兴战略的总方针。习近平总书记的一系列重要指示精神，为实施乡村振兴战略、做好新时代"三农"工作指明了方向、提供了遵循、提振了信心，具有重大的现实意义和深远的历史意义。

（二）坚持农业农村优先发展是"三农"理论的创新发展

我们党在革命、建设、改革的各个历史时期都始终高度重视、正确处理"三农"问题，引领和推动党的事业从一个胜利走向另一个胜利。改革开放以来，我们党先后提出"统筹城乡经济社会发展""工业反哺农业、城市支持农村""促进城乡经济社会发展一体化"等一系列重大论断，坚持不懈地对科学处理工农和城乡关系进行理论创新和实践探索。特别是党的十八大以来，以习近平同志为核心的党中央坚持把"三农"问题作为全党工作的重中之重，提出并深刻阐释了坚持农业农村优先发展这一总方针，进一步明确了对工农和城乡发展优先序的战略考量，强化了对农业、农村、农民"多予、少取、放活"的政策导向，把解决好"三农"问题的重要性提升到新的历史高度。坚持农业农村优先发展，顺应了城乡演变和现代化建设的规律，抓住了新的历史时期我国经济社会发展的突出矛盾，是对我们党"三农"工作一系列方针政策的继承和发展，是我们党关于工农和城乡关系问题理论创新的最新成果，是习近平总书记关于做好"三农"工作重要论述的重要内容，为新时代实施乡村振兴战略、加快推进农业农村现代化提供了强大的思想武器。

（三）坚持农业农村优先发展体现了鲜明的目标导向和问题导向

党的十九大提出了分阶段实现"两个一百年"奋斗目标的战略安排，这是包括"三农"发展在内的国家整体战略。我国有着14亿人口中近6亿生活在农村的基本国情和农情，这决定了没有农业现代化、没有农村繁荣富裕、没有农民安居乐业，国家现代化是不完整、不全面、不稳固的。即使将来我国的城镇化率达到70%，仍将有4亿多人生活在农村。农民落在现代化进程之后，既不符合党的执政宗旨，也不符合社会主义的本质要求。当前，农业依然是"四化同步"的短腿，农村依然是全面小康的短板。不把农业农村发展摆上优先位置、拿出过硬办法，就无法补齐这个短腿、短板，无法确保如期实现"两个一百年"奋斗目标。

（四）坚持农业农村优先发展是重塑我国工农和城乡关系、促进城乡融合发展的必然要求

当前，我国最大的发展不平衡是城乡发展不平衡，最大的发展

不充分是农村发展不充分。过去，我们靠工农业产品价格和城乡要素"剪刀差"支撑了大规模城镇化和快速工业化。现在，城市对农村人才、资金、土地等要素的"虹吸效应"仍在持续。如果说实现全面建成小康社会的第一个百年目标要靠消除绝对贫困，那么实现国家现代化的第二个百年目标就要靠缩小城乡差距，同步实现农业农村的现代化。目前，我国人均 GDP 已接近 1 万美元，城市常住人口比例已接近 60%，到了加快推进城乡融合发展的历史阶段。坚持农业农村优先发展，就要扭转长期以来"重工轻农、重城轻乡"的思维定势，建立起向农村倾斜的城乡融合发展的体制机制，形成"工农互促、城乡互补、全面融合、共同繁荣"的新型工农和城乡关系，使农业成为有奔头的产业，农民成为有吸引力的职业，农村成为安居乐业的美丽家园。

三 坚持农业农村优先发展已经具备条件

第一，改革开放 40 多年来，我国农业农村现代化建设取得重要进展。粮食总产量连续 4 年稳定在 1.3 万亿斤以上，农村居民人均可支配收入达到 14617 元，农业技术装备水平不断提高，农村基础设施、公共服务、社会保障等全面改善，为加快实现现代化打下了坚实基础。这些年，我国综合国力和经济实力都快速提升，具备了工业反哺农业、城市支持乡村、财政增加投入的能力和条件。新型工业化、城镇化、信息化水平快速提升，为带动农业农村现代化打下了坚实基础。随着城乡经济和人口结构发生巨大变化，农村日益成为稀缺资源，越来越多城里人向往田园风光，乐于望山、看水、忆乡愁，资源要素向乡村流动成为可能。在这个关键时候，中央提出坚持农业农村优先发展，符合国情、农情，恰逢其时。在以习近平总书记为核心的党中央的坚强领导下，我们有强大的经济实力支撑，有亿万农民的创造精神，完全有条件实现农业农村优先发展，推动乡村全面振兴。

第二，农业农村优先发展已经成为 2019 年党和国家的重点工作。2019 年 2 月 19 日，指导"三农"工作的中央"一号文件"《中共中央、国务院关于坚持农业农村优先发展做好"三农"工作的若干意见》发布。

文件共分为八个部分，包括：聚力精准施策，决战决胜脱贫攻坚；夯实农业基础，保障重要农产品有效供给；扎实推进乡村建设，加快补齐农村人居环境和公共服务短板；发展壮大乡村产业，拓宽农民增收渠道；全面深化农村改革，激发乡村发展活力；完善乡村治理机制，保持农村社会和谐稳定；发挥农村党支部的战斗堡垒作用，全面加强农村基层组织建设；加强党对"三农"工作的领导，落实农业农村优先发展总方针。

文件强调，要坚持农业农村优先发展总方针，以实施乡村振兴战略为总抓手，对标全面建成小康社会"三农"工作必须完成的硬任务，适应国内外复杂形势变化对农村改革发展提出的新要求，抓重点、补短板、强基础，围绕"巩固、增强、提升、畅通"深化农业供给侧结构性改革，坚决打赢脱贫攻坚战，充分发挥农村基层党组织的战斗堡垒作用，全面推进乡村振兴，确保在 2020 年顺利完成承诺的农村改革发展目标任务。

第二节　吉林省农业农村发展取得的主要成就

经过 40 多年改革开放和快速发展，我国已经具备优先发展农业农村的基础条件。世界发达国家优先发展农业农村的政策，大多经历了从"农业支持工业、农村服务城市"的城市偏向到"工业反哺农业、城市支持农村"的农村偏向的转变。如果采用农业名义支持率（NRA）和相对支持率（RRA）两个指标，实现这种政策转变的时间节点大致分别在人均 GDP 为 1850 美元和 1958 美元时。2016 年，东北三省人均 GDP 为 6965.8 美元，尽管落后于全国 8127 美元的水平，但是按照 NRA 和 RRA 两个指标计算，已经具备优先发展农业农村的基本条件。同时，中央财政和各省财政也完全有能力支持农业农村优先发展。

一 农业产业结构进一步优化

新时代，我国社会的主要矛盾已经转化为人民日益增长的美好生活需要和不平衡不充分的发展之间的矛盾。为了适应这一新变化，吉林省按照农业农村部的统一部署，有序推进农业产业结构调整，构建现代农业产业体系，为实现农业农村优先发展奠定了良好的产业基础。

（一）吉林省调减籽粒玉米，增加优质农产品的播种面积

2017 年，吉林省继续实施和完善玉米市场化收购及补贴机制，合理调减非优势产区的籽粒玉米生产，增加优质农产品的播种面积。2016～2017 年吉林省种植业结构变化情况见表 4 – 1。

表 4 – 1　2016～2017 年吉林省种植业结构变化

单位：亩

2016 年		2017 年		2016～2017 年籽粒玉米调减面积合计
籽粒玉米调减	结构调整	籽粒玉米调减	结构调整	
332.6	大豆轮作、粮改饲、旱改水、设施农业	170	水稻、大豆、谷子、绿豆、花生、葵花籽、马铃薯、三辣（椒、葱、蒜）、饲草作物、燕麦、藜麦等，青贮玉米、鲜食玉米	502.6

资料来源：根据公开资料整理。

吉林省 2016 年和 2017 年共调减籽粒玉米面积 502.6 万亩。2016 年主要在西部易旱区调减 120 万亩，东部山区因实施玉米、大豆轮作调减 80 万亩，因实施"粮改饲"调减 80 万亩，因实施旱改水调减 15 万亩，为了发展设施农业等调减 10 万亩。2017 年，继续调减籽粒玉米面积 170 万亩，主要是扩大青贮玉米、鲜食玉米的种植面积，增加水稻、大豆、谷子等杂粮，绿豆等杂豆，花生、葵花籽等油料作物，马铃薯等薯类，三辣等特色蔬菜，饲草作物，燕麦、藜麦等特色作物的种植面积。

（二）吉林省农产品结构进一步优化

2017 年，吉林省根据市场需求更加注重调整农产品的结构。全省根据资源禀赋，在水稻优势产区、杂粮杂豆优势产区、特产业优势产区扩大了相应农产品的生产，增加了优质农产品的有效供给，减少了低端农产品供给，拓展了高端农产品供给，既保证高品质农产品供给，又提高农业经济效益。支持大中型灌区、高标准农田等具备灌溉能力的地方优先发展优质水稻生产，新增水田面积达 50 万亩，全省突破 1250 万亩。在白城、松原等地重点打造燕麦、小米、绿豆、花生、酿酒高粱等作物的产业园区和基地，加快建设全国重要的杂粮杂豆优势产区和集散中心。加快发展名牌农产品黑木耳、香菇等食用菌产业，培育蛟河市黄松甸镇、汪清县天桥岭镇、敦化市秋梨沟镇等产地集散市场，大型标准化示范园区发展到 20 个，食用菌年产量突破 130 万吨。加快吉林省优势农产品人参的食品、药品、保健品、化妆品等系列产品的开发，推进 30 个重点人参产业基地建设。

（三）吉林省农业新业态进一步发展

吉林省在实施农业供给侧结构性改革，优化农业结构的同时，加快培育农业新业态，构建新型农业产业体系。农业新业态是随着农业农村经济发展与科技进步，在原来的农村一二三产业的基础上，借助信息新技术等分化、嫁接、重构的新的生产组织形态或服务组织形态，例如，观光农业、体验农业、创意农业、田园综合体、农村电商、农村快递、乡村养老、农村建筑设计等。近年来，吉林省农村新产业、新业态发展加快，为农业增效、农民增收注入了新动能。

二 农业绿色发展成为趋势

推动农业空间布局、资源利用方式、生产管理方式的变革，推进黑土地保护、农作物秸秆综合利用、减少化肥和农药使用等措施，促进农业绿色发展，实现农村增绿，已经成为吉林省农业农村发展的趋势。吉林省继续推行农业绿色生产方式，通过发展生态农业，修复、治理农业生态环境，推进农业清洁生产，大规模实施农业节水工程等措施，在发展现代农业、实施农业农村现代化建设过程中，推行农业绿色生产方式。2017 年，吉林省在敦化等 4 个国家级玉米、大豆轮作试点县实施轮作的土地面积达 100 万亩，同时在 14 个率先实现农业现代化的示范县（市、区）推广耕地轮作试点，面积达 200 万亩，重点发展玉米和大豆轮作，统筹兼顾马铃薯、杂粮等作物轮作。吉林省力争用 3~5 年时间，初步建立耕地轮作的组织方式和政策体系，集成推广种地、养地相互结合的生产技术模式，探索形成可持续的轮作与粮食生产协调发展的耕作制度。

三 农村改革稳步推进

吉林省农村改革稳步推进，解决了长期困扰农业农村发展的土地确权、产权、金融及乡村治理问题，使广大乡村充满希望。农村改革包括土地确权、三权分置、农村宅基地、农村集体产权制度、农村金融综合改革等，通过改革创新乡村治理机制。

（一）土地确权颁证工作全面完成

土地确权颁证工作从 2013 年中央"一号文件"提出全面开展农村土地确权工作开始，历时 5 年，2018 年全部完成。

（二）农村集体产权制度改革持续深入

吉林省从 2014 年开始试点村改革，2015 年扩大改革试点范围，到 2017 年推荐整县（市、区）试点改革，农村集体产权制度改革逐步推进。2018 年，遵循农村改革"扩面、提速、集成"的总体要求，我国农村集体产权制度改革试点范围进一步扩大。吉林等三个省被确定为省级农村集体产权制度改革试点单位，按要求将于 2020 年完成改革试点工作。

（三）农村金融综合改革试点在吉林省初显成效

吉林省作为全国唯一的省级农村金融综合改革的试点省份，探索以金融破局"三农"问题。通过农村金融综合改革，吉林省调整了"三农"发展思路，将金融从配角提升到与财政、产业政策同等重要的地位，以共同发力助推"三农"发展。目前，吉林省农村金融综合改革初显成效。

（四）不断加强和创新乡村治理机制

吉林省农业组织形式和生产方式的转变，要求创新乡村治理机制。农村集体经济组织、股份合作经济组织与村"三委"的关系亟待理顺。乡村治理机制如何适应农业转移人口市民化、农村社区化，值得关注。目前，已出台《关于实施乡村振兴战略的意见》和《吉林省乡村振兴规划（2018—2022 年）》，加强和创新对乡村治理机制的研究与实践恰逢其时。通过政策、法律和村规民约建设，全省的乡村必将得到有效治理，一个全新、繁荣、共建共治共享的现代社会治理格局正在形成。

第三节　吉林省农业农村优先发展面临的问题

坚持农业农村优先发展，需要在准确领悟其内涵、全面总结吉林省农业农村优先发展取得的成就的基础上，认知其面临的问题，以便更好地采取得力措施，实现农业农村优先发展。

（一）农业仍是"四化同步"的短板

首先，农业对经济发展贡献率很低。2017 年，吉林省三次产业结构的比例为 9.3∶45.9∶44.8，对经济增长的贡献率分别为 6.9%、36.9% 和 56.2%。

其次，农业靠天吃饭的问题仍然没有彻底解决。同时，农业属弱势产业，生产周期长，回报见效慢，比较效益低，企业投资进入难。随着人口城镇化的快速推进，农村人口向城市迁移，农村资本、人才等要素逐步向城市集中，农村人口老龄化和村庄空心化加剧。

（二）农村仍是全面建成小康社会的短板

农业农村发展滞后是我国社会主要矛盾中最大的发展不充分。吉林省城乡居民可支配收入尽管增速在提高，但与其他省份相比差距仍然很大（见表 4－2）。在全面建成小康社会的关键时期，吉林省农村地区不应成为短板。

表 4-2　2017 年吉、黑、辽三省城乡居民可支配收入对比

单位：元

	城市居民 可支配收入	农村居民 可支配收入	城乡之比
吉林省	28329	12950	2.19：1
黑龙江省	27446	12665	2.17：1
辽宁省	34993	13747	2.55：1
三省平均	30256	13121	2.31：1

数据来源：东北三省《国民经济和社会发展统计公报》（2017 年），城乡之比为作者计算而得。

（三）农村现代化建设刚刚起步

吉林省作为国家的重工业基地，长期以来，对农村地区的公共设施投入少，公共服务严重滞后。如果将 2017 年村庄人均市政公用设施建设投资设为 1，那么乡为村庄的 2 倍，建制镇为 3.8 倍，县城为 10.7 倍，城市则为 16.1 倍。正是这种投入的差距，导致城乡居民市政公用设施水平相差悬殊，甚至是天壤之别。目前，吉林省建制镇、乡、村的燃气普及率、污水处理率、生活垃圾处理率都极低，公共设施和公共服务十分落后。2017 年，仍有 31.3% 的行政村未实现集中供水，80% 的行政村未对生活污水进行处理，35% 的行政村未对生活垃圾进行处理。

（四）农民职业化任重道远

在我国，工人是一种职业，而农民不是职业，由此造成"城乡界限"和"户籍制度"产生。长期的政策倾向，使从事农业劳动的农民被赋予了"农业户口"，它某种程度上已经是一种地位、等级、身份的象征。这就决定了从事农业经营的主体主要是农民，而其他人群只能从新型农业经营主体角度进入农业，限制了城乡人才的自由流动。这个问题若不能很好解决，将影响农业农村优先发展问题。

(五) 乡村亟待振兴

吉林省乡村振兴最需要的是人口振兴。吉林省常住人口城镇化率为 56%，而户籍人口城镇化率不到 50%。吉林省人口流失严重一直是不争的事实，2017 年常住人口比上年净减少 15.6 万人。

第四节　吉林省农业农村优先发展的路径选择

农业农村优先发展作为一项战略原则和政策导向，需要各级财政在资金分配、重大项目安排、支持政策制定等方面真正把农业农村放在优先发展的位置，实现向农业农村倾斜。

一　解决好农业农村优先发展的要素倾斜问题

要实现农业农村优先发展，首先必须解决好人、财、物要素向农业农村倾斜问题。农业农村优先发展的总任务是实现"优先发展要素"回归。人是根本，财是前提，物是桥梁。

(一) 财政资金分配、重大项目要向农业农村倾斜

"财""物"是实现农业农村优先发展的基本保障。一是要争取国家财政资金分配、重大项目向老工业基地和农业农村倾斜。二是要坚持把农业农村作为财政支出的优先领域，进一步加快农村金融综合创新，建好金融支持农业农村优先发展机制，同时在金融机构内部设立优先发展农业农村的扶持机构。三是出台政策，降低社会资本进入农业农村的门槛。社会资本的进入在为农业农村注入资本的同时，也为农业农村带来新的发展理念，使其转变发展方式，加快发展步伐。四是促进农业支持保护制度进一步完善。这是国家层

面实施乡村振兴战略最重要的举措。为补齐农业农村发展的短板，必须坚定不移地加大对农业的支持保护力度，坚持扩大"绿箱"政策的实施范围和规模，健全"三农"投入保障制度，加快建立新型农业支持保护制度体系。

（二）制定人才政策、组织干部队伍要向农业农村倾斜

正确的政治路线确定后，"人"是决定一切的。要完成十九大确定的乡村振兴战略，实现农业农村优先发展，必须解决好"人"的问题。吉林省今后的人才政策将向农业农村倾斜，并且优先为农业农村发展和组织精良的干部队伍。同时，要坚持党对农村民主选举的领导，管好、把好农村基层组织建设的关。这是实现农业农村优先发展的关键举措。

二　解决好农业农村优先发展的经济社会问题

农业农村优先发展，最需要解决的经济问题是农业现代化、农村股份制经济和农村三次产业融合发展。农业现代化是保障粮食安全和农产品有效供给的基础，农村股份制经济是农村集体产权制度改革的成果，农村三次产业融合发展是农业农村现代化的目标。与此同时，还必须解决好农村社会问题，包括精准扶贫、提高农民收入以及农村公共服务体系建设等。

（一）发展现代农业，实现农业现代化

吉林省是我国现代农业比较发达的地区，农业现代化发展基础比较好，基础设施建设比较先进。实现农业现代化，一是要有计划、有步骤地解决农业靠天吃饭问题，发展配套齐全的农田水利设施。二是依靠科技，加大投入，解决好良种问题。吉林省每年良种补贴基金不足国外一家制种公司投入的1/40，这是农业现代化建设

的一个短板。三是加强标准化、品牌化建设。只有标准化才能规模化，才能得到市场认可，提高市场竞争力；只有品牌化才能为世人所知，提高市场占有率。标准化和品牌化二者缺一不可，这是市场经济条件下发展现代农业不可或缺的基础条件。四是实现农业绿色可持续发展。这是实现农业农村优先发展的前提，要推动乡村产业走上一条空间优化、资源节约、环境友好、生态稳定的特色振兴之路。

（二）推进农村集体产权制度改革，发展农村股份制经济

推进农村集体产权制度改革，为吉林省农村经济开辟了新的发展道路，提供了新的发展方式，为吉林省农业农村优先发展奠定了基础。一是农村集体产权制度改革可以摸清家底，使农业农村优先发展更加有的放矢。二是农村集体产权制度改革使农村集体经济找到发展方向。绝大多数农业集体资产选择股份制，有效地避免了农村集体资产流失。股份制经济既有强大的生命力，满足农村集体经济发展的需要，又能保障农村集体经济组织成员的利益最大化。三是在改革过程中探索土地股份制经济。土地入股解决了农民手中缺乏资金的问题，土地在确权后，既是生产资料，又是资产，具有资本特性，能够为农业农村优先发展抵押、筹资，注入发展动力。

（三）推进一二三产业融合发展，补齐农业农村发展的短板

推进农村三次产业融合发展是农业农村优先发展的方向。吉林省农业农村经济形势不断向好，为三产融合发展夯实了基础。一是强化农产品加工业的引领作用，增强三产融合发展的动力。农产品加工业是农村三次产业融合发展的灵魂，通过发展农业产业化龙头企业，做大、做强农产品加工业。二是大力发展新型农业经营主体，构筑三产融合发展的支撑。家庭农场、农民专业合作社、龙头企业是农村三次产业的融合发展的新主体，它们支撑着农村三次产

业融合发展，以带动农业农村优先发展。三是培育新业态、新模式，拓宽三产融合发展的新领域。通过推广"共享农家"模式、休闲农业模式、农产品加工业带动模式、农业内部有机融合模式、全产业链发展融合模式、农业产业链延伸融合模式、农业功能拓展融合模式、科技渗透发展融合模式、产业集聚型发展融合模式等，拓展农村三次产业融合发展的领域。

（四）稳步实施精准扶贫，全面提高农民的收入水平

贫困问题始终是困扰农村的社会问题，是影响农村经济发展的大问题，必须很好地予以解决。同时，农民收入水平关系到农村社会稳定，"小康不小康，关键看老乡"，没有农民的小康，就没有全社会的小康。解决了贫困问题之后，不断提高农民收入水平，是全面建成小康社会的关键。一是因地制宜，稳步实施精准扶贫，确保2020年在现有贫困标准下全部脱贫。二是通过发展农村股份制经济，实现农村三次产业融合发展，完善农业支持保护制度，全面提高农民的收入水平，确保2020年全面建成小康社会。

（五）完善农村公共服务体系，逐步实现城乡公共服务等值化

通过强化农村公共卫生医疗服务、社会保障服务、公共文化服务、公共信息服务、科技推广服务、公共交通服务、社会管理服务，提升农村公共服务的水平，实现吉林省农村居民收入、各项民生指标走在全国前列。只有这样，才能逐步实现城乡公共服务等值化发展。城乡公共服务等值化是乡村振兴的发展趋势和发展目标，城乡公共服务等值化是无论在城乡人们享受到的公共服务没有差别。只有城乡融合，城中有乡、乡中有城，城市像乡村一样美，乡村像城市一样便利，这样的城乡发展格局才是最理想的。

第五章　农业农村现代化与乡村振兴战略

党的十九大报告提出实施乡村振兴战略，加快推进农业农村现代化。农业农村的现代化，事关我国全面建成小康社会和建设社会主义现代化强国的大局。2014 年 12 月，习近平总书记在江苏调研时指出，没有农业现代化，没有农村繁荣富强，没有农民安居乐业，国家现代化是不完整、不全面、不牢固的。他还强调，解决好"三农"问题，根本在于深化改革，走中国特色现代化农业道路。[①]

第一节　农业农村现代化的概念与内涵

十九大报告提出"实施乡村振兴战略"。农业农村农民问题是关系国计民生的根本性问题，必须始终把解决好"三农"问题作为全党工作的重中之重。要坚持农业农村优先发展，按照"产业兴旺、生态宜居、乡风文明、治理有效、生活富裕"的总要求，建立健全城乡融合发展的体制机制和政策体系，加快推进农业农村现代化。巩固和完善农村基本经营制度，深化农村土地制度改革，完善承包地"三权"分置制度。保持土地承包关系稳定并长久不变，第

[①] 《任何时候都不能忽视农业、忘记农民、淡漠农村——深入学习习近平同志在吉林调研时的重要讲话》，《人民日报》2015 年 8 月 13 日。

二轮土地承包到期后再延长 30 年。深化农村集体产权制度改革，保障农民财产权益，壮大集体经济。确保国家粮食安全，把中国人的饭碗牢牢端在自己手中。构建现代农业的产业体系、生产体系、经营体系，完善农业支持保护制度，发展多种形式的适度规模经营，培育新型农业经营主体，健全农业社会化服务体系，实现小农户和现代农业发展有机衔接。促进农村一二三产业融合发展，支持和鼓励农民就业、创业，拓宽增收渠道。加强农村基层基础工作，健全自治、法治、德治相结合的乡村治理体系。培养造就一支懂农业、爱农村、爱农民的"三农"工作队伍。

一　农业现代化的概念和内涵

中国农业现代化的提法最早始于"四个现代化"，即工业现代化、农业现代化、国防现代化、科学技术现代化。1954 年召开的第一届全国人民代表大会，第一次明确提出要实现工业、农业、交通运输业和国防四个现代化的任务。1956 年，又把这一任务列入党的八大所通过的党章中。1964 年 12 月 21 日，周恩来在第三届全国人民代表大会第一次会议上宣布，调整国民经济的任务已经基本完成。他代表中共中央提出，"在不太长的历史时期内，把我国建设成为一个具有现代农业、现代工业、现代国防和现代科学技术的社会主义强国"。改革开放以来一直沿用"农业现代化"的概念。

（一）农业现代化的概念和特征

农业现代化是指由传统农业转变为现代农业，把农业建立在现代科学的基础上，用现代科学技术和现代工业来装备农业，用现代经济科学来管理农业，创造一个高产、优质、低耗的农业生产体系和一个合理利用资源又保护环境的、有较高转化效率的农业生态系统。这是一个牵涉面很广、综合性很强的技术改造和经济发展的历史过程。农业现代化既是一个历史性概念，也是一个世界性概念。农业现代化的目标是建立发达的农业、建设富庶的农村和创造良好的环境。

农业现代化是一个相对性比较强的概念，其内涵随着技术、经济和社会的进步而变化，即不同时期有不同的内涵。从这个意义上讲，农业现代化只有阶段性目标，而没有终极目标，即在不同时期应当选择不同的阶段性目标，农业现代化在不同的国民经济水平层面上有不同的表现形式和特征。根据发达国家现代农业的历史进程，一般可将农业现代化分为五个阶段，即准备阶段、起步阶段、初步实现阶段、基本实现阶段及发达阶段。一个国家和地区要推进农业现代化进程，必须分析区域社会的经济发展水平，特别是农业发展现状，只有这样才能做出既符合实际又便于操作的决策。

1. 农业现代化的区域性

西方发达国家现代农业的成功经验非常丰富，但有自身的历史背景，受经济发展水平以及生态资源条件约束。我们借鉴发达国家现代农业经验时，需要对其实现的条件进行分析。因为，农业生产具有很强的区域性特点，不同国家的农业生产特点不同，即使同一个国家的不同区域、同一区域的不同地区，农业生产条件也存在很大的差异。因此，农业现代化的内涵具有区域性特点。

2. 农业现代化的世界性和时代性

随着经济全球化的逐步推进，特别是在我国加入 WTO 的宏观背景下，我国农业已全面融入国际竞争之中，面临来自国内、国际两个市场的挑战。因此，从这个意义上讲，需要站在全球化的高度来分析农业现代化，将区域农业现代化放在国际大舞台上，依据国际公认的标准来判断农业现代化的战略目标是否能够实现。

3. 农业现代化的整体性

有的学者提出，农业现代化不仅包括农业生产条件的现代化、农业生产技术的现代化和农业生产组织管理的现代化，同时也包括资源配置方式的优化，以及与之相适应的制度安排。因此，在推进农业现代化的过程中，就要在重视"硬件"建设的同时重视"软件"建设，特别是农业现代化必须与农业产业化、农村工业化相协调，与农村制度改革、农业社会化服务体系建设以及市场经济体制建设相配套。如果忽视"软件"建设，"硬件"建设将无法顺利实施，也无法发挥应有的作用。我国实现农业现代化，本质上是从根本上改造传统农业，大大缩小与发达国家农业的差距，在一些方面达到世界先进水平，在总体和平均水平上大体接近发达国家的水平。虽然各个国家和地区的条件和情况各不相同，不具有完全的可比性，但是在最基本的特征方面应当是共通的，这也得到了国际社会的公认。

概括地说，农业现代化是用现代工业装备农业、用现代科学技术改造农业、用现代管理方法管理农业、用现代科学文化知识提高农民素质的过程；是建立高产、优质、高效的农业生产体系，建成具有显著经济效益、社会效益和生态效益的可持续发展的农业的过程；也是大幅度提高农业综合生产能力，不断增加农产品有效供给和农民收入的过程。

（二）农业现代化的内涵

农业现代化是指从传统农业向现代农业转化的过程和手段，有三方面内涵。

1. 农业机械化是农业现代化的基础

农业现代化可以概括为"四化"，即机械化、科学化、水利化和电气化，机械化在农业现代化中居于首要位置。所谓农业机械化，是指运用先进设备代替人力的手工劳动，在产前、产中、产后各环节大规模采用机械化作业，从而降低劳动强度，提高劳动效率。理论上讲是这样，但在山区、丘陵地区，由于土地面积较小，机械的应用受限制，甚至无法被应用。

2. 生产技术科学化是农业现代化的动力源泉

农业生产技术科学化，是指把先进的科学技术广泛应用于农业，从而提高产品产量，提升产品质量，降低生产成本，保证食品安全。实现农业现代化，其实就是不断将先进的农业生产技术应用于农业生产的过程，不断提高科技对增产的贡献率的过程。新技术、新材料、新能源的出现，使农业现状发生了巨大的变化，农业增长方式从粗放转变为集约。科技将在对传统农业的改造过程中发挥了至关重要的作用。

3. 农业产业化是农业现代化的重要内容

农业产业化是指，农业生产单位或生产地区根据自然条件和社会经济条件的特点，以市场为导向，以农户为基础，以龙头企业或合作经济组织为依托，以经济效益为中心，以系列化服务为手段，通过实现种养加、产供销、农工商一条龙综合经营，将农业再生产过程的产前、产中、产后诸环节联结为一个完整的产业系统的过程。可以说，农业产业化的发展过程就是农业现代化的实现过程。农业产业化促进了农业专业化和规模经营的发展；反过来，农业专业化和规模经营又促进了农业先进技术和设备的推广应用，促进了农业现代化的进程。需要指出的是，农业产业化模式不是万能的，需要对该模式产生的历史背景、运作机制、绩效等进行评价后方可决定是否采用，盲目引进外界模式往往会导致失败。

二 农村现代化的概念和内涵

中国农村现代化刻不容缓，为世人关注。然而，有关农村现代化的基本内涵、主要特征、衡量指标及发展模式等问题，却很少有人分析和讨论，更没有达成共识，未能顺应中国农村现代化发展的客观需要。

（一）农村现代化的基本概念

现阶段，"农村现代化"的基本概念可以表述为：通过科学技术的渗透、工业部门的介入、现代要素的投入、市场机制的引入和服务体系的建立，用现代工业武装农村，用现代科技改造农村，用现代管理方式管理农村，使农村拥有水平先进、产业兴旺的现代农业，拥有知识技能化的现代农民，成为具有雄厚经济基础、先进文化基础和良好生态环境的现代农村，最终实现农民富裕，并营造一个制度健全、治理有效、环境优美的农村社会。

无论是学术界还是政府，人们谈论比较多的是农业现代化，而不是农村现代化。其实，这是两个层面上的问题，或者说是从不同角度研究的结果。

第一，从农业生产及其发展变化的角度理解的农业现代化。这主要有三种不同的理解。一是从技术变革或生产方式变革的角度理解，把农业现代化看成用现代工业和现代科学技术发展的成果装备农业生产的过程，实现传统农业生产向现代化农业生产的转变。这实际上是农业生产现代化或农业生产过程现代化。二是从经济增长方式变革的角度理解农业现代化，把农业现代化看成从"粗放、低效、封闭的自给性传统农业转变为由现代工业、现代科学技术与现代经营管理武装的集约、高效、持续发展的开放式商品农业的过程"。[①] 这种理解实际上是前一种理解的进一步扩展，可以说是农业经营现代化。三是从农业发展的基本要素、经营方式和组织制度变革的角度理解农业现代化，把农业现代化看成商品化、技术化、产业化、社会化、生态化等多方面变革的集合体。无疑，它比前两种理解又进了一步，实际上是农业经济现代化。这几种不同理解的共同点在于，把农业当作一个部门或产业，从农业自身发展出发对农

---

① 刘巽浩：《21 世纪的中国农业现代化》，《农业现代化研究》1994 年第 4 期。

业现代化的分析和说明。

第二，从整个社会的经济发展及其现代化的角度理解的农村现代化。它与上述对农业现代化理解的主要区别在于：一是从广义的社会经济角度研究农业和农村问题，而不是单纯从经济角度研究农业和农村问题，因而将重心放在综合反映农业和农民问题的农村发展和农村现代化上，把农业以及与之相关的主要社会经济问题纳入农村这个大系统内综合分析，而不是简单地谈论农业自身的现代化，不是把农村社会经济发展的其他方面问题仅仅当作农业发展的外在限制因素。二是把农村和农业放在整个宏观经济与社会大系统之中，而不是仅仅从农村和农业的狭小天地出发就事论事地谈论农村和农业现代化，不是把整个宏观经济和社会大系统作为一种环境因素简单化处理。

尽管现代农业的内涵和外延日趋扩展，但仅仅一个农业问题并不能涵盖农民、农业和农村问题的主要方面，并不能反映农民、农业和农村与社会经济其他方面的基本关系。发展中国家的二元结构并不仅仅表现为二元经济结构，而是表现为城乡之间经济、文化、科技、社会、生态等多个方面的二元结构，因而二元结构的核心不是工业与农业的对应关系，而是城市和农村的对应关系。"农村现代化"的提法更能涵盖农民、农业和农村问题的主要方面，更能反映发展中国家特别是中国二元结构的核心和实质问题，因而更符合中国当前经济改革和经济发展的实际。所以，我们在本书中主要分析的是中国农村的现代化问题，而不仅仅是农业现代化；我们把农业现代化当作农村现代化的一个方面。

（二）农村现代化的基本含义

关于农村现代化，我们主要是从农村社会经济综合发展的角度出发，以农村为中心，并将其置于整个社会经济大系统之中来研究和把握的。因此，我们认为，中国农村现代化至少应该包括五个方面的基本内涵。

一是农民现代化。农村现代化首先表现为农民现代化。没有现代化的农民，就没有现代化的农业和现代化的农村。因此，在农村现代化的过程中，传统意义上的个体农民应当逐步转变为用现代科学技术武装起来的、以市场为导向的、日趋文明化的现代职业群体。

二是农业现代化。这是农村现代化的基础。没有农业现代化，农村现代化也就失去了坚实的物质基础。因此，在农村现代化的过程中，应当把传统的种植农业逐步改造为商品化、产业化、技术化、社会化、生态化、国际化的现代大农业。

三是经济现代化。这是农村现代化的主战场和主要内容。没有经济现代化，农村现代化基本上就成了一个空架子，失去了五脏六腑。因此，在农村现代化的过程中，应当把传统的农村经济逐步转变为市场化、工业化、城市化、持续化的现代市场经济。

四是社会现代化。这是农村现代化的重要方面。没有社会现代化，农村现代化就残缺不全。因此，在农村现代化的过程中，应当逐步实现农村社会的民主化、法治化、文明化、稳定化。

五是制度现代化。这是农村现代化的基本保障。没有制度现代化，农村现代化就失去了导向和动力，将会变得盲目、乏力。因此，在农村现代化的过程中，应当逐步实现制度创新，规范政府行为，强化政策导向。

（三）农村现代化的主要特征

从农村现代化的基本含义出发，结合中外农村发展和农村现代化的实践，我们不难从中发现农村现代化的一些主要特征。

1. **时代特征**

"现代化"是一个相对概念，一个时代有一个时代的现代化内容及其标志。农村现代化也不例外。我们所讲的农村现代化，就其时代特征而言主要体现在两个方面。一是以当前的国际水平为标准，即以当代发达国家的农村经济、文化、社会等主要方面所达到的先进水平作参照。单纯强调本国特色，从本国实际情况以及预期可能达到的水平出发所确定的只是本国农村发展的战略目标，未必就能达到农村现代化。二是强调当代农村经济、文化、社会的协调发展，即形成一个开放的、实现城乡融合和复合的现代系统。无论如何，不能把农村现代化简单等同于农业现代化或农业工业化。即使从产业方面理解，现代农村经济也是一个农工商一体化的复合经济系统，何况我们所讲的农村现代化远远超过单纯的产业甚至经济范围，它是经济、文化、社会协调发展的复合系统。农业现代化、农村经济现代化，都只是农村现代化的基本内容和主要方面之一。

2. 滞后特征

从以手工劳动为主转向以机械化劳动为主，这是经济现代化的基本标志，也是带动整个生产方式变革的基本力量。从以相对封闭的农村社会内部循环为主转向以完全开放的城乡网络交流为主，这是社会现代化的基本标志，也是带动整个社会生活方式变革的基本力量。从这个意义上说，农村农业经济现代化发生的时间滞后于城市工业经济现代化，农村社会文化现代化发生的时间滞后于城市社会文化现代化。

从生产工具进步的角度讲，农业是一个提供原材料和生活资料的生产部门，农业生产工具要靠非农生产活动提供。现代生产力的发展主要以生产工具的机械化为标志和开端，农民家庭手工业的发展不可能为农业提供机械生产力要素。这就决定了农业自身的发展无法提供改造传统农业的物质技术基础，必须依靠现代工业的发展，由后者提供农业现代化发展的物质保障。

从农业生产方式变革的角度讲，在农业中土地的使用比任何其他产业都重要。传统农业技术与农民土地占有的结合，使传统农业生产方式具有十分顽固的保守性和稳定性，并以家庭经营为主。

三　农业农村现代化的内涵

十九大报告指出，要坚持农业农村优先发展，按照"产业兴旺、生态宜居、乡风文明、治理有效、生活富裕"的总要求，建立健全城乡融合发展的体制机制和政策体系，加快推进农业农村现代化。"产业兴旺、生态宜居"属于"硬件"方面的内容，而"乡风文明、治理有效"属于"软件"方面的内容，"生活富裕"则是目标。要坚持质量兴农、品牌强农，深化农业供给侧结构性改革，构建现代农业产业体系、生产体系、经营体系，推动农业发展的质量变革、效率变革、动力变革，持续提高农业的创新力、竞争力和全要素生产效率。

（一）夯实农业生产能力的基础

为了实现农业农村现代化，就要深入实施"藏粮于地、藏粮于技"战略，提高农业综合生产能力，保障国家粮食安全和重要农产品的有效供给，把中国人的饭碗牢牢端在自己手中。

1. 健全粮食安全保障机制

要坚持以我为主、立足国内、确保产能、适度进口、科技支撑的国家粮食安全战略，建立全方位的粮食安全保障机制。按照"确保谷物基本自给、口粮绝对安全"的要求，持续巩固和提升粮食生产能力。深化中央储备粮管理体制改革，科学确定储备规模，强化中央对储备的粮监督管理，推进中央、地方两级储备协同运作。鼓励加工流通企业、新型经营主体开展自主储粮和经营。全面落实粮食安全省长责任制，完善监督考核机制。强化粮食质量安全保障。加快完善粮食的现代物流体系，构建安全高效、一体化运作的粮食物流网络。

2. 加强耕地保护和建设

严守耕地红线，全面落实永久基本农田特殊保护制度，完成永久基本农田控制线划定工作，确保到 2020 年永久基本农田保护面积不低于 15.46 亿亩。大规模推进高标准农田建设，确保到 2022 年建成 10 亿亩高标准农田，对所有高标准农田实现统一管理。

3. 提升农机装备和农业信息化水平

推进农机装备和农业机械化转型升级，加快高端农机装备以及适合丘陵山区、果菜茶生产、畜禽和水产养殖等的农机装备的生产研发、推广应用，提升渔业船舶的装备水平。加强农业信息化建设，积极推进信息进村入户，鼓励互联网企业建立产销衔接的农业服务平台，加强农业信息监测预警和发布，提高农业综合信息服务水平。大力发展数字农业，实施智慧农业工程和"互联网＋"现代农业行动，鼓励对农业生产进行数字化改造，加强农业遥感、物联网应用，提高农业的精准化水平。

（二）加快农业转型升级

要按照建设现代化经济体系的要求，加快农业结构调整的步伐，着力推动农业由增产导向转为提质导向，提高农业供给体系的整体质量和效率，加快实现由农业大国向农业强国转变。

1. 优化农业生产力布局

以全国主体功能区划确定的农产品主产区为主体，立足于各地的农业资源禀赋和比较优势，构建优势区域布局和专业化生产格局，打造农业优化发展区和农业现代化先行区。东北地区重点提升粮食生产能力，依托"大粮仓"打造粮、肉、奶等综合供应基地。华北地区着力稳定粮油和蔬菜、畜产品的生产保障能力，发展节水型农业。

2. 推进农业结构调整

加快发展粮经饲统筹、种养加一体、农牧渔结合的现代农业，促进农业结构不断优化升级。统筹调整种植业的生产结构，稳定水稻、小麦的生产，有序调减非优势区籽粒玉米的种植面积，进一步扩大大豆的生产规模，巩固主产区棉、油、糖、胶的生产，确保一定的自给水平。大力发展优质饲料、牧草，合理布局规模化养殖场，大力发展种养结合的循环农业，促进养殖废弃物就近资源化利用。

3. 壮大特色优势产业

要以各地资源禀赋和独特的历史文化为基础，有序开发优势特色资源，做大、做强优势特色产业。创建特色鲜明、优势集聚、市场竞争力强的特色农产品优势区，支持在特色农产品优势区建设标准化生产基地、加工基地、仓储物流基地，完善科技支撑体系、品牌与市场营销体系、质量控制体系，建立利益联结紧密的建设运行机制，形成特色农业产业集群。

4. 保障农产品的质量安全

实施食品安全战略，加快完善农产品质量和食品安全标准和监管体系，加快建立农产品质量分级及产地准出、市场准入制度。完善农、兽药残留限量标准体系，推进农业投入品使用规范化。建立健全农产品质量安全风险评估、监测预警和应急处置机制。实施动植物保护提升工程，实现全国动植物检疫、防疫联防联控。完善农产品认证体系和农产品质量安全监管追溯系统，着力提高基层监管能力。落实生产经营者的主体责任，强化农产品生产经营者的质量安全意识。建立农资和农产品生产企业的信用信息系统，对失信市场主体开展联合惩戒。

5. 培育、提升农业品牌

实施农业品牌提升行动，加快形成以区域公用品牌、企业品牌、大宗农产品品牌、特色农产品品牌为核心的农业品牌格局。推进区域农产品公用品牌建设，擦亮老品牌，塑强新品牌，引入现代要素改造、提升传统名优品牌，努力打造一批国际知名的农业品牌和国际品牌展会。

6. 构建农业对外开放新格局

要建立健全农产品贸易政策体系。实施特色优势农产品出口提升行动，扩大高附加值农产品出口。积极参与全球粮农治理。加强与"一带一路"沿线国家合作，积极支持有条件的农业企业走出去。

（三）建立现代农业经营体系

坚持家庭经营在农业中的基础性地位，构建家庭经营、集体经营、合作经营、企业经营等共同发展的新型农业经营体系，发展多种形式的适度规模经营，发展壮大农村集体经济，提高农业集约化、专业化、组织化、社会化水平，有效带动小农户发展。

1. 巩固和完善农村基本经营制度

要落实农村土地承包关系稳定并长久不变的政策，衔接落实好第二轮土地承包到期后再延长 30 年的政策，让农民吃上长效"定心丸"。全面完成土地承包经营权确权登记颁证工作，完善农村承包地"三权分置"制度，在依法保护集体所有权和农户承包权的前提下，平等保护土地经营权。

2. 壮大新型农业经营主体

实施新型农业经营主体培育工程，鼓励通过多种形式开展适度规模经营。培育发展家庭农场，提升农民专业合作社的规范化水平，鼓励发展农民专业合作社联合社。不断壮大农林产业化龙头企业，鼓励建立现代企业制度。鼓励工商资本到农村投资适合产业化、规模化经营的农业项目，提供区域性、系统性解决方案，与当地农户形成互惠共赢的产业共同体。

3. 发展新型农村集体经济

深入推进农村集体产权制度改革，推动资源变资产、资金变股金、农民变股东，发展多种形式的股份合作。完善农民对集体资产股份的占有、收益、有偿退出以及抵押、担保、继承等权能和相关管理办法。

4. 促进小农户生产与现代农业发展的有机衔接

改善小农户生产的设施条件，提高个体农户抵御自然风险的能力。发展多样化的联合与合作，提升小农户的组织化程度。鼓励新型农业经营主体与小农户建立契约型、股权型利益联结机制，带动小农户专业化生产，提高小农户的自我发展能力。健全农业社会化服务体系，大力培育新型服务主体，加快发展"一站式"农业生产性服务业。加强对工商企业租赁农户承包地的用途监管和风险防范，健全资格审查、项目审核、风险保障金制度，维护小农户的权益。

（四）强化农业科技支撑

深入实施创新驱动发展战略，加快农业科技进步，提高农业科技自主创新水平、成果转化水平，为农业发展拓展新空间、增添新动能，引领并支撑农业转型升级和提质增效。

1. 提升农业科技创新水平

应培育符合现代农业发展要求的创新主体，建立健全各类创新主体协调互动和创新要素高效配置的国家农业科技创新体系。强化农业基础研究，实现前瞻性研究和原创性重大成果突破。加强种业创新、现代食品、农机装备、农业污染防治、农村环境整治等方面的科研工作。深化农业科技体制改革，改进科研项目评审、人才评价和机构评估工作，建立差别化评价制度。深入实施现代种业提升工程，开展良种重大科研联合攻关，培育具有国际竞争力的种业龙头企业，推动种业科技发展。

2. 打造农业科技创新的平台和基地

应建设国家农业高新技术产业示范区、国家农业科技园区、省级农业科技园区，吸引更多的农业高新技术企业落户，培育国际领先的农业高新技术企业，形成具有国际竞争力的农业高新技术产业。新建一批科技创新联盟，支持农业高新技术企业建立高水平的研发机构。利用现有资源建设农业领域的国家技术创新中心，加强重大共性关键技术和产品的研发与应用示范。建设农业科技资源开放共享与服务平台，充分发挥重要公共科技资源的优势，推动面向科技界的开放共享，整合和完善科技资源共享服务平台。

3. 加快农业科技成果的转化应用

鼓励高校、科研院所建立一批专业化的技术转移机构和面向企业的技术服务网络，通过研发合作、技术转让、技术许可、作价投资等多种形式，实现科技成果的市场价值。健全省、市、县三级科技成果转化工作网络，支持地方大力发展技术交易市场。面对绿色兴农重大需求，加大绿色技术供给，加强集成应用和示范推广。健全基层农技推广体系，创新公益性农技推广服务方式，支持各类社会力量参与农技推广，全面实施农技推广服务特聘计划，加强农业重大技术协同推广。

（五）完善农业支持保护制度体系

实现农业农村现代化，应以提升农业质量效益和竞争力为目标，强化绿色生态导向，创新、完善政策工具和手段，加快建立新型农业支持保护的制度体系。

1. 加大支农投入力度

应建立健全国家农业投入增长机制，政府固定资产投资继续向农业倾斜，优化投入结构，实施一批打基础、管长远、影响全局的重大工程，加快改变农业基础设施薄弱的状况。建立以绿色生态为导向的农业补贴制度，提高农业补贴政策的指向性和精准性。落实和完善对农民的直接补贴制度。完善粮食主产区的利益补偿机制。继续支持粮改饲、粮豆轮作和畜禽、水产的标准化健康养殖，改革、完善渔业油价补贴政策。完善农机购置补贴政策，鼓励对绿色农业发展机具、高性能机具以及保障粮食等主要农产品生产的机具实行敞开补贴。

2. 深化重要农产品收储制度改革

深化玉米收储制度改革，完善市场化收购加补贴机制。合理制定大豆补贴政策。完善稻谷、小麦的最低收购价政策，增强政策的灵活性和弹性，合理调整最低收购价水平，加快建立健全支持保护政策。深化国有粮食企业改革，培育、壮大骨干粮食企业，引导多元市场主体入市收购，防止出现卖粮难。深化棉花目标价格改革，研究、完善对食糖（糖料）、油料的支持政策，促进价格合理形成，激发企业活力，提高国内相关产业的竞争力。

3. 提高农业风险保障能力

要完善农业保险政策体系，设计多层次、可选择、不同保障水平的保险产品。积极开发满足新型农业经营主体需求的保险品种，探索开展水稻、小麦、玉米三大主粮作物完全成本保险和收入保险试点，鼓励开展天气指数保险、价格指数保险、贷款保证保险等试点。健全农业保险大灾风险分散机制。发展农产品期权、期货市场，扩大"保险＋期货"试点，探索"订单农业＋保险＋期货（权）"试点。健全国门生物安全查验机制，推进口岸动植物检疫规范化建设。强化边境管理，打击农产品走私。完善农业风险管理和预警体系。

第二节　吉林省农业农村现代化取得的成就

十八大以来，吉林省全面落实国家各项强农、惠农、富农政策，农业农村发展取得了令人瞩目的成就。

一 现代农业建设成果突出

2015 年 3 月全国两会期间，习近平总书记对吉林省农业现代化建设做出重要指示："要充分发挥吉林农业的特色和优势，加快发展现代农业，争当现代农业建设的排头兵。"① 随后时隔四个月，习近平总书记在吉林省调研时再次指出："要健全城乡发展一体化体制机制，加快建设现代农业，走出一条集约、高效、安全、持续的现代农业发展道路。"② 习近平总书记对吉林省现代农业建设的重要指示为吉林省农业发展确立了目标、指明了方向。吉林省加快推进农业供给侧结构性改革，突出现代农业"三大体系"建设，实施乡村振兴战略，为率先实现农业现代化、争当现代农业排头兵夯实基础。

（一）推动融合发展，现代农业产业体系建设取得新进展

2015 年，国务院办公厅下发了《关于推进农村一二三产业融合发展的指导意见》（国办发〔2015〕93 号）。2016 年，吉林省政府办公厅制定了《关于推进农村一二三产业融合发展的实施意见》（吉政办发〔2016〕63 号），明确提出推进农村一二三产业融合发展的总体要求、融合方式、主体培育、利益联结、融合服务和推进机制等，开启了农村产业融合发展的新阶段。实践表明，农村一二三产业融合发展，对于构建现代农业产业体系，加快转变农业发展方式，探索中国特色农业的现代化道路，实施乡村振兴战略具有重要意义。从吉林省的发展实践来看，农村三次产业融合发展的模式和机制不断完善，很多深层次问题逐步破解。

---

① 吉林日报评论员：《争当现代农业建设排头兵》，中国共产党新闻网，http://cpc.people.com.cn/pinglun/n/2015/0311/c78779-26675782.html。
② 《习近平在吉林调研时强调 保持战略定力增强发展自信》，新华网，http://www.xinhuanet.com/politics/2015-07/18/c_1115967338.htm。

1. 超额完成玉米调减目标，种植结构不断优化

按照农业部"镰刀弯"地区调减玉米种植面积的意见精神，2016 年，吉林省实际调减籽粒玉米种植面积 332.58 万亩，占全省农作物播种面积（8698 万亩）的 3.8%。2017 年，继续调减籽粒玉米种植面积 221.10 万亩，增加水稻种植面积 50 万亩、大豆 88.76万亩、杂粮和杂豆 27.39 万亩、花生 12.61 万亩，粮改饲 20 万亩，以及蔬菜、薯类、中药材等 22.34 万亩，两年累计调减 553.68 万亩。吉林省在超额完成农业部所下达的调减任务的前提下，2017 年粮食产量再创历史新高，达到 744 亿斤。

2. 农产品加工业作为农业产业化链条的核心，已成为推动融合发展的重要引擎

在融合发展的过程中，以农产品加工业为代表的第二产业，以加工为引领，实现双向延伸，带动三次产业深度融合、多点连接，全产业链同步发展。2017 年，农产品加工业全年实现销售收入 5600亿元，同比增长 7.5% 以上。农业产业化龙头企业发展到 5700 家，其中，省级重点龙头企业突破 530 家，超亿元企业发展到 280 家。省级龙头企业实现销售收入 2500 亿元，实现利润 120 亿元。同时，农产品产地初加工和农村一二三产业融合发展试点示范等项目的建设稳步推进。

3. 新业态、新模式不断涌现，拓宽了融合发展的领域

互联网及互联网经济的快速发展，使农业农村经济的经营方式发生了巨大变化。吉林省和全国其他地区一样，截止到 2017年，每个自然村屯都建有涉农电商超市，农产品的电子商务交易额达到百亿元。吉林省内各电商平台已开设省、市、县级地方特色馆 47 个，在线营销商品达 15 万种，带动就业 14 万人。互联网技术高度智能化，涉农电商、物联网、大数据、云计算、众筹等亮点频出（见表 5-1），农产品市场流通、物流配送等服务体系日趋完善，农业生产资料供给、农产品产地直销、有机食品短链供应、城市社区支农、农产品会员配送等新型经营模式不断涌现。与此同时,涉农全域旅游产业蓬勃发展,休闲农业和乡村旅游呈爆炸式增长态势,通过魅力乡村游、农家乐游、采摘游等形式,打造各种休闲农业精品线路。截止到 2016 年,吉林省共有乡村旅游等级经营单位 125 家,其中 4A 级经营单位 3 家,3A 级经营单位 17 家。2016 年,吉林省接待乡村旅游游客总数为 5526.27 万人次,同比增长了 17.32%,实现旅游总收入 965.79 亿元,同比增长 25.15%,分别高于全国平均水平 6.54 个和 11.55 个百分点。按照旅游总收入的 45.8% 为增加值的统计换算比例,乡村旅游已占全省 GDP 的 2.9%,对交通运输业和住宿业增加值的贡献率超过 26.7%,对餐饮业的贡献率超过 20%,对房地产业的贡献率超过 7%。

表 5-1 2016 年吉林省部分县(市)农村电子商务交易情况

单位:亿元,%

示范县(市)	交易额	增长率	农副产品、民俗产品和乡村旅游等的销售额	增长率
蛟河市	3.52	24	0.52	42
桦甸市	3.56	21	0.56	34
伊通县	2.08	85	0.08	60
通化县	2.22	2	0.22	30
通榆县	2.27	38	0.27	404
临江市	2.16	31	0.16	35
延吉市	24	14	9	20
敦化市	6.46	19	0.46	26
吉林省	583	21	123	76

数据来源:淘宝系平台。

(二)提升综合生产能力,现代农业生产体系建设取得新成绩

吉林省立足于资源优势,以提高农业综合生产能力为目标,实施"藏粮于地、藏粮于计"战略,着力推进现代农业生产体系

建设。

1. 农业机械化水平不断提高

近年来，吉林省的农业机械化水平不断提高。以 2017 年为例，全省农作物耕种收综合机械化率达到 86%，比全国平均水平高 20 个百分点，处于全国领先水平。农业机械总动力达 3288.69 万千瓦，同比增长 6%。拖拉机保有量为 120.35 万台，其中，大中型拖拉机 58.53 万台，同比增长 5.2%。大中型配套农具有 93.03 万台（套），小型配套农具有 185.99 万台（套）；联合收获机有 8.25 万台。农业机械固定资产净值达到 293.86 亿元，同比增长 10.6%（见表 5 - 2）。在九台等 10 个国家级现代农业示范区，共创建全程机械化示范区 130 个。大型农机合作社两年累计建设 450 个，农机合作社的社会化服务能力、水平和规模不断提升。2017 年吉林省评选了 78 个农机合作社示范社，充分激发了农机合作社在现代农业建设中的示范引领作用。

表 5 - 2　2012 ~ 2018 年吉林省农业机械化水平

	2012	2013	2014	2015	2016	2017	2018
农业机械总动力（万千瓦）	2554.65	2726.59	2919.1	3152.5	3102.1	3288.69	3462.39
拖拉机保有量（万台）	105.66	111.13	114.20	116.78	118.58	120.35	121.74
大中型配套农具（万台）	74.80	77.33	81.10	83.40	89.80	93.03	—
联合收获机（万台）	3.08	3.55	4.67	6.32	7.30	8.25	11.34
农业机械固定资产净值（亿元）	244.76	204.40	245.98	254.53	265.71	293.86	—
机耕面积（千公顷）	4999.3	4921.2	4980.1	5071.9	5029.1	4697.83	4935.60
机耕面积占耕地面积的比重（%）	86.2	84.9	88.6	87.5	81.1	81.0	81.1

	2012	2013	2014	2015	2016	2017	2018
机播面积（千公顷）	4703.5	4900.3	5004.6	5158.5	5230.3	5073.31	5448.8
机播面积占播种面积的比重（%）	88.5	84.5	89.1	89.00	84.3	87.5	89.5
机收面积（千公顷）	2089.4	2463.1	2917.0	3299.0	3585.6	4065.77	4564.6
机收面积占播种面积的比重（%）	39.3	42.5	51.9	56.9	57.8	70.1	75.0

数据来源：《吉林统计年鉴》（2013～2018年）及吉林省农业机械化信息网站的相关数据。

2. 绿色发展水平不断提升

吉林省在农业发展过程中更加注重"绿色"和"可持续"，在长春市和8个县启动国家农业可持续发展试验示范区创建工作，比如舒兰市和通化县充分发挥了示范区的引领带动作用。黑土地保护工作扎实推进，2017年，保护性耕作累积达到2853万亩，完成深松整地作业6328万亩。国家黑土地保护利用试点工作启动，吉林省国家现代农业可持续发展试验示范区已实现化肥施用量零增长、农药施用量负增长。全国第一个省级水利现代化规划启动实施，新增和改善节水灌溉土地面积85万亩，农田蓄引、排灌相配套的工程格局基本形成，2017年全省农田有效灌溉面积达到183.22万公顷，农田灌溉水有效利用系数平均达到0.59，高于全国平均水平。新增秸秆综合利用能力200万吨，秸秆综合利用率达到78.1%，同比增加6个百分点。农安等地秸秆综合利用率达到90%以上，在农田中随意燃烧秸秆的现象基本消除。

3. 科技支撑能力显著增强

测土配方施肥在粮食主产区实现全覆盖，手机信息化服务也已实现全覆盖，农业科技进步贡献率达到60%左右。在全省11个国家级现代农业示范区，2017年重大农业技术推广面积达到3740万亩，其中航化作业面积约200万亩，生物防螟面积1766万亩。

（三）增强新型经营模式的引领效应，现代农业经营迈出新步伐

1. 土地规模经营稳步推进

2017 年，吉林省土地流转面积达到 2366 万亩，占家庭承包经营面积的 37.6%，从事种植业的新型农业经营主体达到 16.8 万户。随着土地经营方式由过去一家一户小规模的分散经营逐渐转变为新型经营主体大规模的集约经营，管理方式也更加完善。2017 年，吉林省建设农村土地流转服务中心 881 个，基本形成了能够覆盖县、乡、村三级的农村土地流转服务体系；土地流转合同文本实现全省统一和标准化，并建立了工商资本租赁农地分级备案制度，为农村流转的土地被各级平台纳入奠定了基础；选择 11 个国家现代农业示范区和德惠市等 16 个县（市、区），开展农村土地流转管理服务示范县（市、区）创建活动，充分释放示范县（市、区）的引领效应。

2. 经营模式不断创新

形成多样化的农业经营模式，是推动农业农村经济发展的客观需要。随着吉林省新型农业经营主体的不断发展壮大，各类新型农业经营主体充分发挥自身优势，相互促进，融合发展，在经营模式上不断寻求创新和突破，形成"龙头企业＋合作社＋农户"、"公司＋联合体＋农户"、"公司＋基地＋合作社＋农户"、合作社托管经营、合作社统一经营、合作社统种分管经营、种植大户规模经营、龙头企业直接经营、家庭农场经营等多点开花、多方共赢的格局。新型合作经营模式的突出特点在于，充分发挥多方优势，进而弥补链条中的短板，从而实现三方共赢，打破传统的工业和农业分割的局面。企业在资金、技术、管理等方面具有较强的优势，可以帮助合作社破解在规模生产中遇到的资金、管理等瓶颈问题。合作社在规模化、标准化生产上具有一定优势，合作社运用企业提供的生产资料、先进的农业技术和现代管理理念，从事规模化、标准化

生产，实现农业增效、农民增收。这种规模化经营能够使农民从土地中走出来，一部分到合作社务工，转变为职业农民，另一部分外出务工，增加工资性收入，拓宽增收渠道。

3. 农业信息化与农业生产发展、农村业态创新融合

吉林省加强了遥感技术在墒情、苗情、灾情监测等方面的广泛应用。2017 年，吉林省基本完成农业卫星数据云平台建设，全省推进信息进村入户，新增标准化信息服务站 7362 个。推进农业物联网技术示范推广，通过省级智慧农业综合服务平台建设，现已开发了玉米、水稻、设施蔬菜、人参和杂粮杂豆五个产业的物联网技术服务系统，并建设物联网应用示范点 90 个。随着"互联网＋"等信息化手段的广泛运用，农民能够在网上卖菜，市民也能在网上买菜，彻底改变了优质农产品"养在深山无人识"和"酒香也怕巷子深"的状况。同时，吉林省不断加快农村电商发展，创新休闲农业的网上营销和交易模式，开展农资下乡和农产品电子商务试点，开发建设吉林省好汇购农业电子商务交易平台。2017 年，通过电商平台销售的各类农产品交易额达 20.42 亿元，其中开犁网累计交易额达到 2.53 亿元。支持企业开展农产品跨境电商交易，推动农产品进出口贸易发展。同时，对农产品质量安全的监管力度不断加大。农产品质量安全监管是提高农产品质量、加大农产品品牌建设力度、保障老百姓"舌尖上的安全"的重要手段。2017 年，全省"三品一标"认证数量达 1900 多个，监测面积达 1150 万亩，有国家农业标准化示范县（市、区）6 个、国家农产品质量安全县（市、区）9 个、省级安全县（市、区）11 个，创建蔬菜、水果标准化示范园500 多个。

二 美丽乡村建设效果显著

党的十八大以来，习近平总书记就建设社会主义新农村、建设

美丽乡村，提出了新理念、新论断、新举措。建设美丽乡村，不仅仅是表面上的干净、整洁，更要赋予其内涵，不仅要体现地域特点，还要通过打造特色产业来彰显文化特质。2013 年 7 月，习近平总书记在湖北鄂州调研时强调，乡土文化的根不能断，农村不能成为荒芜的农村、留守的农村、记忆中的故园。在实施乡村振兴战略的过程中，只有高度重视乡村文明的独特价值，美丽乡村建设才能体现出特有的魅力。

自 2013 年中央"一号文件"提出建设美丽乡村以来，吉林省从试点探索到整县（市、区）推进，从千村示范到万村提升，从政策引导到齐抓共建，从完善基础到魅力提升，不断加大资金投入，加强政策扶持，多层次、全方位打造吉林农村新面貌。

（一）在创建美丽乡村过程中凸显特色

吉林省的美丽乡村建设不是千篇一律的，而是根据不同地域、不同类型、不同特点打造精品村屯，彰显美丽乡村的个性，使其各具特色、各美其美，发挥引领、示范及带动作用。吉林省结合本省实际，按照十种类型建设美丽乡村。

一是高效农业引领型。特点是特色产业经营突出，主要以现代企业和农民专业合作社为载体，将产和销紧密结合起来，实现农民收入和集体收入同步增长。长春市陈家店村、四平市高家村、公主岭市房身岗子村等是该类型的典型。

二是三产业融合型。该类型是将高效农业、农产品加工、网络营销及乡村旅游紧密结合起来，实现农村一二三产业融合发展，延伸产业链条，提高产品附加值。较为典型的是吉林市大荒地村和延边朝鲜族自治州的春兴村。

三是农村生态保护型。特点是生态环境优势明显，依托传统的田园风光和乡村特色，大力发展生态旅游，将生态环境优势转变为经济优势。较为典型的有通化市赶马河村，延边朝鲜族自治州腰甸村、小山子村等。

四是传统村落整理型。这种类型是对村内已有的古村落、古民居进行修缮，客观还原历史面貌，促进乡村旅游。较为典型的有通化市鹿圈村、曙光村，延边朝鲜族自治州白龙村等。

五是环境整治提升型。通过狠抓基础设施建设，农村环境明显改善，"美丽庭院"和"干净人家"建设所占比重大。较为典型的有长春市双合村、辽源市永治村、松原市杨家村等。

六是民俗文化传承型。这种类型是依托独特的民俗文化、关东文化建设美丽乡村，弘扬优良文化传统，例如白山市果园村，松原市查干花村，延边朝鲜族自治州金达莱村等。

七是名景古迹挖掘型。这种类型是通过全新设计或者升级已有的名胜古迹，打造乡村形象名片，例如，吉林市松凤村，延边朝鲜族自治州防川村、红旗村等。

此外，还有乡村旅游打造型、历史名人弘扬型和传统农耕展示型等三种类型。按照这十种类型，吉林省美丽乡村总量达到 374 个。

（二）通过评选"美丽庭院""干净人家"，深入推进美丽乡村建设

吉林省从家庭做起，推动农村移风易俗，树新风、改陋习，培育良好家风、淳朴民风，开展"美丽庭院""干净人家"评选活动。"美丽庭院""干净人家"评选面向的是全省美丽乡村、新农村建设先进地区，以及一些重点村屯中经济基础较好、家庭管理有方、庭院布局整齐美观、绿化美化亮化到位、环境卫生治理达标的农户。2017 年，共评选出 5 万户"美丽庭院"和 10 万户"干净人家"，全省"美丽庭院"达到 20 万户，"干净人家"达到 50 万户。2018 年，全省评选出"美丽庭院""干净人家"5 万户。通过评选活动，引导农民参与丰富多彩的寓教于乐活动，改善农民的精神面貌，转变农民的生活方式，提升农民的生活品质。

（三）在美丽乡村建设过程中注重体制机制的创新

吉林省创新性地探索和系统总结出独有的美丽乡村建设八大机制和二十种模式。八大机制包括四平市高位推动机制、梅河口市政策促进机制、靖宇县督导监管机制、长春市城乡联动机制、镇赉县帮扶援建机制、延边朝鲜族自治州载体带动机制、梨树县市场运作机制和东丰县民主管理机制。二十种模式包括通化市东昌区美丽乡村模式、农安县社区建设模式、敦化市旧村改造模式、通化县整体推进模式、磐石市生态走廊模式和村规民约模式、和龙市民族建村模式、东丰县民俗文化模式、洮南市产业富村模式、长白县旅游兴村模式、集安市合力共建模式、公主岭市能人治村模式、德惠市合作带动模式、伊通县项目带动模式、扶余市新式民居模式和志愿服务模式、长春市绿园区环卫下乡模式、吉林市镇乡带村模式、长春市双阳区屯务管理模式以及吉林市丰满区服务外包模式。

（四）树立打造文化品牌的理念，赋予美丽乡村建设以生命力

文化是乡村振兴的灵魂。乡村振兴不仅要塑造农村的形象，更要铸就其灵魂。吉林省依托各地的农村特色文化资源，推动乡村文化振兴，打造乡村文化品牌。在完善农村基础设施的同时，不断加强农村文化建设。从2015年起，全省开展百名文化专家进百村打造文化品牌活动，挖掘历史文化、名人文化、古迹文化和民俗文化，赋予特产以文化内涵，发掘地域美丽传说，弘扬特色文化，提升"软实力"，彰显农村个性，打造乡土亮点，构建吉林省农村特色文化品牌。凡是创建国家级、省级美丽乡村的村，以及各市（州）、县（市、区），都有自己独有的特色文化品牌。2017年，全省通过建立村史馆、保护名人故居、修缮名胜古迹等方式，打造新农村建设文化品牌村100多个。2018年，打造和提升文化品牌村50个。全省文化品牌村总量达到800个，以此挖掘美丽乡村的文化内涵，

使其各美其美、各具特色。

（五）农村厕所改造等工作逐步推进

从 2016 年开始，吉林省开展了以农村厕所改造为重点的农村生活污水治理工作。省委、省政府将农村厕所改造工作作为全省的重点民生实事来抓，遵循政府组织、部门负责，财政补贴、多方筹资，社会参与、群众动手，因地制宜、分类指导的原则，严抓产品质量、施工操作、工程验收和运行管理"四项规范"，农村生活污水治理工作初见成效。同时，积极探索和建立改厕后的维护管理的长效机制，选择符合东北地区寒冷气候条件的"单户分散＋不直排＋有机堆肥或集中处理"的改厕工作模式，采用以玻璃钢、塑料材质为主的低成本水冲式三格化粪池处理技术，从而真正做到室内封闭厕所的卫生无害化。对于松花江流域、饮用水源地保护区、生态保护区等环境敏感区域以及不宜开挖区域，采用源分离非水冲生物处理技术，作为农村厕所改造的补充模式。2016 年完成改厕 10 万户，2017 年完成改厕 15 万户。到 2020 年全面建成小康社会时，全省农村改厕将基本完成。截至 2017 年，共发放补助资金 10 亿元。鼓励设备生产企业、堆肥企业等单位或个人以出资的方式完成改厕后的检查维修、定期收运、粪渣资源化利用等后续工作，粪渣集中进行堆肥处理后用于有机农作物的种植。基本模式是：改厕企业参与到后期的服务和运营中，将粪液、粪渣进行统一抽取；由村集体合作社购买中小型吸粪车，将粪液、粪渣进行统一抽取；每个改造户配备一个可自行抽取的小型吸污泵，将粪液、粪渣进行按时抽取，抽取出来的粪液、粪渣将用于农田浇灌。

三 农民素质全面提升

人才是乡村振兴的关键，农民是乡村振兴的主体之一。2016

年，吉林省农村人口达 1203 万，占总人口的 44%。虽然城镇化进程不断加快，城镇化率相对较高，农民进城打工居住在城市，但其身份并未发生实质性的变化，全省农村人口数量仍然众多。农民素质的高低将从根本上决定乡村振兴的水平和质量，因此吉林省在提高农民素质方面做了很多工作。

（一）大力培育新型职业农民

2018 年，吉林省用于新型职业农民培育的补助资金达到 7158 万元，培育新型职业农民 30128 人，其中新型经营主体带头人 18216 人，贫困村致富带头人 1000 人，全省现代青年农场主 810 人，农业职业经理人 100 人，专业技能型和专业服务型职业农民 10002 人。全省主要围绕县域主导和特色产业，农业企业和农民专业合作社的用工需求，土地托管、农机作业、植保收获等社会化服务，休闲观光、农村电商等新产业、新业态等方面，培育生产经营型、专业技能型、专业服务型、创业创新型职业农民。实行"分段式、重实训、参与式"培育模式，根据农业生产周期和农时季节分段安排课程，强化分类指导，对新型职业农民分类、分产业开展培训，做到"一班一案"，建立指导员制度。注重实践技能操作，大力推行农民田间学校、送教下乡等培训模式，提高参与性、互动性和实践性。

（二）新型农业经营主体不断壮大

新型农业经营主体是对农业生产经营主体的一种创新，相对于普通农户来说，组织化程度和服务水平更高，因此具有较好的市场适应性和较强的市场竞争力，能够从内部和外部延伸农业产业链条。新型农业经营主体队伍的不断壮大，不仅有效缓解了农民兼业化、农村空心化问题，更为吉林省乡村振兴奠定了重要基础。

随着吉林省一系列政策措施的完善，农民专业合作社、家庭农场、农业产业化龙头企业等新型农业经营主体发展迅速，数量和规模扩张较快，经营类型日渐多元化，自主创新能力和服务层次不断提升。2016年，吉林省土地流转面积占比上年同期提高了5.6个百分点，新型农业经营主体经营的耕地面积达108万公顷，其中通过土地流转的有88万公顷，占全省土地流转面积的65%。2016年，吉林省共培育新型职业农民2.5万人、农民专业合作社达75638个，带动农户364.6万户（见表5-3）。合作社上联企业、市场，下联农户、百姓，消除了"公司+农户"发展模式的弊端，使龙头企业、合作社及农户之间的利益联结更加紧密，合作层次从一个产业向三次产业合作深化转变，从单一产业链条功能向三次产业的多个链条功能拓展，推进了农业的专业化、标准化生产和规模化经营。在2013年中央"一号文件"提出鼓励承包农地向家庭农场流转之时，家庭农场便已经在吉林省延边朝鲜族自治州等地出现，并收到了良好的运营效果。截止到2016年，经过工商注册的家庭农场已达7473家，比上年增长了8.5%，家庭农场无论在数量、规模还是运行效率上都取得了显著提升。土地流转政策推动土地规模经营及家庭农场的发展，反过来，家庭农场的发展又促进农村土地集聚，推动农村劳动力转移，在提高农民的收入水平的同时也提高了农民的生产积极性。2019年，全省农业产业化龙头企业发展到6500家，在推动农村三产融合发展中发挥了示范和领军作用。

表5-3 2007~2016年吉林省农民专业合作社发展情况

	2007	2008	2009	2010	2011	2012	2013	2014	2015	2016
专业合作社数量（个）	96	1976	5723	11347	21331	30800	43035	52065	62478	75638
加入及带动的农户数（万户）	38.0	46.0	89.0	111.0	159.0	190.0	257.7	280.0	336.0	364.6

数据来源：项目组通过调研获得。

四 农村改革进一步深化

(一) 推进农机购置补贴方式改革

吉林省开展粮食生产全程机械化整体推进示范省建设行动,采取粮食主产县整体推进、非粮食主产县重点产粮乡镇整体跟进的方式,围绕玉米、水稻等主要粮食作物,加快推进主要粮食作物的全程机械化。同时,加强全程机械化新型农业经营主体农机装备建设,研究制定并出台《2016年吉林省全程机械化新型农业经营主体农机装备建设实施方案》。

(二) 推进农村土地确权整省推进试点

2017年,全省部署开展和推进农村土地确权试点工作的乡镇有431个,试点村有5223个,涉及的土地面积达到4782.5万亩、农户163.8万户。截至6月,全省已在2635个村开展实测,测量地块和测量面积分别达到270.6万块和1296.4万亩,占全年工作任务的28.2%。

(三) 推进农村集体产权制度改革

吉林省农村集体产权制度改革从选择22个试点村开始。经乡村申报、县级审核、市级把关,9个市(州)及梅河口市、公主岭市2个扩权强县试点市共选择了22个村,进行农村集体产权制度改革试点。2017年,各试点村农村集体经济组织产权制度改革已基本结束。在作为整省推进试点后,吉林省委、省政府高度重视,全力开展。2018年,吉林省委改革领导办公室委托吉林省社会科学院农村发展研究所作为第三方对全省9个市(州)、60个县(市、区)进行评估。在评估范围内的所有县(市、区)的集体产权制度改革,均按照国家和吉林省的时间表、路线图有条不紊地开展，清产核资阶段基本结束，集体资产家底基本摸清。

（四）启动国家农村金融综合改革试验

吉林省作为全国唯一的农村金融综合改革试点省份，扎实推进农村金融改革试验，引导社会资源投入"三农"领域。从金融改革试点开始，全省就制定了农村金融改革政策，创新了一系列推动农业农村经济发展的机制，旨在破解制约农村经济发展的金融瓶颈问题。推出针对新型经营主体的金融产品，包括粮食直补资金担保贷款、土地收益保证贷款、"吉牧贷"等涉农贷款产品，农村土地经营权抵押贷款实现县域全覆盖。吉林省探索以金融破局"三农"问题，助推农村三产融合发展，助力乡村振兴。截至 2017 年初，涉农贷款余额达 6110.2 亿元，同比增长 15.7%，较全国平均增速高 6.8 个百分点；农业保险保费收入为 14.8 亿元，同比增长 33.9%，较全国平均增速高 22.5 个百分点；主要涉农金融机构涉农贷款加权平均利率为 5.36%，较上年初下降 0.59 个百分点；主要涉农金融机构涉农贷款加权平均不良率为 2.34%，较上年初下降 1.47 个百分点。涉农金融机构上市融资取得重大突破，九台农商银行成为全国第二家赴港上市的农商银行，募集资金达 30.1 亿港币。

第三节　吉林省农业农村现代化建设过程中存在的问题

党的十八大以来，吉林省委、省政府对"三农"工作高度重视，不断强化组织领导，认真贯彻落实各项强农、惠农政策，不断深化各项农村改革，促进农业提质增效，农业农村工作取得了较大成绩。但农业农村发展不平衡不充分问题依然突出，实现十九大提出的乡村振兴战略五大目标，进而全面建成小康社会仍面临巨大挑战。

一　农村集体经济相对薄弱，乡村振兴缺乏产业支撑

（一）村集体积累来源渠道单一

按照党中央、国务院的决策部署和省委十一届二次全会精神，吉林省开展农村集体产权制度改革整省推进试点，用3年左右时间完成农村集体资产清产核资任务，用5年左右时间完成经营性资产股份合作制改革任务，鼓励提前完成农村集体产权制度改革，发展壮大农村集体经济。截至2018年底，全省乡、村、组对集体所有的资源性资产、经营性资产、非经营性资产等各类资产进行了全面清产核资，摸清集体家底。在清产核资的过程中发现，吉林省农村集体经济相当薄弱，全省9000多个村中90%的村为"空壳村"，没有村集体经济收入，有的村甚至还有很多负债，处于资不抵债的状态。即使有经济收入的村，大部分也是通过发包村集体所有的耕地获得收入，通过发展产业壮大集体经济的村少之又少，集体积累来源渠道过于单一。由于村集体经济过于薄弱，因此由村一级的集体承担的公共职能无法实施，路没有资金维护、农业基础设施建设无钱投入、发展集体产业没有"第一桶金"、农村环境卫生仅靠村集体的力量无法治理等问题突出，严重制约了农村经济的发展。

（二）受思想观念的束缚严重

思想观念上的落后是制约和阻碍农村集体经济发展壮大的最大障碍。调研发现，一方面，农民参与发展壮大集体经济的积极性不高。在为村集体所有的机动地较多的村，当村干部提出用机动地发包所得的收入投资和发展产业时，大部分农民表示不愿意，

担心投资后没有收益。农民更喜欢安于现状，用目前发包土地的收益分点儿红、发点儿福利，因此村干部的提议在村民代表大会投票决议时往往无法通过。另一方面，部分领导干部发展集体经济的意识淡薄，在全省60个县（市、区）中已制订壮大农村集体经济措施的比较少，有35个县（市、区）没有壮大农村集体经济的具体措施，对于村集体经济的发展非常盲目被动，无法推动和促进农村经济的大发展。

（三）村干部素质偏低现象较为普遍

当前，农村老龄化问题已经影响到行政村"三委"班子成员，全省部分行政村的干部年龄老化严重，尤其是部分行政村的党支部书记年龄偏大。同时，不少村干部受教育程度低、文化素质不高、业务水平低，甚至有的不会使用电脑，造成改革工作推进难度较大，严重影响改革的成效。还有一些村干部不能够挖掘、利用自有的土地、资源等优势发展经济，而是过于强调缺乏资金、人才、技术等客观因素，缺乏"领头羊"精神。

二 人才缺失问题严重，无法满足农业农村现代化发展的需要

（一）新型农业经营主体带动乡村振兴的动力不足

近年来，吉林省加大对新型职业农民培训的支持力度，新型农业经营主体规模不断发展壮大。但是在新型农业经营主体规模壮大的同时，仍然存在发展不充分的问题。

一是龙头企业的产业带动力不足。吉林省的农业企业散、小、弱的现状，导致其积累能力不强，缺乏竞争优势，表现在：农产品加工层次较低，精深加工程度不够，多数企业仍然停留在初级加工或卖原料的初级产品层次，产业链条短，产品的科技含量和附加值

不高，产品的系列化、多元化不足，副产品开发滞后，抵御市场风险的能力不强。

二是龙头企业的科技创新能力弱，内生动力不足。科技创新平台条件落后，农业科研与发达地区有较大差距，不能满足农业科技创新的需要。科技创新链条较为松散，传统科研管理模式仍占主流，缺乏系统部署、交叉融合、相互衔接的研发转化机制。科研经费不足，发达国家的农业科研经费一般占到农业总产值的 0.6%~1%，而吉林省仅为 0.4% 左右。

三是专业合作组织的带动力不足。虽然全省农业专业合作组织数量急剧增加，但 2/3 以上的农民专业合作组织存在不规范、不健全等问题，甚至有些农民专业合作组织有名无实，资金缺乏，加之缺少能人运作，运行困难。多数农民专业合作社没有建立起科学的运行机制，无法用利益关系来吸引成员，从而维持稳定的信任合作关系，持续发展存在内部不稳定性。

（二）农业技术推广人员严重缺乏

据调查，吉林省农技队伍中有一半是高中文化程度，另有 1/3 不是农业专业人员，老龄化严重，40 岁以上的约占 70%。目前，全省农技推广系统基础设施陈旧、设备老化、经费不足、环境艰苦，导致整个农技推广队伍尤其是乡镇农技推广队伍不稳定，人员流失严重，中青年干部、业务骨干流失尤为严重。农业技术推广人员的严重缺乏导致吉林省现代农业发展缺少科技支撑，率先实现农业现代化任重而道远。

（三）农村"空心化"导致农村经济社会陷入衰落与凋敝

随着工业化和城镇化加速推进，农村人口大量向大中城市转移，导致农村"空心化"问题日益突出。吉林省与朝鲜接壤的 10 个县（市、区）的农村"空心化"现象尤为严重。延边朝鲜族自治州的5个县（市、区）的人口转移率达到51.2%，白山市的4个县（市、区）的人口转移率达到63%，集安市的人口转移率达到80%。抽样调查的10个"空心村"中，出国劳务人员占劳动力转移总量的85%，出国劳务人员回国后到本村生活的人数不到10%，适龄男青年结婚率逐年降低和出国人员离婚率逐年升高并存。劳动力大量转移改变了原有的家庭结构状况，家庭分离、尊严缺失、财富贫乏、精神孤独、农民阶层化、人才"空心化"成为"空心村"生产生活的真实写照。

劳动力转移带来居住房屋大量闲置，农村规划滞后加剧了土地资源利用的低效益，农村整体布局被严重破坏，导致土地"空心化"。大量农村青壮年劳动力外出务工导致农村人口结构严重失衡，"老无所依"与"幼无所靠"问题日益凸显，严重影响留守老人的晚年生活质量以及留守儿童的身心健康。据调查，图们市第五中学初中一年级一个班的留守儿童比例就高达97%，所引发的安全、心理等一系列问题亟待解决。留守群体社会救助缺失，导致服务"空心化"，使社会矛盾不断加剧。同时，原有的特色农村文化鲜有农民愿意传承，乡土文化受到城市文化的严重冲击，逐渐被边缘化。乡村文化发展后继乏人，导致文化"空心化"。

三 农村三产融合发展配套体系不完善，融合深度有待挖掘

吉林省要实现农村三次产业融合发展，需要建立一系列与之配套的政策支持体系。农村三次产业融合发展，不仅仅是三次产业自身的问题，还需要政策、信息、金融等相关服务体系的支撑。当前，吉林省广大农村的一二三产业融合发展注重发展核心产业，而与之配套的支持体系，如信息、金融、研发、人才、营销、物流、广告等发展明显滞后。

应由政府为农村三次产业融合发展提供的公共服务缺位。农村三次

产业融合发展是新生事物，发展环境、经费、技术开发、人才保障、基础设施建设等都需要各级政府出台相关政策加以支持，实施调控。

同时，一些地方政府缺乏农村三次产业融合发展的产业规划。没有规矩不成方圆，没有发展规划，三次产业融合发展就会失去发展方向和发展目标。加之，部分地方政府对融合发展所引入的企业进行"行政捏合"，半强制性地进行外部"植入"，以自身掌握的资源直接介入经济活动，使市场机制难以发挥作用，导致一二三产业融合发展不健康。

四　农民生活质量有待提高，城乡居民生活差距依然存在

（一）农民持续增收形势严峻

党的十八大以来，吉林省农民收入增速连年高于城镇居民。2017 年农民人均可支配收入达到 1.3 万元，与 2012 年相比增长了51.2%。农村居民恩格尔系数有所降低，从 2012 年的 36.7% 下降到 2017 年的 28.2%。在全球经济深度调整，世界政治经济格局发生深刻变化的特殊时期，受多重因素影响，吉林省农民增收略显乏力。从农民收入增速看，已进入"减速带"，增长速度由 2016 年的7.0% 降低到 2017 年的 6.8%。从农民收入结构看，由于受中美贸易摩擦影响，国际大宗农产品价格低迷，加之吉林省的玉米种植面积大，使农民家庭经营性净收入受玉米最低收购价政策调整的影响大，2017 年占比与同期相比降低了 7 个百分点。供给侧结构性改革的深入推进影响到社会的各个行业，产业转型升级所带来的去产能、去库存、调结构使农民转移就业空间收窄，工资性收入同步降点减力，占比 2016 年为 18.5%，2017 年，为 19.5%。2017 年财产性收入在农民可支配收入中仅占 2.2%，短期内无法成为吉林省农民增收的重要来源。

（二）城乡收入差距仍在扩大

由表 5 - 4 可以看出，2011～2017 年，东北三省城乡居民可支配收入比变化不明显。辽宁省城乡居民可支配收入最多，同时城乡差距也最大；黑龙江省城乡居民可支配收入最少，城乡差距也最小。东北三省城乡居民可支配收入平均差值由 2011 年的 10187 元，扩大到 2017 年的 17132 元，增加了 6945 元，平均每年增加 1157.5 元。城乡居民收入差距的拉大直接影响城乡融合发展的进程。与此同时，城市居民由看病、子女上学等原因引发的贫困问题也日益显现。在全国对农村实施精准扶贫的同时，城市贫困问题也应当引起各级政府部门的关注。

表 5 - 4　城乡居民可支配收入变化

单位：元

	2011 年			2015 年			2017 年		
	城镇居民	农村居民	城乡居民收入比	城镇居民	农村居民	城乡居民收入比	城镇居民	农村居民	城乡居民收入比
辽宁省	20467	8297	2.47：1	31126	12057	2.58：1	34993	13747	2.55：1
吉林省	17797	7510	2.37：1	24901	11326	2.20：1	28319	12950	2.19：1
黑龙江省	15696	7591	2.07：1	24115	11051	2.18：1	27446	12665	2.17：1
三省平均	17987	7799	2.31：1	26714	11478	2.33：1	30253	13121	2.30：1

数据来源：东北三省《国民经济和社会发展统计公报》（2011、2015、2017 年）。

（三）城乡公共服务设施建设差距仍然存在

尽管近几年吉林省经济发展形势不乐观，经济发展指标在全国处于低位运行状态，但是全省经济已经呈现企稳回升状态。从表 5 - 5 来看，吉林省经济下行对民生服务的影响不大。与此同时，城乡公共服务的基础设施建设水平变化不大，但服务差距依然存在。在教育方面，农村适龄学生基本上在乡镇读小学、初中，一般乡镇都没有高中，农村学生读高中需要去距离最近的县城。在医疗方面，小病不出村，在村卫生所就医，需要借助基本医疗设备检查确诊的病去乡镇卫生院，遇到大病时需要去县城或者市里的医院就诊。在交通方面，尽管实现了村村通公路，但是乡镇以下没有等级公路，有火车站点的乡村更是少之又少。上述这些情况还有恶化的趋势，在一定程度上影响城乡融合发展的质量和效益。

表 5 - 5　2017 年东北三省城的乡民生服务状况

	城乡居民收入增速		城乡居民低保标准增速		精准扶贫情况			城镇新增就业（万个）
	城镇居民（%）	农村居民（%）	城镇居民（%）	农村居民（%）	村数（个）	人数（万人）	贫困发生率（%）	
辽宁省	7.6	8.7	6.7	10	566	25.3	1	44.8
吉林省	6.7	6.8	8.8	9.4	664	16.3	1.3	53.2
黑龙江省	7.1	7.8	1.9	1.9	676	30	2.0	62.9

资料来源：根据 2017 年和 2018 年东北三省的《政府工作报告》中的数据计算而得。

五　城乡融合发展水平不高

（一）部分地区城乡二元经济问题呈恶化趋势

城乡二元结构始终是制约城乡融合发展的主要障碍。表面上看，随着农业农村现代化进程加快，农业劳动生产率和乡村经济发展水平不断提高，城乡二元经济结构呈逐年改善的趋势，但改善程度十分有限。

一是城市大工业经济和农村小农经济的基本格局没有改变。中共十九大及 2018 年中央"一号文件"布局"乡村振兴"，充分体现了中央重视"三农"问题的决心和战略意志。然而，一个地方的经济社会发展与否，很多时候不取决于农业农村是否发展，而是取决于工业和第三产业是否发达。这就导致地方解决"三农"问题的积极性不高,投入不足,产出更少。

二是农村基础设施建设落后于城市的局面短期内不会有大的改变。目前是国家财政有钱,国家财政支持农村基础设施建设的投入每年都在增长,但是中国太大、有的农村太落后,中央财政对农村的支持杯水车薪。东北三省中,辽宁省的财政状况稍好,吉林省和黑龙江省都是财政穷省,对农村基础设施建设的投入很少,市级、县级财政更是拿不出资金支持本地农村基础设施建设。

三是部分地区城乡二元经济问题有恶化趋势。吉林省经济发展缓慢,农业生产效益较低,导致农村年轻人大量外出打工,部分地区农村"空心化"、老龄化问题十分严重。

(二) 城乡要素自由流动机制尚未建立

一是农民市民化成本依然较高。从 2000 年开始,吉林省对城乡户籍、就业创业以及社会保障等制度进行改革,农村劳动力向城镇流动的政策环境逐渐改善,农村劳动力就业、创业和进城居住的成本有所降低。即使能拿出补贴资金吸纳农村人口进入中小城市和城镇,但是农村家庭整体迁移到城市的制度仍没有建立,特别是城镇的住房价格一直在涨,农民手中的资金不足,很难购买住房。子女教育更是农村居民进城生活的最大障碍。农村转移人口子女与城市家庭子女获得同等义务教育的水平有限。

二是城乡金融市场存在严重的藩篱,资金大多向城市流动,向农村流动的较少。尽管吉林省是我国农村金融改革试点的唯一省份,改革成果颇丰,但是现存的农村金融机构仍然存在有效供给不足的问题,农村资金外流严重。特别是银行商业化改革以来,城乡金融机构分布更加失衡,对农业农村发展造成严重的负面影响。城市资本适度、合理地进入农村土地市场的机制尚未建立。

（三）城乡教育和卫生发展不均衡仍是主要短板

推动公共服务向农村延伸，实现城乡基本公共服务均等化，是城乡融合发展的核心内容之一。近年来，吉林省城乡基本公共服务均等化取得了显著成效，在医疗保障、义务教育以及基本养老保险等方面均实现了城乡居民全覆盖。但是，城乡基本公共服务标准差距依然较大，其中教育发展不均衡和卫生发展不均衡是主要短板。

一是农村生活条件和公共服务设施落后，导致农村义务教育教师队伍发展缓慢，高素质教师不断流失，城乡间教育水平的差距仍在扩大。

二是乡村医疗卫生设施有限，缺乏高等级医疗卫生人才。乡镇卫生院和村级卫生所只能小病小医，连阑尾炎这样的病症，患者都需要去县城医院就医。农村医疗人力资源数量不断增加，但由于起点较低，进展缓慢，整体水平提高幅度较小，农村医疗卫生人员的数量依然不多、质量依然不高。

第四节　在乡村振兴过程中吉林省实现农业农村现代化的措施

面对发展成就和存在的问题，吉林省今后推进农业农村现代化应完善现代农业发展体系，转变农业发展方式，确保粮食生产能力不断提升，深化农村改革，持续提高农民收入；建立城乡一体化发展机制，保障农业经济在工业反哺农业、城市带动乡村的背景下健康发展，保障农村经济在人口城镇化背景下全面繁荣发展。应充分利用国家优先发展农业农村的政策，实现吉林省乡村全面振兴。

一　建立"三大体系"

"十三五"时期是吉林省转变农业发展方式、实现产业转型升级、推进农村改革发展的重要时期。加快推进现代农业发展体系建设，完善现代农业的产业体系、生产体系、经营体系，是吉林省率先实现农业现代化的战略任务。要坚持战略统领，整合发展要素，创新发展动力，利用好"互联网＋"、生物技术、绿色生态发展带来的重大机遇，建设好全省现代农业的"三大体系"。

（一）建立新型农业经营体系

农业经营体系是农业现代化的重要支撑。构建新型农业经营体系，是当前深化农村改革的一个重要任务，也是发展现代农业、促进农民增收和实现"四化同步"发展的必然要求。构建新型农业经营体系，可以化解农业生产经营中小农户不适应现代市场经济条件下对农业产业化要求的弊端，解决农产品的大市场与农户小生产之间的矛盾、市场竞争与农业生产专业化水平低之间的矛盾、品牌和物流业的日益重要与农户经营被限制在生产领域之间的矛盾。

一是加快农业经营主体法人化进程。农业法人化经营是一种新型体制，是农业自身机制的完善，是在家庭承包经营制基础上的创新。它打破了原有的经济模式，实现了农业的自主、有序经营，为各生产要素有效进入农业经济找到了合理的途径，真正实现了农业经济按市场规律发展、受市场规律调节。

二是扶持和发展农业合作经济，实现农民专业合作社联社经营、村企合一经营。发展农村集体经济，有利于农业规模经营，以适应市场在资源配置中所起的决定性作用。

三是扩大家庭农场的准入范围。推广家庭农场延边模式，引入工商业资本进入农业，有助于非农生产要素向农业农村流动，有助于加快农业经营方式的转变，有助于提高农产品的竞争能力。以工商业资本为载体，在农民自愿流转土地的基础上建立现代化的农场、实现规模经营，提高农业生产的专业化、区域化、社会化、产业化水平及农业劳动生产率，将有效保障我国的粮食安全。

四是集群式发展农产品加工业。目前，农产品加工业已进入新的发展阶段，吉林省应引导龙头企业入园进区、增加投入，促进企业集群式发展，延长农产品深加工产业集群的价值链，增加农产品的附加值，推进不同产业配套互补、融合发展，形成集群、增长极效应，避免农产品加工企业同质化高、小企业"青菜萝卜装框就卖"现象。以集中连片、内引外联的方式，促进农产品由"生产—加工—市场"向"市场—加工—生产"转变。支持农业产业化龙头企业通过兼并、重组、控股等方式组建大型企业集团，采用保底收购、股份分红、利润返还等方式，使农户更多分享到加工、销售的收益，实现龙头企业与农民共舞、共进、共富。着力打造吉林省林特产品人参的精深加工产业集群、中医药产业集群，实现农产品加工业转型升级，规避粮食安全问题对农产品加工业发展的制约。

（二）加快建设现代农业生产体系

加快建设现代农业生产体系，应以发展生产力为目的，重点在于生产手段和条件的改善，包括物质装备水平、科技水平和劳动者素质的提高，也包括采用绿色可持续的生产方式、生产制度、耕作制度，从而提高土地产出率、资源利用率和劳动生产率。吉林省应围绕增强农业综合生产能力这一核心目标，推进农业基础建设项目，全面提高现代农业的物质装备保障、技术支撑和可持续发展水平，为实现农业现代化奠定坚实基础。

一是突出抓好高标准农田建设。到"十三五"末，高标准农田总面积力争占总耕地面积的60%。

二是强化气象灾害监测预警能力。建立完善的现代化气象服务、标准化装备、信息化共享、科学化气候资源开发利用四大体系，健全气象灾害风险评估机制，强化观测和气候监测、诊断能力。预计到 2020 年，基本实现"准确、及时、快捷、有效"的现代化气象服务体系全覆盖。

三是提高科技创新应用水平。以生产需求为导向，提升农业科技成果推广和应用的水平，全面扩大农业测土配方施肥等农业新技术的应用范围和使用面积。发挥 12316 信息平台的作用，实现测土配方施肥全覆盖，提高病虫害统防统治能力。

四是强化生态环境建设。启动新一轮退耕还林、还草项目，依法推进林地的清收还林，加大生态建设力度，实施西部生态修复工程，持续推进河湖连通工程，形成草茂粮丰、河湖互济、人水和谐的良好生态环境。

五是推进全程机械化作业。提高主要粮食作物的生产全程机械化水平，巩固提高深松整地、水稻机械化育（插）秧、玉米机收等环节的机械化作业水平，解决高效植保、烘干、秸秆处理等薄弱环节的机械应用难题。突破经济作物生产全程机械化"瓶颈"，示范推广辣椒、西瓜、棚膜蔬菜等关键环节的农机化技术。

（三）构建现代农业产业体系

推进现代农业建设，构建现代农业产业体系，是推动吉林省农业持续发展的动力，也是提高农业综合生产能力的重要内容。要坚持用农业产业化统领农业农村经济，用现代物质条件装备农业，用现代科学技术改造农业，用现代经营方式管理农业，切实提高农村经济的整体实力。在吉林省，现代农业产业体系主要包括粮食产业、农产品加工业、畜牧业、农业特色产业等。

一是要进一步发展粮食产业。吉林省要坚持立足于国内粮食基本自给的方针，以市场需求为导向，改善品种结构，优化区域布局，着力提高单产，稳定和增加粮食播种面积，努力保持粮食供求总量大体平衡。实施优质粮食产业工程，建设商品粮生产基地，推进优质粮食产业带建设。加强粮食生产技术、农机供给、信息和产销等方面的服务，搞好良种培育和供应，促进粮食生产节本增效。保证必要的粮食储备，维护粮食市场的稳定。

二是要大力发展农业特色产业。吉林省要发挥区域比较优势，建设农产品产业带，发展特色农业。各地要立足资源优势，选择具有地域特色和市场前景的品种作为开发重点，尽快形成有竞争力的产业体系。各地和有关部门要专门制定规划，明确相关政策，加快发展特色农业。建设特色农业标准化示范基地，筛选、繁育优良品种，把传统的生产方式与现代技术结合起来，提升特色农产品的品质和生产水平。加大对特色农产品的保护力度，加快推行标识原产地等制度，维护原产地生产经营者的合法权益。整合特色农产品品牌，支持做大做强名牌产品。提高农产品的国际竞争力，促进优势农产品出口，扩大农业的对外开放。

三是要加快发展畜牧业。若想增强农业综合生产能力，必须培育发达的畜牧业。要加快推行围栏放牧、轮牧休牧等生产方式，搞好饲草料地建设，改良牲畜品种，进一步减轻草场过牧的压力。要充分发挥作物秸秆和劳动力资源丰富的优势，发展节粮型畜牧业，提高规模化、集约化饲养水平。通过小额信贷、财政贴息等方式，引导有条件的地方发展养殖小区，支持养殖小区建设畜禽粪便和污水无害化处理设施。加快建立安全、优质、高效的饲料生产体系。搞好动物防疫是畜牧业稳定发展的根本保障，事关人民群众的身体健康和社会公共安全，因此要加强建设，完善制度，健全体系。要加快建立重大动物疫病监测预警、动物疫病预防控制、动物防疫检疫监督、兽药质量监察和残留监控、动物防疫技术支撑、动物防疫物质保障等系统，加快重点兽用生物制品生产企业的技术改造，尽快建立健全动物疫病防治队伍，动物检疫监督机构的人员经费和工作经费全额纳入各级财政预算。

四是要支持产粮大县发展农产品加工业,大力扶持食品加工业特别是以粮食为主要原料的加工业。立足本地优势,以发展农产品加工业为突破口,走新型工业化道路,促进农业增效、农民增收和地区经济发展。采取财政贴息等方式,支持农产品加工企业进行技术引进和技术改造,建设仓储设施。尽快完善农产品加工业增值税政策。按照增值税转型改革统一部署,加快食品等农产品加工业增值税转型的步伐。

二 创新农业金融服务体系

吉林省要针对农业金融需求,加快构建功能完善、分工合理、产权明晰、监管有力的农业金融服务体系,推进农业金融改革和创新。继续深化农村信用社改革,要在完善治理结构、强化约束机制、增强支农服务能力的同时,进一步发挥农村信用社作为农村金融主力军的作用。抓紧制定县域内各金融机构支持"三农"的政策措施,明确金融机构的县级及县级以下机构、网点新增的存款用于支持当地农业和农村经济发展的比例,采取有效办法,引导县级及县级以下的金融机构、网点吸收的邮政储蓄资金回流到农村。加大政策性金融的支农力度,增加支持农业和农村发展的中长期贷款,在完善运行机制的基础上强化农业发展银行的支农作用,拓宽业务范围。农业银行要继续发挥支持农业、服务农村的作用,培育有竞争性的农村金融市场。有关部门要抓紧制定针对农村新办的多种所有制金融机构的准入条件和监管办法,在有效防范金融风险的前提下,尽快启动试点工作。有条件的地方,可以探索建立更加贴近农民和农村需要、由自然人或企业发起的小额信贷组织。加快落实对农户和农村中小企业实行多种抵押、担保形式的有关规定。扩大农业政策性保险的试点范围,鼓励商业性保险机构开展农业保险业务。

（一）针对农户，发展村镇银行和农村资金互助社

对农村资金互助社的运行，政府应该给予肯定和支持。据调查，目前吉林省大部分农村资金互助社运转正常，效果明显，农民通过农村资金互助社解决农业备耕资金问题，不仅手续简便，而且变相增加了农民收入，值得鼓励和提倡。政府应制定相应的资金监管和运行制度，鼓励资金互助社发展，为农民创造便利的借贷条件。继续积极倡导各金融机构加大在农村进行金融服务的力度，增加金融机构和网点，拓宽融资渠道，探索新的抵押、借贷模式，为农民提供更加切实便利的金融服务。

（二）针对农业产业化龙头企业，强化政策金融的扶持力度

省级农业产业化专项资金要根据发展实际逐步增加，市级、县级也要设立扶持农业产业化专项资金，把分散的支农资金整合使用，集中财力重点扶持，增加银行贷款，加大招商引资力度，实施金融产品捆绑投入和政策倾斜，激发市场和政府的最大叠加效应。探索设立"吉林省农业产业化龙头企业发展基金"，建议每年从省农业产业化专项资金中拿出一部分作为引导基金，吸引金融机构投资。对规模大、潜力大、带动力强的，尤其是有上市潜力的龙头企业进行投资，推动其做大做强，发挥政府引导基金的扶持作用。税务部门应落实农产品生产、加工、流通服务行业的企业税收减免返还政策。此外，应根据农业产业化的特点和金融需求，构建新型农村金融体系，逐步建立起多种形式并存、功能互补、运转协调的多元金融支持体系。

（三）针对新型农业经营主体，从主体法人化和金融品种多样化入手

吉林省应利用经营主体的法人资格，借助国家的政策支持，突

破农业融资难瓶颈。建立政府、企业、银行联席会议制度，增强银企项目对接的灵活性。利用经营主体的法人资格，对农产品加工企业所需的农产品原料收购资金，依据企业提供的产品订单适时安排放贷；对于农产品加工龙头企业所需的季节性农副产品收购资金，采取动产质押的方式放贷；对于家庭农场、农民合作组织，可实行集体产权、土地承包经营权、住房所有权抵押贷款，破解经营主体的融资难题。在有条件的县（市、区），进行组建龙头企业投资公司试点。允许家庭农场以大型农用机械、农业设施等抵押的方式获得贷款，鼓励并支持农业担保机构优先为家庭农场提供贷款担保。同时，探索农业融资新平台、新产品，努力保障农业经营主体对资金的需求。由省发改委、财政厅牵头，成立以政府为主导的专门从事全省"三农"投融资服务的国有独资公司，使公司承担农业产业化项目投资、投融资项目担保、土地开发投资、投资管理、技能培训、咨询服务等功能。公司应探索与新型农业经营主体、政府和农村信用社（商业银行）合作，开发有利于融资的产品。公司可设立一定的专项风险保证金，或遵循"利率优惠、风险共担"的原则，扩大农村商业银行对新型农业经营主体的小额贷款规模；加强与政府合作，支持地方农业特色优势产业发展，着力解决农业经营主体的资金需求。

（四）针对农村基础设施建设，采取综合措施

吉林省的转移支付政策要调整。对于粮食主产区、产粮大县的转移支付，要按照粮食产量的增加而增加支付力度；行政村的转移支付比重要逐年增加，个别行政村每年3万多元的经费太少了。同时，农业补贴政策要调整。农业直补每年的新增部分应该调整使用方向，采取集中使用的方式，用于农村基础设施建设和新农村建设。此外，"一事一议"政策要调整。现行的"一事一议"政策有"撒芝麻盐"之嫌，应该允许各村之间联合使用、整合使用。

三 推进农村集体产权制度改革

加快引导土地规范有序流转，是发展新型农村社区和提高农业组织化面临的重要问题。"十三五"期间，吉林省要基本完成农村集体产权制度改革。

（一）推进农村土地流转制度改革

加快农村集体土地确权登记颁证，稳定农民土地价值预期，规避土地流转中的权属纠纷。同时，赋予村级集体对土地承包经营权流转的调配权，探索推广将农户的承包地统一集中于村委会（社区），再统一流转给新型农业经营主体的模式。

（二）规范农村土地承包经营权流转和服务体系建设

吉林省要建立县、乡、村三级土地流转服务平台和网络体系，提供流转供求信息、合同指导、价格协调、纠纷调解等服务。建立严格的工商企业租赁农户的承包耕地的准入制度，对盘活土地资产、实行土地增减挂钩的城乡建设用地严格审核，培育开放、规范的农村土地产权流转市场，提高农业组织化的基础支撑。

（三）完成承包耕地、农民宅基地、农村建设用地确权

为了赋予农民更多财产权利，土地承包经营权确权登记是推进一系列农村改革的前提条件。吉林省开展确权登记、颁证工作总的要求是：以完善农村基本经营制度为中心，以维护农民利益为出发点和落脚点，坚持依法依规、尊重历史、改革创新、确保稳定，通过试点先行、以点带面、稳步推进的方式，赋予农民更加充分而有保障的农村土地承包经营权，为全面深化农村改革创造有利条件。2017年，吉林省已基本完成全省农村土地承包经营权确权登记、颁

证工作，2020 年之前开展农民宅基地、农村建设用地确权试点。

四　提高农业综合生产能力

提高综合农业生产能力，是"十三五"时期吉林省继续实现农业农村经济全面发展，粮食产量、农民收入、农业经济总量不断上新台阶的重要保障。针对吉林省在提高农业综合生产能力过程中存在的问题，全省遵循中共十九大确定的新时代农业发展方针，站在新的历史起点，通过研究制定政策和措施，促进农业综合生产能力持续提高。

（一）完善和强化农业扶持政策

吉林省要继续调整和加大国家制定的针对农业大省及粮食主产区的各项农业政策的实施力度。继续对短缺的重点粮食品种在主产区实行最低收购价政策，逐步建立和完善稳定粮食市场价格、保护种粮农民利益的制度和机制。搞好农业生产资料供应和市场管理，通过税收等手段合理调节化肥进出口，控制农资价格过快上涨。切实加强对粮食生产大县的支持。缓解粮食主产区县乡的财政困难，根据粮食播种面积、产量和商品量等因素，加大对粮食主产县通过转移支付给予的奖励和补助。调整国民收入分配结构，建立稳定增长的支农资金渠道。

（二）执行严格的耕地保护制度，切实提高耕地质量

吉林省要严格保护耕地，控制非农建设占用耕地，确保基本农田总量不减少、质量不下降、用途不改变，并落实到地块和农户。严禁占用基本农田挖塘养鱼、种树造林或进行其他破坏耕作层的活动。修订《耕地占用税暂行条例》，提高耕地占用税税率，严格控制减免。搞好乡镇土地利用总体规划和村庄、集镇规划，引导农户

和农村集约用地。加强对集体建设用地和农民宅基地的管理，鼓励农村开展土地整理和村庄整治，推动新办的乡村工业向镇区集中，提高农村各类用地的利用率。加快推进农村土地征收、征用制度改革。努力培肥地力。财政要较大幅度增加农业综合开发投入，新增资金主要安排在粮食主产区，集中用于对中低产田的改造，建设高标准的基本农田。搞好"沃土工程"建设，加大土壤肥力调查和监测力度，尽快建立全省耕地质量动态监测和预警系统，为农民科学种田提供指导和服务。改革传统耕作方法，发展保护性耕作。推广测土配方施肥，推行有机肥综合利用与无害化处理，引导农民多施农家肥，增加土壤的有机质。

（三）加强农田水利和生态建设，提高农业抵御自然灾害的能力

各地要加快实施以节水改造为中心的大型灌区续建配套，开展续建配套灌区的末级渠系建设试点，继续推进节水灌溉示范，在产粮大县进行规模化建设试点。有条件的地区，要加快农村水利现代化步伐。水源条件较好的地区，要结合重点水利枢纽建设，扩大灌溉面积。干旱缺水地区，要积极发展节水旱作农业，继续建设旱作农业示范区。加强小型农田水利建设，重点建设田间灌排工程、小型灌区和非灌区的抗旱水源工程，在吉林省西部积极引导发展膜下滴灌。加大对产粮大县中低产田的盐碱和渍害的治理力度。本着自愿互利、注重实效、控制标准、严格规范的原则，引导农民对直接受益的小型农田水利设施建设投工投劳，对农民兴建小微型水利设施的所需材料给予适当提供。坚持不懈搞好生态重点工程建设，继续实施天然林保护等工程，完善相关政策。退耕还林工作要科学规划，突出重点，注重实效，稳步推进。抓好防护林体系和农田林网建设，为建设高标准的农田营造良好的生态屏障。

（四）加快农业科技创新，提高农业的科技含量

加强农业科技创新能力建设，主要是大幅度增加对农业科研的投入，加快建立以政府为主导、社会力量广泛参与的多元化农业科研投入体系，形成稳定的投入增长机制。要不断提高科技投入用于农业科研的比重，有关重大科技项目和攻关计划要能够较大幅度地增加农业科研投资的规模。深化农业科研体制改革，建立农业科技创新体系。搞好农业基础研究和关键技术的研究开发，加快对生物技术和信息技术等高新技术的研究。要加大良种良法的推广力度，继续实施"种子工程""畜禽水产良种工程"，搞好大宗农作物、畜禽良种繁育基地建设和扩繁推广。组织实施"科技入户工程"，扶持科技示范户，提高他们的辐射带动能力。

（五）提高农村劳动力素质，促进农民和农村社会全面发展

吉林省要全面开展农民职业技能培训工作。结合农业结构调整、发展特色农业和生产的实际需要，实施农民素质提升工程，开展针对性强、务实有效、通俗易懂的农业科技培训。利用农业技术推广站、村委会、农业技术服务中心等，采用开办农业科技培训讲座、专家现场指导和技术咨询等多种形式，积极组织农民学习农业经济理论和农业种养技术，对农民进行有针对性的技术培训，培养一批农业骨干人才。农村中学也要加强农业先进实用技术教育。为了适应产业结构升级和提高竞争力，要进一步搞好农民转业转岗培训工作，扩大农村劳动力转移培训"阳光工程"的实施规模，加快农村劳动力转移。各级财政要大幅增加对农民职业技能培训的投入，采取补助、发培训券、报账等方式，努力提高培训的实用性和资金的使用效率。广泛调动社会各方面力量参与，提高农民参加职业技能培训的积极性。

第六章　粮食生产生态化与乡村振兴战略

实现粮食生产生态化是加快建设生态文明的一项理论与实践并举的浩大系统工程，是摆在理论工作者面前的重大课题，也是保障我国粮食安全、实现现代农业可持续发展的长远需要。发展生态农业、实现粮食生产生态化，有助于在粮食生产结构调整、产品布局上做到因地制宜，和当地的环境条件相匹配；在对自然资源的利用上，不超过资源的可更新能力；在能量和物质的利用上，做到有取有补，维护生态平衡；在利用可更新资源上，能够注意抚育和增殖自然资源，使整个粮食生产的发展走向良性循环。

第一节　粮食生产生态化的概念与内涵

粮食生产生态化是指遵循自然生态规律，协调粮食生产中的土壤、肥料、水、种子乃至农业以及大气资源的生态关系，形成质量安全、品质优良、资源合理利用、农业持续发展的良性循环，促进粮食生产的经济、生态、安全发展。

粮食生产生态化发展是着眼于农业系统的整体功能，协调整体农业发展，在生产发展、农民富裕中实现经济效益，在满足人民对粮食等农产品日益增长的各种社会需求中实现社会效益，在保持良好的生态环境中实现生态效益。化解目前粮食生产带来的环境破坏、面源污染、生物多样性减少、耕地质量下降等问题，以及粮食产量与生态化发展间的各种利益矛盾，促进农业生产尤其是粮食生产发展上水平、跃层次。这有助于现代化事业的发展，其经济价值是显著的，其社会价值是深远的，其生态效益是永续的。一是有助于在发展生态农业、实现粮食生产生态化的基础上提升粮食质量，减少环境破坏，维持生态平衡。二是有助于在构建新型农业发展方式的基础上促进吉林省由传统农业向现代农业转变，进一步提高粮食的综合生产能力，保障国家粮食安全，满足全社会对优质、生态粮食的需求。三是有助于在统筹发展基础上突破资源环境约束，实现全省经济社会可持续发展。四是有助于生态经济学理论、粮食生态化发展理论的丰富与发展。

第二节 吉林省粮食生产生态化的现状

实现粮食生产生态化，既可以满足人们对优质、生态农产品的需求，又可以化解粮食生产过程中对生态的影响与破坏问题。吉林省作为我国重要的产粮大省，肩负着粮食生产的重任，在粮食安全战略中具有不可替代的作用。在国家重视粮食生产的大背景下，吉林省十分重视提高粮食产量，尽管生态农业发展有很好的历史，但在粮食安全面前显得微不足道，农业生产基本上围绕粮食生产来进行。

一 国家层面出台相关政策，支持粮食生产生态化发展

加快生态文明制度建设是十八届三中全会《中共中央关于全面深化改革若干重大问题的决定》中的重要内容。粮食生产生态化是2014年中央"一号文件"关于努力走出一条生产技术先进、经营规

模适度、市场竞争力强、生态环境可持续的中国特色新型农业现代化道路目标的重要组成部分。文件指出："实现高产高效与资源生态永续利用协调兼顾，加强政府支持保护与发挥市场配置资源决定性作用功能互补。要以解决好地怎么种为导向加快构建新型农业经营体系，以解决好地少水缺的资源环境约束为导向深入推进农业发展方式转变，以满足吃得好吃得安全为导向大力发展优质安全农产品。"国家层面过去只注重粮食高产，2014 年"一号文件"的出台，标志着确保粮食安全的单一目标的惠农政策开始向粮食安全和生态文明双重目标的惠农政策方向转变。

而国家的测土配方施肥补助政策，以配方肥推广和施肥方式转变为重点，大力推广施肥技术。2019 年，中央财政安排测土配方施肥专项资金 7 亿元，重点支持取土化验、田间试验、数据库建设、科学施肥服务、宣传培训等方面，并开展测土配方施肥手机信息服务试点，启动新型经营主体科学施肥示范，探索深入开展农企合作的有效机制，着力培育施肥主体，转变施肥方式，优化施肥结构。

土壤有机质提升补贴政策是通过物化和资金补助等方式，调动种植大户、家庭农场、农民专业合作社等新型经营主体和农民的积极性，鼓励和支持其应用土壤改良、地力培肥技术，促进秸秆等有机肥资源的转化利用，提升耕地质量。中央财政安排专项资金用于土壤有机质提升补贴。2018 年有机肥补贴标准提高 1 倍，同时，补贴范围扩大到园地土壤。

国家还出台农业资源休养生息试点政策。按照国务院部署，农业部会同有关部门编制《全国农业可持续发展规划（2015—2030 年）》，同时配合国家发改委等部门编制《农业环境突出问题治理总体规划（2014—2018 年）》，不断建立健全农业资源保护政策和农业生态环境补偿机制，促进农业环境和生态改善。

这些政策的出台和落实，为实现粮食生产生态化奠定了坚实基础。

二 吉林省支持粮食高产，但缺乏促进粮食生产生态化发展的措施

国家有很多与粮食高产挂钩的奖励政策，如粮食直补、良种补贴、产粮大县补贴、玉米和水稻等最低收购价格等政策。吉林省委、省政府把维护国家粮食安全作为本省农业发展的第一要务，全面提高农业的综合生产能力、抗风险能力和市场竞争能力，加快实施增产百亿斤商品粮的能力提升规划，积极开展现代农业示范区建设。吉林省建立一级抓一级、一级对一级负责的责任制度，确保良种补贴、水稻大棚建设补助、玉米抗旱坐水种补助、重大增产增效技术补贴、全程农机化农机购置补贴等不被截留，政策实施不走样、不缩水，充分调动了地方政府重农抓粮、农技人员科技兴粮、农民务农种粮的积极性。粮食种植面积稳定中略增。2017 年，全省农作物播种面积达 608.62 万公顷，比上年增加 2.29 万公顷。其中，粮食作物面积为 554.39 万公顷，与上年基本持平（见图 6-1）。

在国家支持粮食高产的惠农政策主旋律的影响下，吉林省作为产粮大省十分重视以粮食高产为目标的科技创新，出台了支持粮食高产的政策，但缺乏对生态农业尤其是粮食生产生态化的研究与成果。政策中更加注重鼓励提高粮食产量，对农业生态建设大多没有更详细的阐述和明确的规定。以农业补贴为例，目标单一，农业生态补偿理念并未体现，也没有被真正纳入生态补偿的研究与试点范畴。而且农业补贴对象和补贴资金的渠道来源单一，补贴资金主要依靠中央政府的转移支付和工程项目，跨行政区域的横向转移支付尚未建立，难以调动地方政府抓生态文明的积极性。粮食生产经营者为了追求利益最大化，通常以提高粮食产量、获取农业补贴为目的，尽其所能，无视环境友好，毁林开荒、毁草开荒，对生态环境的破坏十分严重。

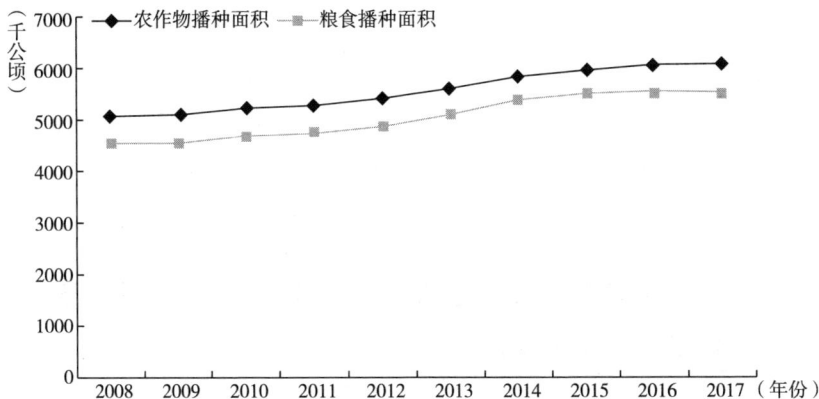

图 6-1 2008~2017 年吉林省农作物播种面积和粮食播种面积变化情况
资料来源:《吉林统计年鉴》(2009~2018)。

三 现代农业不断发展，生物技术水平有待提高

在吉林省农业现代化发展不断上新台阶的过程中，生物技术水平不高，也缺乏必要的推进政策和措施。从"十二五"以来的统计数据看，各省推广测土配方施肥技术，在主要粮食作物上基本实现全覆盖，但是农民接受的程度不尽如人意，仍然大比例施用化肥，农家肥、生物肥施用量很少。测土配方施肥技术的普及存在贯彻不到位问题。目前，耕地测土和配方问题得到解决，但测完土、配完方后农民无法在市场上直接购买到科学配比的肥料。还有一些农民测土配方后，怀疑市场上购买的化肥浓度不够，仍在配方肥料的基础上加大各种配方肥料的施用量。在测土配方施肥技术的普及中，极度缺乏测、配、加工、指导一条龙服务。

从根本上把好土地投入关，也就是把好粮食生产生态化过程中的肥料生态化和土壤生态化的关。由于农民以当年获得较高的粮食产量为目标，往往忽视土地的可持续性，因此在有机肥使用上仍心存疑虑，特别是种粮大户，他们担心有机肥的肥效不如化肥，从而影响粮食产量。对于种粮大户来说，由于种植规模较大，而且有机

肥的投入量要远远高于化肥的投入量，如果改施有机肥，需要更换施肥机械，因此有机肥的推广存在一定难度。此外，生物防治玉米螟技术得到农民的认可与接受，推广面积不断扩大。目前，种粮大户依靠生物技术防治玉米螟已达到播种面积的70%以上，但是由于没有做到全方位防治，许多秸秆仍是成虫集聚，效果不明显。

四　农民家庭仍然是主要的农业经营主体，不利于生态生产技术的使用和推广

随着吉林省土地流转规模不断扩大，农业企业、种植大户、农民专业合作社以及家庭农场等新型农业经营主体出现，农业经营主体出现多元化局面。新型农业经营主体的经营规模明显高于传统农户的经营规模，农业生产的规模化和标准化程度提高，能够实现对自身劳动力资源的充分利用，并取得较好的规模经济效益。而且相对于传统小规模家庭经营，新型农业经营主体具有较好的物质装备条件，生产技术水平高，具有现代经营管理意识，其统一品种、统一生产、统一管理、统一加工、统一销售的"五统一"经营模式，使劳动生产率、土地产出率和资源利用率较高，能够实现对资源要素的集约利用。新型农业经营主体的经营规模和经营方式，更有利于农业生态生产技术的推广与普及。吉林省积极推进新型农业经营主体的发展，农业规模经营不断扩大，促进了生态生产技术的发展。但是从耕地流转面积和新型农业经营主体的发展情况来看，农民家庭仍然是主要的农业经营主体，新型农业经营主体的占比仍然偏低。

2008年，中共十七届三中全会关于"健全严格规范的农村土地管理制度"的提出，促进了土地流转面积不断扩大，土地规模化经营程度不断提高，但吉林省土地流转规模与其他地区相比仍然偏小。2012年，全省农村土地流转面积为59万公顷，占全省家庭承包耕地面积的14%（见图6-2）。其中，长春市农村土地流转面积

为26.1万公顷，占耕地总面积的21.0%。流转规模为2~10公顷的农户占农户总数的23%，11~50公顷的占26.1%，51~100公顷的占5%，100公顷以上的占7.7%（见表6-1）。虽然长春市土地流转面积的占比高于全省平均水平，但流转规模在50公顷以下的占87.4%，总体流转规模不大。吉林东部延边朝鲜族自治州2012年农村土地流转面积为7.7万公顷，占全州耕地面积的31.4%，比2011年增加1.8万公顷，同比增长30.5%。2013年，吉林省农村土地流转面积为80.1万公顷，仅占承包地面积的19%，其中延边朝鲜族自治州农村土地流转面积占承包经营面积的比例高达86%，远远高于吉林省平均水平，吉林省其他地区的农村土地流转比例更低。

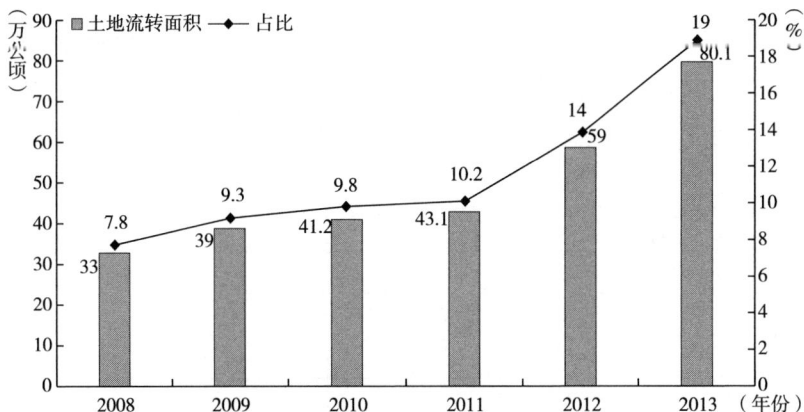

图6-2 2008~2017年吉林省农村土地流转情况

根据对长春市农村地区家庭农场的调研，经营面积达50~100亩的家庭农场有1844家，占家庭农场总数的44.8%；经营面积在101~500亩的家庭农场有2095家，占家庭农场总数的50.9%；500亩以上经营规模的仅占4.3%（见表6-2）。吉林省的土地规模经营面积仍然偏小，制约了生态生产技术的大规模使用。

表 6 - 1 2012 年长春市土地流转状况

单位：万公顷，%

流转形式								
转包		出租		托管		其他		
数量	占比	数量	占比	数量	占比	数量	占比	
20.3	77.8	2.9	11.1	1.9	7.3	1.0	3.8	

流转对象									
亲戚、朋友、一般农户		种粮大户		家庭农场		农民专业合作社		工商企业	
数量	占比	数量	占比	数量	占比	数量	占比	数量	占比
11.5	44.2	4.9	18.8	3.6	13.8	5.6	21.4	0.5	1.9

流转用途					
种植粮食作物		种植经济作物和蔬菜		其他	
数量	占比	数量	占比	数量	占比
24.7	94.6	1.1	4.2	0.3	1.1

流转期限							
1 年		2 ~ 5 年		6 ~ 10 年		10 年以上	
数量	占比	数量	占比	数量	占比	数量	占比
15.5	59.4	6.6	25.3	2.8	10.7	1.2	4.6

流转规模									
2 公顷以下		2 ~ 10 公顷		11 ~ 50 公顷		51 ~ 100 公顷		100 公顷以上	
数量	占比	数量	占比	数量	占比	数量	占比	数量	占比
10.0	38.3	6.0	23.0	6.8	26.1	1.3	5.0	2.0	7.7

资料来源：根据调研资料整理而得。

表 6 – 2　2012 年长春市家庭农场情况

单位：家,%

按产业结构划分							
种植业		养殖业		种养结合			
数量	占比	数量	占比	数量	占比		
3264	79.3	301	7.3	553	13.4		
按规模经营面积划分							
50 ~ 100 亩		101 ~ 500 亩		501 ~ 1000 亩		1000 亩以上	
数量	占比	数量	占比	数量	占比	数量	占比
1844	44.8	2095	50.9	149	3.6	30	0.7
按经营总收入划分							
10 万元以下		10 ~ 50 万元		50 万元以上			
数量	占比	数量	占比	数量	占比		
1980	48.1	1942	47.2	196	4.8		

资料来源：根据调研资料整理而得。

五　农业生产资料使用无序，"石油农业" 特征明显

吉林省近 30 年来粮食产量从 200 亿斤跃升到 700 亿斤水平。全省粮食人均占有量、人均调出量和人均出口量等，始终居全国首位。其中，化肥施用量增加拉动的增产不容忽视，但吉林省化肥利用率不高，仅为 10% ~ 45%。在农业生产过程中农业生产资料的使用存在浪费问题，盲目、过量、无序地施用化肥、农药和使用农膜，"石油农业" 特征明显。化肥、农药的过度使用，不仅破坏生态环境，使土壤中有机质严重下降，土壤肥力减退、养分失衡，还导致农产品质量下降，给粮食安全带来很大威胁。

资料显示，目前，中国农业的化肥施用总量相当于美国、印度的总和，而亩均施用量则是美国的 3 倍多，但农业的水利用率只有 40%，仅相当于美国的一半。尽管东北三省化肥亩均施用量为全国

平均水平的80%，但也是超量使用。吉林省统计局年报显示，1978年吉林省的化肥施用量（折纯）为66.7万吨，而到了2013年，已经达到425.8万吨，增长了5倍多。随着化肥、农药施用量"零增长"等方案的实施，吉林省的化肥施用趋于稳定，2017年出现下降趋势。近年来，化肥及农药的施用在农作物生长过程中越来越普遍，有些农民甚至把原先用于整个生长期的化肥都拿到播种期一次性施用。这种"一炮轰"式的施肥方式危害更大。随着化肥施用量不断增加，土地质量却在一步步退化，黑土地保护势在必行。

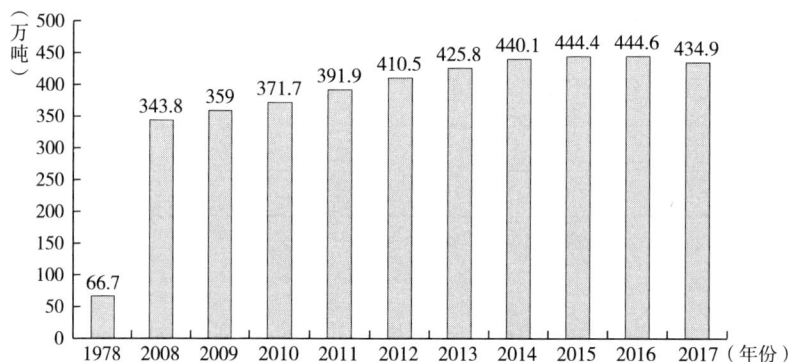

图6-3 历年吉林省化肥的施用情况

资料来源：相关年份《吉林统计年鉴》。

我们在课题调研的过程中了解到，农民为了高产，每年都在增加化肥的施用量。用农民自己的话说就是："现在这地都吃肥吃大劲儿了，你不用化肥，它就不给长苞米，就得年年加化肥。"特别是当春天低温天气持续时间长，播种期推迟时，面对土壤肥力不断减弱的黑土地，农民唯一的办法就是加大化肥施用量来抵消低温对作物生长的影响。现在的农民已经患上了"化肥依赖症"。农作物生产是系统工程，包括耕作、植保、灌水等，施用化肥只是其中一个环节。要实现农业的产量目标和经济效益，对农业生产必须实施规模化、规范化管理，单纯依赖化肥很难实现增产和高产。目前的农业生产很大一部分还是掠夺式生产，缺乏可持续性。中国每年的农药施用量达到 130 万吨，而有效的使用率仅为 40%。吉林省 1952～2002 年的 50 年间，农药施用量由 22 吨增加到 2.5 万吨，增加超过 1000 倍。农业生产中农膜的大量使用造成的白色污染也较为严重。吉林省统计数据显示，1988 年农膜使用量约为 1.4 万吨，1995 年增加到 2.7 万吨。目前，吉林省的农膜覆盖面积已扩大到 10 万公顷左右。这些塑料薄膜不能很快降解，即使是可降解的塑料薄膜也不能完全降解，只是将大块的薄膜降解为细碎的薄膜，这些细碎的薄膜仍然留在土壤中，长期下去严重影响土壤质量，将会带来"土壤灾难"。这种掠夺式生产，为今后的农业可持续发展带来不利影响。

第三节 粮食生产生态化发展面临的困境

如今，建设生态文明已经达成共识，发展生态农业，实现粮食生产生态化，生产出更多有机生态粮食和农产品，减少环境污染，建设环境友好型社会，是我国经济社会发展的方向。粮食生产生态化是一种集约的可持续的粮食生产方式，它遵循生态经济学的规律，力求在保护和改善农业生态环境的前提下实现自然生态系统物质和能量的循环和转化，具有发展农村经济和保护生态环境的双重功能，强调在继承和发扬传统农业技术精华的同时，积极运用现代高新技术来促进粮食生产。要实现这些美好的目标，必须了解目前吉林省粮食生产生态化所面临的困境，解决好发展中遇到的问题。

一 缺乏政策扶持与引导

政策是一切事业的生命线，是影响事业兴衰成败的关键要素之一。农业作为弱质产业，在市场竞争中经常处于不利地位。如果没有农业政策的综合性保护，就会在很大程度上靠掠夺资源来维持扩大再生产。而粮食生产生态化是实现农业可持续发展的一种模式，吉林省作为粮食生产大省，更应该得到政府的支持和政策的保护，使粮食生产实现持续性增长。

国家制定的农业政策是农民从事农业生产的风向标。目前，以提高粮食产量为主要目标的思想深入人心，从中央惠农的 11 个"一号文件"，到各种配套政策，以及地方政府的各项涉农文件，都支持粮食单产增加、总产提高。从国家层面来说，我国缺乏有关生态农业建设的法规或条例，直接影响到生态农业建设的成效。目前，除了《全国生态农业建设技术规范》和其他指导性文件外，还缺乏有关全国生态农业发展的总体目标、指导思想、发展措施和保障机制等的纲领性文件，对地方生态农业建设也缺乏必要的严格要求。对于吉林省来说，对生态农业、粮食生产生态化发展同样缺乏政策引导。吉林省政府 2005 年提出生态省建设总体规划纲要后，在粮食安全大背景下，几乎没有发展生态农业的具体措施，更谈不上政策、规划的落实了。同时，也缺少相应的法律法规对生态农业发展进行约束，涉及生态农业建设的法律法规不够深入，且出台缓慢，明显跟不上农业生态环境恶化的速度。总之，粮食生产生态化的实现，需要政府提供更多的比较稳定的政策、法律和行政手段予以支持和约束。

二　缺少必要的科技支撑

粮食生产的生态化过程包括土壤的生态化、肥料的生态化、水的生态化、农药的生态化、种子的生态化等，这些方面的生态化需要科技来支撑，不仅需要先进的科学生产技术，而且需要农业技术推广人员将其普及，更需要具有较高文化素质的农民接受这些先进的生态化生产技术。而目前，吉林省的粮食生产缺少实现生态化的必要的科技支撑。

第一，目前实施的农业科技很少有专门针对保护生态环境、防止环境污染的。20世纪80年代，生态农业的理论研究和试验实践在我国广泛开展。1985年，国务院环境保护会议明确提出生态农业的经验要推广，从此我国的生态农业建设进入了一个蓬勃发展的新阶段，并取得了一定的成果。进入21世纪，国家农业部于2002年在全国范围征集、遴选了近400种生态农业模式，最终确定了具有代表性的十大生态农业模式。然而，这些模式及配套技术的推广雷声大、雨点小，缺少实际行动。

第二，农业劳动人口素质偏低，农村科技人员严重缺乏，阻碍粮食生产生态化进程。据人口普查统计，我国农村劳动力中，文盲、半文盲劳动力的比例为8.09%，小学和初中文化程度的劳动者占多数。一般情况下，农民很少有继续学习和培训的机会，在生态农业建设过程中不重视对当地人才的培养和给予应有的指导。同时，农业科技人才严重缺乏且不断流失。新中国成立后，全国培养的160多万农业科技人员中留在农业部门的不足一半。我国每万名农业人口中、每7000亩耕地上，只有1名农技人员，而德、美、日等发达国家农技人员与农业人口的比，分别为我们的13.5倍、7.2倍和5倍。

第三，农业生产技术创新应用缺乏动力。政府科研资金分配缺乏成果导向激励，研发与推广分离，难以产生重大科技创新及其推广成果。以政府举办的农业高等院校和农业科研机构作为技术的主要供给方，存在基础研究比重大、应用研究比重小的问题。科研人员缺乏自主创新的动力，研究成果在某种程度上缺乏市场化、商品化、产业化导向，科技创新形成了"立项—研究—成果—再立项"的固定模式。美国农业科研力量的70%集中在产后阶段，而我国农业研究成果转化为现实生产力缺乏有效的绩效评价机制。

第四，缺乏优化、配套的生态化生产的农业技术体系。吉林省实用的生态化生产的农业技术到位率低，尚未形成用现代农业科技装备、支撑的生态农业格局。在技术创新方面，投资力度不够，科研经费匮乏，对技术创新单位缺乏统一的协调管理，科研项目低水平重复设置、浪费现象严重，科技立项与农民的知识水平和经济承载力脱节，成果数量少且转化率低。在生态化生产技术推广方面，因技术推广服务体系不健全，技术被引入农业经济的速度慢；因成果转化或技术转让与效益脱钩，农业比较效益低、技术转化率低。同时，存在技术结构不合理的问题。粮食生产技术中，以化肥、农药、机械生产等为代表的现代工业技术与以良种、生物防治和生物发酵利用等为代表的生物技术有机结合、配套使用，是在农业长期实践中得到的宝贵经验，也是农业可持续发展的有效保障。而目前，吉林省农业在技术的研发和推广上，往往重前者、轻后者，造成技术结构不合理，难以有效解决土壤污染、地力减退等农业资源破坏问题。

三　农业生产环境破坏严重

农业生产水平的不断提高及国家对粮食需求的刚性增长，导致农药、化肥等生产资料大量投入耕地，而没有注意环境的承载力，因此吉林省农业环境总体呈逐年恶化趋势，对农业可持续发展造成了明显的负面影响。由于实施"以粮为纲"政策，吉林省水土流失严重，"三化"问题加重，中低产田面积扩大，耕地肥力下降，植被种群遭到破坏，农业环境污染问题日显突出。

土地是重要的自然资源，遭破坏后短期内是不可恢复和逆转的。近年来，由于对土壤资源掠夺式开发，土壤环境恶化，导致耕地质量下降。在吉林省中部的黑土区，土壤盐碱化、沙化及水土流失导致的土壤退化问题日趋突出。吉林省是我国水土流失比较严重的省份之一。目前，吉林省耕地土壤的水土流失面积已经超过了1/3。严重的水土流失不但造成了土层变薄，而且带走了大量养分。在吉林省中部地区发育于黄土台地的薄层黑土，厚度由 1983 年的 30 厘米左右变为 2002 年的 25 厘米，20 年间减少了 5 厘米。黑土垦前表层土壤有机质含量多在 4%～6%，低于 3% 的很少，而开垦以后土壤有机质含量明显下降。据测算，吉林省的黑土正以平均每年 3～3.5 毫米厚的速度流失，黑土区每年流失 1.3 亿吨土壤，约带走有机质 67.22 万吨、全氮 33.6 万吨、全磷 16.8 万吨、钾 16.3 万吨。土壤养分大量流失，致使土壤物理性状恶化，蓄渗水和保肥、供肥能力大大下降，对有害物质的缓冲作用减弱，对水、肥、气、热的调节功能变差，抵御旱涝的能力下降，土壤日趋板结，可耕性日益降低。

吉林省"三化"问题也日益突出。统计资料显示，吉林省西部盐碱地面积年递增率为 1.3%。西部草原已有 90% 以上发生退化，因受盐碱化和沙化影响，其中约 40% 属于严重退化。西部地区的各类中低产田面积达 368.7 万公顷，约占全省耕地总面积的 66.1%。我国农药使用量达 130 万吨，是世界平均水平的 2.5 倍。而据测算，每年大量使用的农药仅有 0.1% 左右可以作用于目标病虫，99.9% 的农药则进入生态系统，造成大量土壤受到重金属、激素的有机污染。由于人口数量不断增长，人类活动强度不断加大，吉林省原生自然植被被不同程度地破坏，主要表现为森林植被破坏和草地退化。植被被破坏使生物多样性降低，还会进一步加剧水土流失、土壤沙化和盐碱化及洪涝、干旱灾害的发生，使生态环境出现恶性循环。农业生态环境的破坏导致粮食生长过程中天然营养极度缺乏，农民为了粮食高产就会不断加大化肥、农药等农业生产资料的施用量，化肥、农药等的过度使用与农业生态环境持续恶化之间就会形成恶性循环，使粮食生产难以实现节水、节肥、节药等生态化发展。

四 粮食生产"靠天吃饭"仍是常态

气候变化对农业生产的影响越来越大，粮食生产仍然没有完全摆脱"靠天吃饭"的局面，气候变化引发的灾害性天气给粮食生产和粮食种植户的增收带来困难。

多年以来，由于农田水利等基础设施投入不足，水利失修严重，吉林省农业抵御自然灾害的能力较弱。2017 年吉林省农业生产受灾面积为 128.8 万公顷，绝收面积为 11.7 万公顷，绝收率为9.1%（见表6-3）。可以说，吉林省农业发展并没有摆脱"靠天吃饭"的局面。吉林省实施"增产百亿斤商品粮工程"，黑龙江省实施"千亿斤粮食产能工程"，为了提高粮食生产能力，都新修了大量农田水利设施。这些设施可以满足一些农业生产的需要，但农业生产过程中对水资源的需求还是要"靠天帮忙"。目前，农田水利设施建设主要是为了提高粮食生产能力，很少顾及生态环境，现有的农业生产条件不能满足生态化生产的需要。

表6-3 2008~2017 年吉林省农业生产受灾情况

年份	受灾面积 （万公顷）	绝收面积 （万公顷）	农业直接经济损失 （亿元）
2008	42.7	1.1	48.5
2009	265.7	31.2	169.2
2010	85.3	11.3	579.1
2011	61.6	3.3	41.4
2012	63.3	1.6	36.4
2013	66.1	176.5	58.4
2014	195.6	27.5	123.5
2015	84.6	7.4	81.9
2016	74.8	9.0	98.8
2017	128.8	11.7	398.1

资料来源：《吉林统计年鉴》（2009~2018 年）。

水资源供需矛盾日益凸显，水资源短缺已经成为制约吉林省进一步挖掘粮食增产潜力的主要障碍。根据吉林省受灾情况数据可以看出，旱灾的成灾率较高。由于灌溉设施少，一旦遇到干旱天气，就无法避免其对农业生产的影响，因此发展节水农业是粮食生产生态化发展的一个重要方面，也是改善粮食生产"靠天吃饭"局面的一个重要途径。但是节水农业发展不快，使吉林省依靠节水农业的发展来突破水资源的约束和实现粮食生产中水的生态化仍任重而道远。主要表现为以下几个方面。

第一，规划缺乏长期性，难以对节水农业政策进行有效整合。2012年，国家颁布了《国家农业节水纲要（2012—2020年）》，而吉林省从省级层面缺乏发展节水农业的长远规划，对节水农业用水指标、工程节水标准、节水农业标准、综合技术节约等还没有明确的规范体系。还没有出台可操作性强、细致、系统且适合吉林省不同区域节水农业发展的意见和具体措施，只是农业部门、水利部门立足于本行业的需要，推出单项措施，促进节水农业发展。省发改委、省财政厅、省农委、省国土资源厅、省科技厅、省水利厅、省金融办等部门的政策资源呈现条块分割、单打独斗的局面，没有将经济、行政、科技、工程等多种政策手段进行有效整合，没有真正形成立足长远、着眼现实，上下联动、部门配合，围绕中心、服务全局的有利于节水农业发展的政策组合机制。

第二，投资主体单一且资金缺口大，导致运行管理无法规范持续。吉林省目前节水农业投入主体仍以国家和省级财政为主。虽然国家对"节水增粮行动"连续进行投资，但相对于吉林农业大省和财政小省的实际情况来说，投资金额显然偏低。地方财政配套有限，农民自筹能力较低，运用市场金融体系来筹集资金投入节水农业的能力还比较薄弱。据调研，吉林省每亩玉米膜下滴灌成果巩固年需投入资金160元。2015年，参加"节水增粮行动"的土地有1200万亩，年需成果巩固资金19.2亿元，而仅松原市膜下滴灌的规划面积就达 500 万亩，巩固资金需 8 亿元，仅靠地方财政投入和农民自筹显然后劲不足。

第三，土地流转和补贴机制稳定性差，制约了节水农业的推广。高效节水农业具有低成本、高效益、大面积作业的实际特点，项目"建、运、管、后"的运行管理全过程要求土地要相对集中连片。目前，吉林省土地流转速度虽然逐步提高，规模也不断扩大，但土地流转多方共赢的规范稳定机制还没有得到由点到面的大范围推广。由于仍以家庭为主要生产单位，农户种植地块规模小、分布较为零散，农民的耕作和种植方式多样化，耕地过于分散，大规模节水农业的操作难以统一。

第四，监督奖励责任机制缺失，影响政策效应的有效释放。节水农业资金投入大、来源分散，吉林省对投入运行后的资金全程缺乏有效的监督制约机制，在政策权力空间中部门或个体的寻租现象较多，资金使用责任倒查的追究机制还没有建立起来。

此外，农业生产依赖传统自然生产方式较多，大型农业机械化综合作业整体水平还不高。由于向可控的设施生产转变比较慢，气候条件具有不确定性，极端灾害性天气多发，粮食生产波动性大。2014 年夏天，吉林省多个产粮大县干旱严重，其中长岭、农安、公主岭等 10 个产粮大县降水量创 1951 年以来最低，部分地块甚至绝收。敦化市位于吉林省东部，我们调研时了解到，历史上干旱天气对敦化市的农业生产影响不大，但 2014 年夏天的极端干旱天气对农业的影响较大。据当地农民估算，粮食减产在 10% 左右。如果应对极端干旱天气的灌溉等设施发展得较好，就会大幅度降低气候对粮食生产的影响。

五 农业面源污染呈扩大趋势

随着农业生产水平的不断提高及国家对粮食需求的刚性增长，

为追求粮食增产，过分依赖化肥、农药等化学农资的投入等人为问题，畜牧业的超常规发展以及秸秆的低利用率问题，导致农业面源污染有扩大的趋势。

（一）化肥、农药、农膜等过量使用造成农业面源污染严重

"石油农业"的快速发展，化肥、农药、农膜等的过量使用，使土壤农药残留超标、重金属含量超标、各种降解或非降解农膜大量残留，造成土壤污染、地下水及地表水污染，粮食生产用水、农村生活用水都面临污染问题。吉林省化肥施用量逐年递增，而且不科学施肥现象较为普遍。长期过量施用化肥，导致土壤理化性质恶化、耕层透水透气性差、营养不平衡等，尤其是氮肥的过量施用会引起硝酸盐和亚硝酸盐累积并超标。而市场上销售的各种磷肥，主要成分大部分来自磷矿石，磷矿石含有的多种重金属随着加工大部分存留在磷肥中，过量施用会导致土壤重金属富集，危害人畜健康。吉林省农药施用量逐年增加，每年所施的农药量除一部分被分解掉外，80%以上都残留在土壤里。有些剧毒农药极难降解，虽已禁用多年，但至今在生物圈中仍有残留。农药中含有大量重金属如汞、砷、铜等，过量喷洒农药不仅影响土壤理化性质，还会通过径流、淋溶作用渗入地表、地下，污染水环境，造成重金属污染，影响人类生活安全。粮食生产过程中大量使用农膜，造成的"白色污染"越来越严重，耕地中的农膜能再回收的仅有30%，余下的都残留在农田中。大量细小的农膜残块遗留在土壤耕层中，阻碍土壤孔隙贯通，影响土壤中水分的流动，减少了作物对水分的吸收；还会阻碍农作物根系的水平和垂直生长，导致农作物减产和品质下降。地膜中所含的联苯酚、邻苯二甲酸酯等物质还会给粮食带来污染，严重危害人类的健康。人们不断扩大耕地面积，化肥和农药的大量使用等造成农民种地不养地、广种薄收的耕作习惯，黑土地"越种越瘦"，不仅加剧了水土流失，而且造成严重的面源污染。

（二）畜禽养殖业仍然是农业面源污染的最大户

随着人们生活质量的提高，对畜产品的需求也在不断增长。畜牧业快速发展的同时，加重了农业面源污染。畜牧业不规范的快速发展，牲畜粪便的随意堆积、流失，也严重污染了生态环境。据调查，2013 年吉林省畜禽存栏总数达到 1.6 亿头（只），畜禽产生的粪、尿总量为 0.49 亿吨，相当于当时全省工业固体废弃物产生量的 3.1 倍。吉林省 2010 年污染源普查数据显示，畜禽养殖业化学需氧量、氨氮排放量分别占农业源排放总量的 83.1% 和 52.2%。

（三）秸秆的低利用率加剧了农业面源污染

粮食的高产带来大量秸秆。农业秸秆利用率较低，这不仅仅是吉林省一个省的现象，在整个东北三省都较为普遍。东北三省的农业秸秆利用率在 50% 左右，个别地方仅有 10%。大量秸秆被就地焚烧，既造成资源的极大浪费，又严重污染环境。首先，秸秆焚烧过程中释放出大量二氧化碳等硫氧化物，严重污染空气。其次，秸秆中的有机物质和氨素养分在焚烧过程中丧失殆尽，使土壤有机质减少、盐碱度增强、土壤板结。最后，焚烧秸秆时地温升高，加速地下害虫的孵化。土壤的碱性升高，使施入土壤中的农药失效，造成地下害虫增多，对作物幼苗生长形成危害，引起鸟类、蛇类迁逃，虫害、鼠害加重，农田生态进一步恶化。

综上，农业面源污染呈继续扩大的趋势，严重制约着粮食生产生态化的实现。

第四节　制约粮食生产生态化发展的原因分析

吉林省粮食生产生态化没有很好发展的原因很多，有认识上的原因，有生产力发展水平的原因，还有生态经济理论研究与实践不到位等原因。

一　各个阶层对粮食生产生态化的认识不到位

生态文明制度建设 2013 年成为中共十八届三中全会《中共中央关于全面深化改革若干重大问题的决定》的重要内容。粮食生产生态化是 2014 年中央"一号文件"关于努力走出一条生产技术先进、经营规模适度、市场竞争力强、生态环境可持续的中国特色新型农业现代化道路的组成部分。

首先，在国家层面，在各级政府层面，生态文明建设被纳入议事日程的时间不长，农业生态建设刚刚起步。从中央到地方的各级政府对生态化生产的认识不到位，中央强调粮食主产区以确保国家粮食安全为第一需要，各省实行"米袋子"省长负责制，县（市、区）争当产粮大县。吉林省作为农业大省、国家粮食主产区，始终把发展农业、提高粮食产量作为全省农业工作的重中之重。在以往的农业生产特别是粮食生产过程中，不注重农业生态建设，全省生态环境也日趋恶化。

其次，粮食经营主体缺乏对粮食生产生态化的足够认识。由于对农业循环经济探索不深入，缺乏理论指导和实践模式的示范，粮食生产经营主体对生态化生产没有紧迫感。农民、种植大户、农民专业合作社、家庭农场等农业经营主体均以提高粮食产量为出发点，大量使用农药、化肥来提高粮食产量、增加经济效益，而对生态化生产不以为意，认为生态环境离自己很远，缺乏对粮食生产生态化利在当代、功在千秋作用的认识。

最后，人民群众对生态化农产品的需求不够强烈。我国广大人民群众温饱问题解决的时间不长，对农产品特别是粮食的有机生产、绿色生产、生态化生产的认识还不足，价格相对较高的生态粮食往往在大多数人中没有市场。

二 经济发展水平限制生态化发展

吉林省在我国属于经济欠发达地区，为了尽早摆脱经济落后的面貌，有限的财政投入主要以发展二三产业为核心，用于大规模的招商引资，建设各种经济开发区、工业集中区，农业问题尤其是粮食生产生态化问题不太受重视。农民以及各农业经营主体不可能在缺少政策支持的情况下组织生态化生产。

（一）经济发展以二三产业为主，没有将第一产业放在重要位置

作为经济发展落后地区，吉林省为了实现后发赶超，始终把发展放在第一位。无论是全省的发展规划、发展战略，还是国家层面的长吉图开发开放先导区发展战略、东北振兴战略，都以经济建设为中心，以经济发展为首要任务。有些规划战略中即使提到生态环境问题，也是一笔带过。各县级政府的经济社会发展规划无不是以招商引资发展二三产业为主，对农业尤其是粮食生态化发展投入少，甚至没有。

（二）以 GDP 为核心的发展方式，加速了对生态环境的破坏

GDP 历来是各级政府在经济发展上追求的第一目标，也是各级领导干部最为关心和重视的发展目标。经济发展的"唯 GDP 论"，使资源被超常规开发，生态环境得不到保护甚至遭到严重破坏，资源型经济与环境恶化相伴而生。同时，伴随着资源的枯竭，资源型经济城市的转型又成了各级政府不得不面对的重大问题，寅吃卯粮的发展是不可持续的。

（三）粮食直补政策引导农业经营主体更加重视粮食生产，忽视农业生态建设

2004 年开始实行的粮食直补政策，以及后来连续出台的良种补贴、农资综合补贴、农机补贴等农业补贴政策，增加了农民收入，极大地调动了农民的种粮积极性，吉林省粮食产量实现了十五连增，相继跃上 500 亿、600 亿、700 亿斤台阶，粮食商品粮率连续位居全国首位，为国家粮食安全做出了重大贡献。粮食稳产、高产是国家的需要，种粮能够提高收入是农民的需要，却将农业生态建设、粮食生产生态化忘到脑后。

三　现在的生产力水平使资源禀赋不支持生态化发展

吉林省的自然资源状况与耕地承载力必须首先满足粮食安全的需要，而不是满足粮食生产生态化发展的要求。在没有更先进的技术、更高产的品种、更合适的肥料的情况下，粮食单产不会有太大的提升空间，有限的耕地资源使粮食产量大体平稳。在国家的生产生活离不开粮食的情况下，粮食的数量是第一位的，然后才是粮食的质量，最后才是农业环境。

（一）土地资源是有限的，粮食播种面积不可能无限扩大

吉林省是目前全国五个粮食调出省份之一，国家最大的希望是吉林省为保障国家粮食安全生产出更多的粮食。而吉林省的土地面积是一定的，耕地面积不可能无限增加，生态化生产粮食的轮耕制度、休耕制度目前很难实现。

（二）生物资源是有限的，粮食作物的品种短期内不可能有大改变

目前，粮食作物的品种几乎都是高产的，吉林省的粮食作物

80%是玉米。高水平的产出是对土壤掠夺式的利用，造成土壤有机质含量减少，土壤的黑土层逐年呈减少趋势，农业生态环境不断恶化。短期内不可能培育出高产量、低消耗的粮食品种，而大规模、长时间、单一作物的生产将造成农业生态环境的严重恶化，趋势是不可逆的，影响是长期的。

（三）农业科技进步是有限的，不支持粮食产量跨越式增长

有收无收在于水，多收少收在于肥。目前，吉林省粮食增产主要靠增施化肥、农药。农业补贴政策对于农业生产具有强烈的引导作用，在补贴政策引导下，农民片面地追求种粮效益最大化，为提高产量增加化肥、农药的施用量；同时，农村劳动力严重短缺，为保证粮食产量，也在增加化肥、农药的施用量。资料显示，目前，中国农业的化肥施用总量相当于美国、印度的总和，而亩均施用量则是美国的3倍多。但是，中国农业的水利用率只有40%，仅相当于美国的一半。尽管吉林省化肥的亩均施用量为全国平均水平的80%，但也是超量使用。此外，为了追求粮食产量和经济效益最大化，使种植面积扩大化，占用林地、草地种植农作物，严重破坏了生态平衡，并引发多种自然灾害。

四 缺少粮食生产生态化的科技推广体系

在目前的农业科技推广体系中，没有形成有助于生产生态化的科技推广体系。农民素质不高，农业经营主体生态化生产手段缺失、观念淡薄，在农业技术推广方面人力资源短缺，农业生态文明建设服务体系不健全等，阻碍了有助于粮食生产生态化的科技的推广应用。

（一）农业生态科技推广体系尚在建设中

尽管我国已有的农技推广体系对农业技术推广的作用日趋减弱，但整个农技推广体系是完整的，涉及农业技术的多个方面，但目前还没有生态化生产的科技推广体系。在我国加强生态文明建设的过程中，农业生态化生产将逐步被纳入议事日程，生态科技推广体系建设也将逐步完善。

（二）农业经营主体缺少粮食生产生态化的手段

从目前看，由于粮食生产生态化手段匮乏，技术规程还没有达到可操作层面，农业经营主体在农业生产过程中保护农业生态、进行生态化生产无所适从。农业生产生态化尤其是粮食生产生态化的理论、科学技术被运用到生产过程中，探索出实施模式尚需时日，这样就影响了粮食的生态化生产，不利于生态文明建设在农业农村中的推广实施。靠科技解决生态文明问题不能一蹴而就，需要经历科技发展、科技推广、农业经营主体使用实施等一系列过程。

（三）农民整体素质不高，制约粮食生产生态化的进程

根据我国现阶段的国情，农民的文化知识水平相对较低，给农业技术的推广造成了很大的困难。在农业服务体系不健全，特别是农业生态建设刚刚起步阶段，农民素质不高，农业优质人力资源短缺，严重阻碍了粮食生产生态化的实施。

五　缺少相应理论与模式对生态化发展的指导

生态农业建设是一项复杂而系统的工程，是现代科技发展和文明进步的产物，先进的、行之有效的科学理论系统的支撑是必不可少的。近些年来，关于如何发展和推进我国生态农业系统建设的研究正在引起许多学者的关注。但是，生态农业建设涉及多方面的知

识，不仅包括农学，还包括林学、畜牧养殖、生态学、资源利用、农副产品的科学加工等自然科学领域，甚至还涉及哲学、管理学等人文科学。目前，仍然缺少成熟的理论与合适的模式来指导吉林省粮食的生态化生产。

（一）粮食生产生态化理论不深入

就中国目前粮食生产生态化的研究现状来看，许多仍然停留在某个单一学科内部的封闭式研究上。虽然在某一领域内部，人们的研究比较深入，但是就整个理论体系来讲，各个学科之间的联系和渗透仍然是非常不充分的，不同领域的独立研究甚至会产生不同乃至相互对立的观点和理论。这是因为没有根据我国现阶段生态农业发展的实际情况，没有超越独立学科，形成一个多学科交叉综合的、完整的生态农业理论体系。这种未实现跨学科、跨领域的联系、沟通与合作，短期内很难促进生态农业的理论发展。

（二）粮食生产生态化的发展模式不成熟

除了理论自身的完善和发展外，发展模式的推广也是促进生态农业发展的一个重要环节。理论无论多么完善和精深，最终的目的还是为实践服务。而对于生态农业的理论系统来讲，农民接受与否是这一理论系统能否转化成实践的关键。因此，如何建立一套行之有效的理论推广系统是摆在我们面前的一个重要问题。当然，这不仅仅涉及农民自身素质的问题，政府的推广工作能否落实到位也是不可忽略的关键环节。在许多地方，当地政府大搞形式主义，将推广工作看成负担和任务，敷衍了事，致使农业科学技术的推广变成形式上的学习和实践，既违背了政府的初衷，也阻碍了农业自身的发展。还有许多县（市、区）根本就没有进行过理论推广工作，环境污染严重、水土流失、农业附加值低等问题仍然是困扰农村经济发展的主要问题。

第五节　粮食生产生态化发展的对策措施

吉林省作为粮食主产区，在国家建设生态文明的大背景下，有责任率先实现粮食生产生态化发展。面对目前粮食生产生态化发展面临的环境、存在的问题和制约因素，需要制定完善的生态化发展政策机制，形成生态化发展体系格局，加强生态化生产的科技创新研究，提升各层面对生态文明建设的认知，实现粮食生产生态化，促进农业生态健康良性发展。

一　建立粮食生产生态化发展补偿机制

吉林省作为国家重要的商品粮生产基地，在为国家粮食安全做出卓越贡献的同时，也面临着土地退化、生态被破坏的现实困境，建立粮食生产生态化发展补偿机制刻不容缓。

（一）强化政府在生态化生产中的作用

科学的补偿机制和合理的补偿力度是促进粮食生产生态化实现的基本保障。吉林省应积极争取国家层面制定有利于本省粮食生产生态化发展的优惠政策，试点先行，支持在粮食主产区率先推行农业生态文明建设办法。建立健全粮食生产生态化发展补偿机制，用法律的形式保障生态化发展。加强国民收入分配和财政支出的结构调整，积极争取国家对吉林省粮食生产基地转移支付的纵向补贴，探索开展吉林省财政面向市（州）粮食生产生态化的横向财政补贴。加大财政支持粮食生产生态化发展的力度，建立吉林省粮食生产生态化专项补偿基金，省、市（州）按一定比例提取财政收入用于粮食生产区资源的补偿恢复。通过现代农业基础设施建设，充分利用吉林省西部"河湖连通"水利工程建设、中部农业现代化规模化标准化推进、东部山区生态资源保护性开发的时机，改善农业生产中水土等自然条件的吸附能力。着重从制度和机制层面对耕地、水资源进行有效保护和科学利用，鼓励各地区探索因地制宜的水土资源多种价值协调统一的利用办法，实现生态效益，促进持续高效、有机融合发展。

（二）建立健全粮食生产生态化发展补偿的标准体系

建立并完善吉林省粮食生产生态化发展补偿的组织管理机构，主要负责补偿政策的制定，确定补偿标准、补偿原则，进行补偿征收等，以解决如何补偿、补偿给谁、依据什么补偿等问题，确保粮食生产生态化发展补偿顺利进行。坚持"谁开发、谁保护、谁受益、谁补偿"原则，引入市场运行管理模式，积极探索多元化的补偿标准和补偿方式。整合省内农业科研院所的科技资源，建立健全农业技术推广服务体系。推广科学、生态的种田技术，扩大测土配方施肥补贴、保护性耕作示范工程和土壤有机质提升补贴的试点范围，并在国家、省级层面建立健全统计评价机制和监督机制，有效改变农业资源日益短缺、农业资源人为浪费和农业生态环境不断恶化的趋势。

（三）将农民种粮利益与生态环境保护利益挂钩

传统固有的农业生产方式、农村地区环境污染职能部门的历史性缺失和农村居住人口的环境保护意识薄弱，使得农民只追求粮食产量这一单一的经济利益。为了加大对农业资源环境保护的宣传力度，不断提高农民的环保意识，政府部门应建立联合宣传机制，通过大众媒体加强对农业环保知识、环保意识的宣传，使人们了解保护农业资源和保障农民利益之间的关系，提高农民的生态意识，积极引导广大农民群众自觉培养健康文明的生产生活方式。避免因农民盲目追求粮食产量的短期经济行为而影响土地长远的利用价值，让农民意识到，种粮、提高粮食产量可以增加收入，保护环境、防止土壤"三化"、提高粮食质量同样可以增加收入，甚至可以增加更多的收入，以减少农民对农业生产环境短期投资的行为。

二 确定粮食生产生态化发展的目标模式

"目标"是做事情要达到的预期效果，"模式"是某种事物的标准形式，或使人可以遵循的标准样式。粮食生产生态化发展的目标模式就是围绕生态化目标的确定和实现而进行粮食生产的设计。

（一）确定产出目标

吉林省应根据本省的资源禀赋和科技支撑条件，遵循自然生态规律，充分考虑水土资源的承载能力，确定符合实际的粮食生产目标。不能过分追求粮食生产的单一产量目标，应制定包括粮食产量、品种安全、资源利用效率、科技节约、农业持续等多项指标在内的综合产出目标。吉林省粮食生产的产量目标要留有余地，粮食主产县（市、区）的粮食生产目标不仅要充分考虑农民眼前的经济利益，更要考虑粮食产量的持续能力，要"藏粮于土"，在国家粮食安全受到威胁时要有"后劲儿"，确保粮食安全。

（二）确定投入目标

吉林省各地区要因地制宜发展粮食生产，特别强调充分利用太阳能、空气和水资源，对不利自然条件中的积极因素加以充分利用。科学研究和生产实践要紧密配合，努力做到农业发展以科学为基础。根据吉林省不同地区粮食生产中投入资源的实际，建议有关部门针对粮食生产中的耕地利用效率、农药化肥投入量、农业有效用水、科技节约推广等指标进行综合分析评价，确定粮食生产粗放边际和生态集约边际的投入水平，建立一套粮食生产生态化指标体系，确保科学有效地投入。例如，为减少化肥过量投入对土壤的负面影响，可提高测土配方施肥的实施效率，真正做到因地、科学、精准施肥，提高肥料利用率和土壤可容忍度。不可否认，未来一段时间内，化肥、农药依然是保障粮食安全的重要条件；但科学施肥、用药就是要用尽可能少的化肥、农药投入获得最大的产出，并能维持和提高土壤肥力，保护土壤资源不受破坏，不断提高农产品的品质。同时，要鼓励增施农家肥，增加土壤的有机质含量，提高耕地的生产力。科学施药更是提高粮食品质和保护农业资源的有效措施，不计后果地施药，即便能防治病虫害、保证粮食产量，对粮食质量也会造成极大破坏，严重影响人民的生命安全。

（三）确定环境保护目标

坚持农业可持续发展，要按照资源节约、环境友好的原则发展生态化粮食生产，在提高粮食产量的同时，保护生态效益。吉林省现阶段黑土地的黑土层逐渐变薄，耕地有机质消减明显。黑土是可持续的重要土壤资源，是衡量耕地生产力的指标之一。因此，增加粮食产量、保护黑土地、增加土壤的有机质势在必行。吉林省实行西部"河湖连通"水利工程，改善土地质量，恢复土地休养生息，不断调整耕种模式。在提高粮食产量的同时，要看是否污染农业农村的生态环境，水土流失程度，耕地土壤退化情况，耕地用养是否失调，现有耕地、水的质量是否下降，用生态环境保护指标推进粮食生产生态化，不断促进粮食生产方式的有效转变。

三 建立现代粮食生产生态化体系

吉林省要根据各县（市、区）农业自然资源情况、区位优势、产业发展特点等，宜粮则粮、宜林则林、宜牧则牧、宜渔则渔，不断提高生态化农业发展的层次和水平。

（一）建立合理的粮食生态化种植、生产模式

在环境友好和保护农业生产生态环境的前提下，吉林省要根据农业发展的特点和资源禀赋，依据生态学和生态经济学原理，综合运用现代农业技术尤其是现代粮食生产技术，在试验、示范、广泛实践的基础上，实现粮食生产生态化。目前，吉林省主要有以下几种种植、生产模式："间套轮"种植模式、保护耕作模式、旱作节水农业生产模式、无公害农产品生产模式。① 这些模式依托粮食主产区，立足于节约资源、保持和恢复水土养分实行科学化、机械化、合作化、规模化的现代生态高效农业生产。"企业＋农民合作组织＋政府"、专业农业协会、家庭农场等不同产业经营模式探索区域化、专业化生产，减少对资源的过度开发和破坏，使品牌化、地缘化、生态化效益相统一。

（二）推出一系列生态生产技术

要激活科技撬动粮食科学发展的"引擎"，提高粮食生产生态化过程中科技应用的成效。规范农业生态化生产技术规程（指对每种生产方法实施流程的具体规定），制订详细的具指导性的生态化生产规程与生态技术路线。加强农业技术研发和集成，发展生物防

---

① "间套轮"种植模式，指利用生物共存、互惠原理，在耕作上采用间作套种和轮作倒茬的模式。保护耕作模式，指用秸秆残茬覆盖地表，通过减少耕作防止土壤结构被破坏，并配合一定量的除草剂、高效低毒农药控制杂草和病虫害的一种耕作栽培技术，俗称"免耕法"或"免耕覆盖技术"。旱作节水农业生产模式，指利用有限的降水资源，通过工程、生物、农艺、化学和管理等，使生产和生态环境保护相结合的一种农业生产技术，可以消除或缓解水资源严重匮乏地区的生态环境压力，提高经济效益。无公害农产品生产模式，指在玉米、水稻、小麦等粮食作物主产区推广优质农作物清洁生产和无公害生产的专用技术，集成无公害优质农作物的技术模式与体系。

控病技术（如玉米螟的生物防治）、自主品牌良种培育技术、高光效高产栽培技术、水旱免耕连作技术、农业节水和膜下滴灌技术，加强测土配方施肥技术推广，以减少化肥的施用量，提高资源利用率。这些技术要为粮食主产县、产粮大户、家庭农场等新型经营主体大力推广使用，减少化肥过量投入造成的成本浪费和资源破坏。要提高大宗农产品优良品种率及技术入户率，提升粮食的科学化贮运水平，减少自然灾害导致的粮食损失，运用科技最大限度地减少农业生产过程中的自然损失和人为浪费。将科技创新推广作为生态农业生产的内生动力，提高科技的贡献份额，提升农业生产要素的质量。

（三）建设较完备的现代农业基础设施体系

吉林省要以保障粮食安全和农业稳定为前提，建设包括农业机械设备、农田水利设施、农业气象预测预报等在内的现代农业发展基础设施体系，改善农业生产的技术条件，推进农业经济的结构调整，不断提高粮食的生态化生产和供给能力。通过加强农地整治，提高基本农田的建设标准。加大在吉林省西部实施土地复垦工程的力度，实现土地平整、农田水利、田间道路和生态防护等四大工程的配套建设，极大改善当地脆弱的土地生态环境，减轻保护耕地的压力，减少土地资源浪费，扩大高标准农田的建设规模。农村环境整治与生态农业项目要有机融合发展，增强农业机械设备在生态粮食生产中的"稳压器"作用。探索机械设备运行管理费用的支付办法，随着生态农业中节水农业工程维护成本和生产投入成本的增加，应逐步形成固定的增补标准，固化为省和节水农业推广区的财政预算专项支出，在重要产粮节水农业县（市、区）形成蝴蝶效应。

四　提高农民素质

不同农民对粮食生产生态化的认知和理解不尽相同。吉林省应着力发展农村教育，提高农村劳动力的素质，提升农业发展方式的文化内涵，从而不断提高劳动生产率。

(一) 增强农民的文化修养

全省要统一思想，凝聚共识。各级政府领导要统一到国家和省开展生态农业、粮食生产生态化的思想上来，让农民认识到粮食生产生态化发展的重要性：不光是为了当下，更是为了子孙后代，是千秋大业。各政府要把粮食产量和生态效益提到农业发展的重要议程上来。尽管农业农村经济取得了一定发展，但同时也带来农业自然环境恶化，农村水、土地资源被人为大量浪费，农村不良生产生活方式仍广泛存在。吉林省农业耕作在很大程度上还是粗放型的，农民的从众心理使他们的生产活动盲目性较大。政府应创新方式方法，加大宣传力度，利用电视、网络、公益广告、专家讲座等形式加强对农民的生态教育和引导，通过职业教育，如"阳光工程"等，开展多种形式的生态化生产教育活动，使农民了解农业生态文明建设及农村生态环境知识，用生态效益理念破解瓶颈问题，以便更好地促进粮食生产生态化在全省顺利展开。

(二) 对农民进行生产技能培训

要完善公益性农技服务体系，实行科技下乡服务"三农"活动常态化，加大对农民的技术培训，以便更好地指导农民进行农业生产，减少操作失误带来的技术使用和资源利用上的双重浪费。通过各种培训，如"阳光工程"等，引导农民采用正确的耕作方式，加大对有机肥的使用，减少对化肥、农药的使用，不断提高土壤中有机质的含量，实现土地资源的可持续利用，实现农业可持续生产。

（三）规范农民的道德行为

在加大宣传力度的同时，还要运用道德的力量，切实培养农民的环境保护意识，增强农民的自制力。用法律和制度约束农民生产生活的方式，规范他们的道德行为，使其不任意毁坏农田，不毁林、毁草开荒，不随意使用化肥、农药，不乱丢农膜等，使其行为适应生态化发展的需要。引入公众参与，使节约与环保融合发展。通过建立公众参与机制，在农村企业、单个农户、乡村政府之间建立一种制衡关系，这对农业农村污染治理、资源有效利用、科学的农业生产方式的运用以及实现美丽乡村和谐发展具有重要的推动作用。

五 发挥农业补贴政策的引导作用

农业补贴政策对农民具有极强的引导作用，应不断调整和完善，充分释放农业补贴政策的效应，推进土地适度规模经营，提高农业的组织化程度，推动粮食生产生态化发展，在提高农业经济效益的同时提高生态效益。

（一）强化对粮食生产的科技支撑，完善科技服务补贴

吉林省要推动种粮大户进行测土配方施肥，建立节水灌溉补贴，提高大宗农产品优良品种及技术入户率，将科技创新作为增加粮食产量的内生动力。加大对家庭农场等新型经营主体的以科技服务补贴为内容的政策引导和财政扶助力度，促进粮食生产向集约化、规模化等科学化的农业生产经营方式转变，释放集聚效应，确保国家长期粮食安全。

（二）建立农业生态补贴制度

为了改良土壤，提高肥力，吉林省要建立对林地、湿地、菜地的自然生态补贴制度。农业上，以粮食主产区的农业经营主体为补贴对象，对采用资源节约型、环境友好型农业生产方式的农业经营主体给予一定补贴，转变农民只盲目追求产量、不注重农产品质量的思想，力求改善地力和土壤结构，遏制荒漠化和水土流失，促进农业可持续发展。

（三）农业补贴向新型粮食经营主体倾斜

粮食生产生态化一定程度上取决于土地规模经营的水平。农业补贴政策应逐步加大对种植大户、家庭农场和农民专业合作社等新型农业经营主体的支持力度，新增补贴逐步向种植大户、家庭农场和农民专业合作社等倾斜，调动其种粮积极性。促进土地适度规模稳定流转，使新型农业经营主体的粮食种植稳定在一定规模，逐渐实现按粮食实际种植面积给予补贴，减少种子、农药、化肥等的过度使用，不断扩大粮食生产生态化规模。农机补贴逐步向种粮大户、家庭农场、农民专业合作社等新型农业经营主体倾斜。补贴金额应与种植规模挂钩，种植规模扩大，补贴金额也应按一定比例提高，发挥资金的集聚效益，提高农业机械化的综合水平。

六　通过推广高新技术提高农业生态经济的效益

吉林省生态农业产业化建设还处于起步阶段，需要加大有利于生态经济优化的技术创新与制度创新力度，要发展高新技术，推广高光效种植技术、生态高值农业技术，提高科技含量，提升农业生产要素的质量。

（一）应用生态高值农业技术

生态高值农业是充分应用现代新能源、新材料、新装备以及新信息技术、新生物技术等武装起来的农业高新技术体系与生产模式，在确保生态环境友好的前提下，通过提高农业科技内涵和农业生产管理水平实现农业产业的高值化，从而大幅提高农业生产能力、产业化水平、竞争力和比较效益。生态高值农业是生态农业和环境与农产品的高产、高质、高效，以及科技、市场、产业经济价值相结合，是现代农业可持续发展的方向。主要内容包括以下几方面。

实行垄作免耕。垄作免耕可以通过保存土壤中的碳含量、减少耕作动力投入、提高土壤肥力等，减少温室气体排放。

科学合理施肥。农业施肥不但会通过影响地上植被的生物量来影响土壤碳源的供应量，而且还会影响土壤中微生物的活性，决定土壤的呼吸强度。对土壤增施有机肥，可以减缓土壤有机质的腐烂，缩短有机粪肥的田间暴露时间，减少土地耕作活动，改善土壤水分管理，减少二氧化碳向大气中的排放量，改善农田土壤的通气条件和酸碱度。

覆膜节水灌溉。覆膜技术不仅节水，还能提高肥料的利用率，有效降低一氧化二氮的排放量。大力推广喷灌、滴灌等高效节水农业技术，可大大降低农业的生产成本。应根据作物生长周期、需求饱和度进行适时、适量供水，实现节水、增产和增效。

病虫害综合防治。生态高值农业技术实施对农作物病虫害的综合防治，充分发挥自然因素的控害作用，全面普及生物防治和物理防治技术，积极推广农药增效剂和农药替代品。同时，应加强对农业清洁生产技术的研究，以恢复和保持农田生态平衡，达到控害、保产、保环境、保安全、增效益等目标。

（二）进行生态农业技术制度创新

为实现生态农业产前创造水、土、生物质、气候光热资源与废弃物资源生态高值化利用的条件，产中实现农产品的生态高值化生产，产后实现生态高值化加工、市场销售额攀升以及经济生态与社会综合效益统一，吉林省应探索建立以生态农业资源节约型、环境清洁型与经济安全型为内容的"三型"产业化技术体系，以及节能降耗、减排治污与循环自生的新型模式。发挥政府的宏观主导作用，充分引入市场的资金和技术，实现农业产业化、高值化生态过程与流体污染控制工程耦合的技术创新，创新相关制度运行模式，避免工业化农业的负效应，走出盲目追求 GDP 导致的生态农业发展的低迷状态，以及农药、化肥、灌溉水、劳动力等农业生产成本投入迅猛增长，种粮比较效益明显偏低，种养结构不合理，农产品安全与生态安全失衡的恶性循环局面。

七 建立农业生态安全预警系统

农业生态系统是人类所控制和管理的自然－人工复合生态经济系统。对农业生态系统变化的预测，对于区域农业生态安全和控制农业系统退化起着重要的作用。要用生态化标准约束粮食生产，通过农业生态安全预警系统等指导粮食的生态化生产与发展。

（一）整合资源，建立农业生态安全预警系统

2013 年中央"一号文件"指出："强化农业生产过程环境监测，严格农业投入品生产经营使用管理，积极开展农业面源污染和畜禽养殖污染防治。"可见，国家对农业生态安全预警非常重视。吉林省要以政府为牵引，整合农业院所以及气象、农委、水利、环保、财政、统计等各相关部门，利用粮食主产县（市、区）的资

源，建立农业生态安全预警系统，明确职能，搞好分工，定期收集数据，综合分析。要对现在粮食主产地的种粮大户、家庭农场、农民专业合作社所经营的农业资源进行安全预警监测，运用一定数据模型，基于农业生态系统的能值分析，预测区域生态安全临界值。这能够为农业生态安全提供借鉴和预警，从而尽早发出警报，使政府部门及时采取措施，有效抑制、减轻、控制和改善农业生态系统的恶化，最终使农业生态系统可持续发展。

（二）建立农田土壤和肥力监测预警系统以及农村环境质量监测预警系统

全省应加大对土壤肥力调查和监测的力度，建立对省内不同耕地肥力的监测预警系统，通过对土壤中氮、磷、钾和微量元素以及有机质的监测，分析、预测农田土壤的肥力变化情况。同时，建立土壤监测预警系统，监测土壤污染和面源污染情况。要改革传统耕作方式，发展保护性耕作，从培肥地力角度节约、有效地利用耕地，克服过度依赖化肥、农药追求产量的短期经济行为，避免影响土地的长远生态利用价值。建立农村环境质量监测预警系统，加强对农业自然资源环境、面源污染、人口、农田水土流失、社会经济条件、农业发展、科技发展等的监测，通过农村环境质量改善来保持农业生态安全。

（三）建立粮食产出能力监测预警系统

针对全省粮食产量逐年提高的实际情况，吉林省要建立粮食产出能力监测预警系统，设定农田产出能力衡量指标和产量监测指标，收集数据，定期分析对比。通过监测不同年份、不同地区粮食产量的变化情况，倒推和分析影响农田生态安全的因素，判断农业生态系统恶化的程度、趋势和速度，从而制定有效的防范措施。

八 推进农业可持续发展

资源是经济社会持续发展的基础条件。吉林省农业农村资源丰富多样,需要用心保护,保持资源系统的平衡,追求长远效益。

(一)加快建立农业农村生态文明体系

全省要健全农业农村土地开发、资源节约、生态环境保护的体制机制,倡导绿色生态的生产生活方式,加速推动形成人与自然和谐发展的新型农业农村生态发展格局。要从实际出发,突出重点。在吉林省西部白城市等生态环境脆弱地区、东部江河源头地区和生态环境矛盾激列的地区,选择生态节约型农业模式;在中部传统农业区和粮食主产区,以循环集约型可持续生态农业模式为主,逐步向高技术循环农业模式迈进;在省会和地级市(州)的郊区等经济相对发达地区,以高科技都市多功能生态农业模式为主,这些地区要力争成为吉林省节约型生态循环农业发展的先导和示范,通过自然资源的循环利用,达到既提高农产品产量又实现环境保护的目的。

(二)提高资源利用效率

耕地是农业发展的基础资源,是农业发展的命根子,是农业生产持续发展的根基。粮食生产肩负着维护国家粮食安全的重要责任。

实施粮食主产区土地复垦。粮食主产区要通过土地整理提高中低产田的质量和综合产出,增加有效耕地面积。吉林省严格实行国家政策,在西部白城市、松原市开展土地复垦整理工程,守住吉林省的耕地红线。同时,加快对中低产田改造。吉林省西部有200多万亩土地从未被耕种过,中低产田面积占耕地总面积的70%,改造后产量可提高12%,耕地面积得到扩大,黑土地的垦殖率和土地利用强度将有所提高，粮食产量和生态效益将不断提升。

在生态山区实行土地整理。吉林省山地、坡地、损毁地、"空心村"闲置地等数量非常多，通过对未耕种过的土地、农村居住点、灾毁地、废弃地等进行土地整理，提高耕地潜力。

以土地整理为主，将土地整理与小流域整治、水土保持、"三化"治理工程结合起来。如以坡改梯工程为核心，配合生物工程，加强中低产田整理，合并地块，平整农田，修筑土坎，增加有效耕地面积。对农村空置居住点、废弃农村工业用地和自然灾毁地等进行复垦，扩大耕地规模，提高耕地质量。

（三）加大对农村生态环境综合治理的力度

国家实施农村环境连片整治工程后，全国各地根据新农村建设标准对农村环境进行治理改善，积极保护具有各地特色的产地环境，实现农业农村永续发展。由此，吉林省要探索建立农业农村生态环境保护区，突出解决农业面源污染、农村秸秆焚烧等环境污染问题。实行农村环境治理与生物质资源化利用相结合，对农村秸秆、畜禽粪便、林业剩余物、稻壳、生活垃圾等农村生物质进行集中收集，通过企业的先进技术生产生物天然气、纤维素丁醇、聚乳酸等，提升吉林省以长春大成集团为代表的秸秆转化利用企业数量，提高秸秆的年转化率，实现农村环境生态治理与经济效益的有机统一。

第七章　脱贫攻坚与乡村振兴战略

脱贫攻坚与乡村振兴都是系统工程，应着力增强协调推进的系统性、整体性、协同性，做好制度建设，在脱贫攻坚方面切实发力，统筹谋划、协调推进新时代的乡村全面振兴。

第一节　精准扶贫、精准脱贫与脱贫攻坚

我国提出精准扶贫、精准脱贫有深刻的时代背景。从国内看，农村贫困人口全部脱贫是全面建成小康社会的底线任务，贫困问题的新特征、新变化需要更有效的解决办法。从国际看，中国要顺应全球减贫发展趋势，积极响应《全球 2030 年可持续发展议程》，继续为全球减贫事业、为人类社会发展做出更大贡献。

中国一直是世界减贫事业的积极倡导者和有力推动者。改革开放 40 多年来，7 亿多人摆脱了贫困，中国对世界减贫的贡献率超过 70%，走出了一条有中国特色的减贫道路。但是，由于历史、自然条件等多方面原因，到 2014 年，全国还有 592 个国家扶贫开发重点县 12.8 万个贫困村近 3000 万户贫困户。更为严峻的是，这些贫困人口主要分布在革命老区、民族地区、边疆地区和连片特困地区，基础条件差，开发成本高，脱贫难度相当大。脱贫攻坚成为全面建成小康社会最艰巨的任务。

实施精准扶贫、精准脱贫，就是要把消除贫困作为首要的政治责任，把改善民生作为重大政治任务。精准扶贫、精准脱贫体现了社会主义的本质要求，彰显了以人民为中心的价值取向。作为世界上人口最多的发展中国家，在"十三五"时期使现行标准下的贫困人口全部脱贫，必将使全体中国人民更加坚定中国特色社会主义的道路自信、理论自信、制度自信、文化自信。

一　精准扶贫

精准扶贫是粗放扶贫的对称，是指针对不同贫困区域、不同贫困农户状况，通过科学有效的程序，对扶贫对象实施精确识别、精确帮扶、精确管理的治贫方式。一般来说，精准扶贫主要是就贫困居民而言的，谁贫困就扶持谁。

最早是在 2013 年 11 月，习近平到湖南湘西考察时首次做出了"实事求是、因地制宜、分类指导、精准扶贫"的重要指示。2014 年 1 月，中办详细规划了精准扶贫工作的顶层设计，推动"精准扶贫"思想落地。2014 年 3 月，习近平参加两会代表团审议时强调，要实施精准扶贫，瞄准扶贫对象，进行重点施策，进一步阐释了"精准扶贫"的理念。2015 年 1 月，习近平新年首个调研地点选择了云南，总书记强调，坚决打好扶贫开发攻坚战，加快民族地区经济社会发展。5 个月后，总书记来到与云南毗邻的贵州省，强调要科学谋划好"十三五"时期扶贫开发工作，确保贫困人口到 2020 年如期脱贫，并提出扶贫开发"贵在精准，重在精准，成败之举在于精准"。从此，"精准扶贫"成为各界热议的关键词。

2015 年 10 月 16 日，习近平在"2015 减贫与发展高层论坛"上强调，中国扶贫攻坚工作实施精准扶贫方略，大幅增加扶贫投入，出台更多惠及贫困地区、贫困人口的政策措施，坚持中国制度优势，注重抓住六个精准，坚持分类施策，因人因地施策，因贫困原因施策，因贫困类型施策，通过扶持生产和就业发展一批，通过易地搬迁安置一批，通过生态保护脱贫一批，通过教育扶贫脱贫一批，通过低保政策兜底一批，广泛动员全社会力量参与扶贫。

（一）为什么要精准扶贫

我国的扶贫开发始于 20 世纪 80 年代中期，通过几十年的不懈努力，取得了举世公认的辉煌成就。但是，长期以来贫困居民底数不清、情况不明，扶贫针对性不强、扶贫资金和项目指向不准等问题较为突出。2014 年，全国农村贫困人口有 8249 万人（其中四川有 602 万人），而实际上远远不止这个数，这个数据是国家统计局根据 2014 年全国 7.4 万户农村住户调查样本数据推算出来的。根据这个数据研究贫困居民规模、分析贫困发展趋势不是很科学，在具体工作中也存在"谁是贫困居民""贫困原因是什么""怎么有针对性地帮扶""帮扶效果怎样"等不确定性问题。由于吉林省乃至全国都没有建立统一的扶贫信息系统，因此对具体的贫困居民、贫困农户的帮扶工作就存在许多盲点，一些真正的贫困农户和贫困居民没有得到帮扶。

（二）精准扶贫的背面是粗放扶贫

长期以来，来自抽样调查的贫困居民数据逐级往下分解，扶贫中的低质、低效问题普遍存在。如：贫困居民底数不清，扶贫对象常由基层干部确定，扶贫资金"天女散花"，以致"年年扶贫年年贫"；有些重点县（市、区）舍不得"脱贫摘帽"，数字弄虚作假，挤占、浪费国家扶贫资源；扶贫工作中出现人情扶贫、关系扶贫，造成应扶未扶、扶富不扶穷等社会不公，甚至滋生腐败；等等。表面上看，粗放扶贫是工作方法存在问题，实质上反映出干部的群众观念和执政理念出了大问题，不可小觑。

以往的扶贫制度设计存在缺陷，不少扶贫项目粗放"漫灌"，针对性不强，更多的是在"扶农"而不是"扶贫"。以扶贫搬迁工程为例。居住在边远山区、地质灾害隐患区等地的贫困户，是扶贫开发最难啃的"硬骨头"，移民搬迁是较好的出路。但是，因为补助资金少，所以，享受扶贫资金补助搬出来的多是经济条件相对较好的农户，贫困的特别是最穷的农户根本搬不起。新村扶贫、产业扶贫、劳务扶贫等项目，受益多的主要还是贫困社区中的中高收入农户，只有较小比例的贫困农户从中受益，且受益也相对较少。

综上所述，对原有的扶贫体制机制必须修补和完善。换句话说，就是要解决钱和政策用在谁身上、怎么用、用得怎么样等问题。扶贫必须要有精准度，专项扶贫更要瞄准贫困居民，特别是财政专项扶贫资金务必重点用在贫困居民身上，用在正确的方向上。扶贫要做雪中送炭的事，千万不能拿扶贫的钱去搞高标准的新农村建设，做形象工程不能实现扶真贫。贫困区域的发展，主要应使用财政综合扶贫资金和其他资金。

（三）坚定走精准扶贫之路，全面建成小康社会

精准扶贫是扶贫开发工作必须坚持的重点。2015 年 8 月，习近平总书记在贵州调研时就加大力度推进扶贫开发工作提出"四个切实"的具体要求：一是要切实落实领导责任；二是要切实做到精准扶贫；三是要切实强化社会合力；四是要切实加强基层组织。

精准扶贫是新时期党和国家扶贫工作的精髓和亮点。党和国家一直十分关心和重视扶贫工作。改革开放以来，经过全国范围内有计划、有组织的大规模开发式扶贫，我国贫困人口大量减少，贫困地区面貌显著变化。进入 21 世纪以来，中国经济腾飞，人民生活水平不断提高，但扶贫开发工作依然面临十分艰巨而繁重的任务，已进入"啃硬骨头"、攻坚拔寨的冲刺期。新时代对党和国家的扶贫工作提出了新的要求和挑战。精准扶贫正是以习近平同志为核心的

党中央通过治国理政方略对新时期扶贫工作的新挑战与新要求做出的积极应对和正确指引。

精准扶贫是全面建成小康社会、实现伟大"中国梦"的重要保障。扶贫工作的重要意义在于，帮助贫困地区人民早日实现伟大的"中国梦"。习近平总书记多次强调，消除贫困、改善民生、实现共同富裕，是社会主义的本质要求；没有农村的小康，特别是没有贫困地区的小康，就不能全面建成小康社会。2016年2月在江西神山村，习近平总书记对乡亲们说，我们党是全心全意为人民服务的党，将继续大力支持老区发展，让乡亲们日子越过越好。在扶贫的路上，不能落下一个贫困家庭、丢下一个贫困群众。① 这就要求我们必须坚定地走精准扶贫之路，坚持因人因地施策、因贫困原因施策、因贫困类型施策，让贫困地区人民自愿、主动、自信、坚定地走上脱贫致富的道路，早日建成全面小康社会，实现中华民族的伟大复兴。

（四）精确识别，是精准扶贫的前提

精准扶贫，首先是通过有效、合规的程序，把谁是贫困居民识别出来。总的原则是"县为单位、规模控制、分级负责、精准识别、动态管理"；开展到村到户的贫困状况调查和建档立卡工作，包括群众评议、入户调查、公示公告、抽查检验、信息录入等环节。

过去，全国曾开展农村最低生活保障制度和扶贫开发政策"两项制度"有效衔接试点。实践表明，这样识别扶贫对象虽然有一定效果，但是程序繁琐，操作性不是很强。四川省宜宾市等一些地方探索的"比选"确定扶贫对象的扶贫"首扶制度"，也是一种精确识别的好办法。其具体操作是：根据国家公布的扶贫标准，村民先

① 《习近平春节前夕赴江西看望慰问广大干部群众》，《人民日报》2016年2月4日。

填申请表，首先由村民小组召开户主会进行比选，再由村"两委"召开村组干部和村民代表会议进行比选，并张榜公示；根据公示结果，再次召开村、社两级干部和村民代表会议进行比选，并再次公示；如无异议，根据村内贫困农户指标数量，把收入低但有劳动能力的确定为贫困农户。总之，不论采取何种方式识别，都要充分发扬基层民主，发动群众参与；使程序透明，把识别权交给基层群众，让他们按自己的"标准"识别谁是穷人，以保证贫困户认定的透明公开、相对公平。

（五）精确帮扶，是精准扶贫的关键

将贫困居民识别出来以后，针对扶贫对象的贫困情况确定责任人和帮扶措施，确保帮扶效果。

一是坚持方针。精确帮扶要坚持习近平总书记强调的"实事求是，因地制宜，分类指导，精准扶贫"的工作方针，从"人""钱"两个方面细化，确保帮扶措施和效果落实到户、到人。

二是到村到户。要做到六个"到村到户"：基础设施到村到户；产业扶持到村到户；教育培训到村到户；农村危房改造到村到户；扶贫生态移民到村到户；结对帮扶到村到户。真正把资源优势挖掘出来，把扶贫政策的能量释放出来。

三是因户施策。通过进村入户，分析、掌握致贫原因，逐户落实帮扶责任人、帮扶项目和帮扶资金。按照缺啥补啥的原则，宜农则农、宜工则工、宜商则商、宜游则游，实施水、电、路、气、房和环境改善"六到农家"工程，切实改善群众的生产生活条件，帮助他们发展生产，增加收入。

四是资金到户。在产业发展上，可以采用四川省遂宁市船山区唐春村的专项财政资金变农户股金的模式，也可以通过发放现金和实物、股份合作等方式直补到户。在住房建设上，可以推行四川省南江县农村廉租房的做法。技能培训、创业培训等补助资金可以直补到人。对中高职学生的生活补贴、特困家庭子女上大学的资助费用，可通过"一卡通"等方式直补到受助家庭。用于异地扶贫搬迁、乡村旅游发展等项目的补助资金，可以直接向扶贫对象发放。

五是干部帮扶。干部帮扶应采取群众"点菜"、政府"下厨"的方式，从国家扶贫政策和村情、户情出发，帮助贫困户理清发展思路，制定符合发展实际的扶贫规划，明确工作重点和具体措施，并落实严格的责任制，做到不脱贫不脱钩。

（六）精确管理，是精准扶贫的保证

扶贫工作中的精确管理主要包括以下三点。

一是农户信息管理。要建立起贫困户的信息网络系统，将扶贫对象的基本资料、动态情况录入系统，实施动态管理。对贫困农户实行一户一本台账、一个脱贫计划、一套帮扶措施，确保帮扶到最需要扶持的群众、帮扶到群众最需要扶持的地方。年终根据扶贫的实际，对扶贫对象进行调整，使稳定脱贫的村与户及时退出，使应该受到扶持的扶贫对象被及时纳入，从而实现扶贫对象有进有出，扶贫信息真实、可靠、管用。

二是阳光操作管理。按照国家《中央财政专项扶贫资金管理办法》（财农〔2017〕8号），建立完善严格的扶贫资金管理制度，扶贫资金信息披露制度以及扶贫对象、扶贫项目的公告、公示、公开制度，做到筛选确立扶贫对象的全过程公开，避免暗箱操作导致的应扶未扶，保证财政专项扶贫资金在阳光下运行。划定扶贫资金管理使用的"高压线"，治理资金"跑冒滴漏"问题。同时，还应引入第三方监督，严格扶贫资金管理，确保扶贫资金用准、用足。

三是扶贫事权管理。以往对扶贫工作省、市、县三级分别该承担什么任务并不十分明确，好像大家都在管钱、分钱，监督的责任也不清晰；专项扶贫资金很分散，涉及多个部门，各个部门的责任也不清晰。现在，吉林省委、省政府已经明确，省、市两级政府主要负责对扶贫资金和项目进行监管，扶贫项目审批管理权限原则上下放到县，实行目标、任务、资金和权责"四到县"制度，各级政府都要按照自身事权推进工作。各部门也应遵循扶贫攻坚规划，以重大扶贫项目为平台，加大资金整合力度，确保精准扶贫，集中解决突出问题。

（七）精准施策，是精准扶贫的措施

一是进一步将精准扶贫纳入国家扶贫开发大局，并重点推进。《中共中央、国务院关于打赢脱贫攻坚战的决定》（中发〔2015〕34号）明确提出：加大贫困残疾人康复工程、特殊教育、技能培训、托养服务实施力度。国家有关部门制定出台了一系列政策文件，可以说，精准扶贫、精准脱贫战略下的贫困残疾人脱贫的顶层设计基本完成。

二是把"两不愁、三保障"政策落实到位。在地方各级党委、政府扶持下，贫困残疾人家庭"两不愁、三保障"得到较好落实。5年中，有超过500万的贫困残疾人摆脱贫困，家庭生产生活状况得到明显改善；300多万有劳动能力和意愿的贫困残疾人通过实用技术培训掌握了1门以上的劳动技能；44.5万个贫困残疾人家庭通过实施农村危房改造，住房条件得到明显改善；8.3万贫困残疾人受到康复扶贫贷款支持，有效缓解了生产资金短缺的困难。

三是建立贫困残疾人脱贫保障制度。国务院制定困难残疾人生活补贴和重度残疾人护理补贴（下称"两项补贴"）制度以及残疾儿童康复救助制度。其中，"两项补贴"制度已在全国所有行政区划内建立，2100万人次残疾人从中受益，"两项补贴"已成为当前贫困残疾人摆脱贫困的重大制度支撑。

二 精准脱贫

精准脱贫即精准摆脱贫困，是粗放脱贫的对称。中共中央要求实现精准脱贫，防止平均数掩盖大多数。

2017 年 10 月 18 日，习近平同志在十九大报告中指出，坚决打赢脱贫攻坚战。"要动员全党全国全社会力量，坚持精准扶贫、精准脱贫，坚持中央统筹省负总责市县抓落实的工作机制，强化党政一把手负总责的责任制，坚持大扶贫格局，注重扶贫同扶志、扶智相结合，深入实施东西部扶贫协作，重点攻克深度贫困地区脱贫任务，确保到 2020 年我国现行标准下农村贫困人口实现脱贫，贫困县全部摘帽，解决区域性整体贫困，做到脱真贫、真脱贫。"①

2015 年 10 月 16 日，国家主席习近平在"2015 减贫与发展高层论坛"上首次提出"五个一批"的脱贫措施，为打通脱贫"最后一公里"开出破题药方。随后，"五个一批"的脱贫措施被写入《中共中央、国务院关于打赢脱贫攻坚战的决定》，经中共中央政治局会议审议通过。

2015 年 11 月 27~28 日，习近平总书记出席中央扶贫开发工作会议并发表重要讲话。他强调，要解决好"怎么扶"的问题，按照贫困地区和贫困人口的具体情况，实施"五个一批"工程。一是发展生产脱贫一批，引导和支持所有有劳动能力的人依靠自己的双手开创美好明天，立足当地资源，实现就地脱贫。二是异地搬迁脱贫一批，贫困人口很难实现就地脱贫的要实施易地搬迁，按规划、分年度、有计划地组织实施，确保搬得出、稳得住、能致富。三是生态补偿脱贫一批，加大贫困地区生态保护修复力度，增加重点生态功能区转移支付，扩大政策实施范围，让有劳动能力的贫困人口就地转成护林员等生态保护人员。四是发展教育脱贫一批，治贫先治愚，扶贫先扶智，国家教育经费要继续向贫困地区倾斜、向基础教育倾斜、向职业教育倾斜，帮助贫困地区改善办学条件，对农村贫

---

① 《习近平在中国共产党第十九次全国代表大会上的报告》，《人民日报》2017 年 10 月 28 日。

困家庭幼儿特别是留守儿童给予特殊关爱。五是社会保障兜底一批,对贫困人口中完全或部分丧失劳动能力的人,由社会保障来兜底,统筹协调农村扶贫标准和农村低保标准,加大其他形式的社会救助力度。要加强医疗保险和医疗救助,新型农村合作医疗和大病保险政策要向贫困人口倾斜。要高度重视革命老区的脱贫攻坚工作。

推进精准扶贫和精准脱贫加大帮扶力度,是缓解贫困、实现共同富裕的内在要求,也是全面建成小康社会和现代化建设进程中的一场攻坚战。

三　脱贫攻坚与乡村振兴的关系

(一) 脱贫攻坚的提出

2015 年 11 月 27 ~ 28 日,中央扶贫开发工作会议在北京召开。习近平总书记强调:"消除贫困、改善民生、逐步实现共同富裕,是社会主义的本质要求,是我们党的重要使命。全面建成小康社会,是我们党对全国人民的庄严承诺。脱贫攻坚战的冲锋号已经吹响。我们要立下愚公移山志,咬定目标、苦干实干,坚决打赢脱贫攻坚战,确保到 2020 年所有贫困地区和贫困人口一道迈入全面小康社会。"①

2018 年,中国脱贫攻坚重点工作扎实推进,年度任务全面完成,全年减少农村贫困人口 1000 万以上,280 个左右贫困县脱贫摘帽,完成了 280 万人的易地扶贫搬迁建设任务。

1. **《中共中央、国务院关于打赢脱贫攻坚战的决定》(中发〔2015〕34 号)**

该《决定》明确了脱贫攻坚的总体目标是:"到 2020 年,稳定

---

① 《习近平:脱贫攻坚战冲锋号已经吹响 全党全国咬定目标苦干实干》,http://www.xinhuanet.com/politics/2015 - 11/28/c_1117292150.htm。

实现农村贫困人口不愁吃、不愁穿，义务教育、基本医疗和住房安全有保障。实现贫困地区农民人均可支配收入增长幅度高于全国平均水平，基本公共服务主要领域指标接近全国平均水平。确保我国现行标准下农村贫困人口实现脱贫，贫困县全部摘帽，解决区域性整体贫困"。该《决定》赋予脱贫攻坚以实质性内容。

一是贫困县"摘帽不摘政策"。长期以来，由于"贫困县"的帽子可以带来政策上的诸多"好处"，很多已脱贫县不愿"摘帽"，甚至存在"戴帽炫富""争戴贫困帽"现象。重点县退出后，在攻坚期内国家原有的扶贫政策保持不变，可以说是"扶上马，送一程"，充分考虑到了贫困县的实际情况，这有助于贫困地区稳步脱贫、避免返贫。

二是建档立卡贫困户的孩子上高中、中职免学杂费。该《决定》指出，普及高中阶段教育，率先对建档立卡家庭的经济困难学生实施普通高中免除学杂费、中等职业教育免除学杂费，使未升入普通高中的初中毕业生都能接受中等职业教育。加强有专业特色并适应市场需求的中等职业学校建设，提高对中等职业教育的国家助学金资助标准。扶贫先扶智，治贫先治愚。对于贫困家庭来说，培养出一个孩子，就可能给全家人的生活带来巨大改变。对建档立卡家庭的经济困难学生上高中、中职免除学杂费，有助于减轻他们的上学负担，使他们掌握一技之长，从而带动整个家庭脱贫致富。

三是贫困人口全部纳入重特大疾病救助范围。该《决定》指出，新型农村合作医疗和大病保险制度对贫困人口实行政策倾斜，门诊统筹率先覆盖所有贫困地区，降低贫困人口大病费用实际支出。对新型农村合作医疗和大病保险支付后自己负担费用仍有困难的，加大医疗救助、临时救助、慈善救助等帮扶力度，将贫困人口全部纳入重特大疾病救助范围，使贫困人口大病医治得到有效保障。疾病是人类的天敌，在部分贫困地区，因病致贫、因病返贫的比例甚至超过40%。实施健康扶贫工程，可以有效减轻贫困群众的医疗费用负担，为脱贫致富打下坚实基础。

四是加大"互联网＋"扶贫力度。在"互联网＋"时代，尽管一些贫困地区可能暂时通不了高速公路，但是可以通上"信息高速公路"，把当地特有的农产品推向更广阔的市场，从而实现脱贫致富。

五是加大财政扶贫投入力度。该《决定》指出，中央财政继续加大对贫困地区的转移支付力度，中央财政专项扶贫资金规模实现较大幅度增长，一般性转移支付资金、各类涉及民生的专项转移支付资金和中央预算内投资进一步向贫困地区和贫困人口倾斜。加大中央集中彩票公益金对扶贫的支持力度。用于农业综合开发、农村综合改革的转移支付涉农资金，要明确一定比例用于贫困村。各部门安排的各项惠民政策、项目和工程，要最大限度地向贫困地区、贫困村、贫困人口倾斜。

六是国家开发银行、中国农业发展银行设立扶贫金融事业部。该《决定》要求，国家开发银行、中国农业发展银行分别设立扶贫金融事业部，依法享受税收优惠。中国农业银行、邮政储蓄银行、农村信用社等金融机构要延伸服务网络，创新金融产品，增加对贫困地区的信贷投放。对有稳定还款来源的扶贫项目，允许采用过桥贷款方式，撬动信贷资金投入。

2.《中共中央、国务院关于打赢脱贫攻坚战三年行动的指导意见》

2018 年 6 月，按照党的十九大关于打赢脱贫攻坚战的总体部署，中共中央、国务院根据各地区、各部门贯彻落实《中共中央、国务院关于打赢脱贫攻坚战的决定》的进展和实践中存在的突出问题，为了完善顶层设计、强化政策措施、加强统筹协调，推动脱贫攻坚工作更加有效开展，出台了该《指导意见》。

该《指导意见》进一步明确了如何帮助特殊贫困群体，如何避免脱贫后又返贫，如何杜绝数字脱贫、虚假脱贫等问题。

一是保障性扶贫并非"一兜了之"。脱贫攻坚虽然取得了历史性成就，但面临的任务仍然十分艰巨。"未来3年，还有3000万左右农村贫困人口需要脱贫"，这些人大多属于老、病、残等特殊群体。按照建档立卡的数据，当前贫困户中因病、因残致贫的比例分别超过40%、14%，65岁以上的老年人占比超过16%。特殊群体贫困程度深，减贫成本高，脱贫难度大。对于农村这些特殊贫困群体，要从以开发式扶贫为主向开发式和保障性扶贫相统筹转变，这也是该文件提出的明确要求。保障性扶贫并不是对剩下的贫困人口通过低保"一兜了之"，而是重点针对完全或部分丧失劳动能力、无法依靠产业和就业帮扶脱贫的贫困人口，建立以社会保险、社会救助、社会福利制度为主体，以慈善帮扶、社工助力为辅助的综合保障体系。

二是多措并举防止返贫。防止脱贫人口返贫，最重要的是把提高脱贫质量放在首位，扎扎实实做好基础性工作。文件明确，要加强对建档立卡的动态管理，进一步摸清脱贫底数和返贫底数，做到"脱贫即出、返贫即入"。同时，更要注重帮扶的长期效果，夯实脱贫致富的基础。要严把退出关，始终把提高脱贫质量放在首位，瞄准脱贫目标，严守脱贫标准，规范退出程序，坚决防止急功近利、弄虚作假、搞突击脱贫。要建立防止因病致贫返贫的长效保障机制，完善大病保险、医疗救助的各方面制度。要坚持"脱贫不脱政策"。文件明确要求，贫困人口退出后一段时间内帮扶政策不变、力度不减，巩固脱贫效果，实现稳定脱贫，防止返贫。

三是集中力量解决数字脱贫、虚假脱贫等问题。扶贫工作还存在责任不落实、工作不到位、措施不精准等问题，形式主义、官僚主义和数字脱贫、虚假脱贫等问题依然存在，扶贫资金管理和使用违纪违规现象仍时有发生。该《指导意见》明确，开展针对扶贫领域腐败和作风问题的专项治理。把作风建设贯穿脱贫攻坚全过程，集中力量解决扶贫领域"四个意识"不强、责任落实不到位、工作措施不精准、资金管理使用不规范、工作作风不扎实、考核评估不严不实等突出问题。为此，要加强教育引导，开展扶贫扶智，治贫要先治愚、治贫必须治懒，要引导贫困群众增强脱贫的主体意识。有些地方创办了农民夜校、讲习所，通过这些平台弘扬自尊、自爱、自强精神，各地可以大力推广。要改进扶贫方式，要让贫困群众多参与扶贫项目，动员贫困群众更多地投工投劳、多劳多得，不能提倡不劳而获。对于绝大多数有劳动能力的贫困人口，不能通过发钱发物的方式帮扶。对完全丧失劳动能力或者部分丧失劳动能力的人口必须通过保障兜底，但对大多数有劳动能力的贫困群众应该鼓励其通过劳动实现脱贫致富。要进一步激发贫困群众的内生动力，要实现这个目标关键是让他们有技能，通过发展产业，提高贫困群体的综合素质。同时，要把不履行赡养老人义务、虚报和冒领扶贫资金、严重违反公序良俗的人列入失信名单，加大惩戒力度。

（二）打好脱贫攻坚战是实施乡村振兴战略的优先任务

打赢脱贫攻坚战和实施乡村振兴战略，都是新时代补齐全面建成小康社会短板、决胜全面建成小康社会的重要战略部署。打好脱贫攻坚战是实施乡村振兴战略的优先任务。脱贫攻坚的完成期，既是实施乡村振兴战略的启动期，也是脱贫攻坚和乡村振兴的交汇期，必须做好脱贫攻坚与乡村振兴的有机衔接、统筹推进。2019年，中央"一号文件"把脱贫攻坚作为专门部分且放在最前，强调"做好脱贫攻坚与乡村振兴的衔接，对摘帽后的贫困县要通过实施乡村振兴战略巩固发展成果，接续推动经济社会发展和群众生活改善"。站在新中国成立70年以及开启社会主义现代化强国新征程的历史性时间节点，研讨脱贫攻坚和乡村振兴的重大理论与实践具有重要意义。中共中央、国务院印发了《乡村振兴战略规划（2018—2022年）》，把打好精准脱贫攻坚战作为实施乡村振兴战略的优先任务，推动脱贫攻坚与乡村振兴有机结合、相互促进，深入实施精准扶贫、精准脱贫，重点攻克深度贫困，巩固脱贫攻坚成果，坚决打好精准脱贫攻坚战。脱贫攻坚是乡村振兴的基础和阶段性目标，必须用"四个延续"做好脱贫攻坚与乡村振兴的有机结合与衔接。

（三）用"四个延续"实现脱贫攻坚与乡村振兴有机结合

1. 精准理念的延续

习近平总书记提出的"精准扶贫"概念和"六个精准"的具体要求，对指引脱贫攻坚起到了决定性的作用。脱贫攻坚工作坚持的扶贫对象精准、项目安排精准、资金使用精准、措施到户精准、因村派人精准、脱贫成效精准等六个精准，既是工作标准，又是工作要求，更是工作目标。

"六个精准"用于乡村振兴也是适用的。坚持乡村振兴的精准，就是分类、有序推进乡村振兴的基础。乡村振兴的对象就是广大农村、农业和农民，要根据农村的现状分类推进。小城镇周边以及广大平原、丘陵地区的乡村，是乡村振兴的主战场，是乡村振兴的重点；而革命老区、民族地区、边疆地区、集中连片特困地区的乡村，是乡村振兴的难点。同时，在乡村振兴工作中，要避免千村一面，防止乡村景观城市化，要建设立足于乡土社会、富有地域特色、承载田园乡愁、体现现代文明的升级版乡村。这些都体现了精准的要求。

乡村振兴战略是新时代做好"三农"工作的总抓手。乡村振兴战略规划的主要指标涉及"产业兴旺、生态宜居、乡风文明、治理有效、生活富裕"五大类 22 个方面。要实现农业强、农村美、农民富，使农业成为有奔头的产业，农民成为有吸引力的职业，农村成为安居乐业的美丽家园，需要做的事情很多，涉及面广，工作量大。许多目标都需要用事实来说话，用数据来检验，由群众来评判，最终让广大人民群众得到实惠，获得最大利益。

2. 政策措施的延续

我国围绕脱贫攻坚制定和落实了众多惠及贫困家庭的政策，包括各种减免、补助、救助等政策措施，激发了贫困人口的内生动力，在给贫困家庭输血的同时，也增强其造血功能。以发展生产脱贫一批、易地搬迁脱贫一批、生态补偿脱贫一批、发展教育脱贫一批、社会保障兜底一批等为内容的"五个一批"措施，成效尤其明显。以易地搬迁为例，对位于条件恶劣、生态环境脆弱、自然灾害频发等地区的村庄，因重大项目建设需要搬迁的村庄，以及人口流失特别严重的村庄，实施易地搬迁扶贫，可以彻底改变农户家庭的生产生活条件，增强贫困家庭的发展信心和发展能力，扩大其发展空间。

农业强不强、农村美不美、农民富不富，关乎亿万农民的获得感、幸福感、安全感，关乎全面建成小康社会全局。乡村振兴，生活富裕是根本。乡村振兴同样离不开国家层面的相关政策和措施。农业是生态产品的重要供给者，乡村是生态涵养的主体区，生态是乡村最大的发展优势。乡村振兴，生态宜居是关键。通过易地扶贫搬迁、生态宜居搬迁、农村集聚发展搬迁等方式，实施村庄搬迁撤并，统筹解决村民生计、生态保护等问题。应统筹考虑拟迁入或新建村庄的基础设施和公共服务设施建设。壮大特色优势产业、培育提升农业品牌、提升农业科技的创新水平、培育新产业和新业态、加强乡村生态保护与修复等，需要一以贯之的政策支撑。

3. 帮扶力度的延续

在脱贫攻坚工作中，从上到下选派第一书记到村任职，建立驻村工作队伍专司脱贫帮扶，开展党员干部与贫困户结对帮扶，部门联系帮扶贫困县、贫困村，东西部协作扶贫，动员国企、民企等社会力量广泛参与扶贫助困，取得了显著成效。

乡村振兴战略作为党和国家的重大决策部署，具有长远性和全局性特征，是一项复杂的系统工程，各级各部门要围绕乡村振兴献计出力。实施好乡村振兴战略，办好农村的事情，关键在党。要加强党对农村工作的领导，加强"三农"工作队伍建设，压实责任、夯实基层，把党管农村工作落到实处，为乡村振兴提供坚强有力的政治保障。因此，帮助村级党组织加强建设，就成为乡村振兴的首要任务。为此，建立必要的乡村振兴帮扶机制，解决乡村自身难以解决的困难和问题，全面调动基层组织和广大群众自主参与的积极性，加快乡村振兴步伐，显得尤为必要。如，乡村振兴规划的制定，要形成城乡融合、区域一体、多规合一的规划体系，做到规划先行、统筹谋划、科学推进。在帮扶布局上，要以乡镇为单位统筹帮扶力量，甚至可以打破乡镇地域限制，按照经济带或流域分布，连片整体推进，使乡村振兴在"党政牵头，乡村自主，群众积极，部门结对，干部帮扶"中齐聚合力，夯实基础，加速推进。

4. 成效检验方式的延续

第三方评估的考核评价方式，在脱贫攻坚工作中被广泛采用，打破了传统的工作评价方式。不让基层陪同，采用现场拍照、现场访谈、随机抽查农户等方式，客观、真实地收集和反映工作成效，既是对基层工作的真实检验，也是对基层干部的考验，更是对民意的真实反映，使脱贫攻坚成果经得起历史检验，经得起群众的检验。

乡村振兴的实质是农村的现代化建设，没有农村的现代化是不完整的现代化，没有乡村的振兴是不完全的振兴，没有几亿农民的富裕是不完全的富裕。因而，乡村振兴关乎亿万群众的幸福。乡村振兴的目标实现与否，必须通过各项指标来检验，结果必须由群众认可。所以，对乡村振兴结果的检验应当是严格的，为广大群众高度认可的，全社会公认的，没有任何虚假和瑕疵的。

第二节 吉林省脱贫攻坚成绩显著

脱贫攻坚战打响以来，吉林省委、省政府认真贯彻落实各项决策部署，全面推进精准扶贫、精准脱贫。

一 坚持问题导向，推进精准扶贫

2019 年，全省 8 个国家级贫困县中宣布"摘帽"的有 3 个；贫困村从 2015 年末的 1489 个减少到 2018 年末的 223 个；农村贫困人口从 2015 年末的 700739 人减少到 2018 年末的 7.8 万人；贫困发生率由 2015 年末的 4.9% 下降至 2018 年末的 0.5%。2019 年，吉林省计划减贫 6 万人，贫困村全部退出。2020 年 4 月 11 日吉林省人民政府发布公告，全省贫困县全部实现"摘帽"。[①]

二 建章立制，构建全面的精准脱贫工作体系

吉林省建立了各负其责、合力攻坚的脱贫责任体系。纵向上，层层明确责任，逐级传导压力，下发三年行动实施意见，采取五级书记抓扶贫责任制，形成了"五级书记抓脱贫、全党动员促攻坚"的局面，带动全省脱贫攻坚工作深入开展。横向上，实行脱贫攻坚部门责任清单，按月调度汇总进展情况，对工作推进不力的及时约谈提醒。在攻坚点位上，实现了对贫困村、贫困户包保全覆盖。

三 坚持以需求为导向的政策供给，建立上下联动、针对性强的政策体系

吉林省委、省政府统筹构建了"1 + 9 + 36"的脱贫攻坚政策支撑体系。"1"即总体抓手，就是省委、省政府制定的《关于全面推进脱贫攻坚的实施意见》（2015 年 12 月 18 日发布）；"9"即 9 个方

---

① 《吉林贫困县全部摘帽》，《人民日报》2020 年 4 月 12 日。

面的保障机制;"36"即行业部门的实施方案和支持政策,涵盖了脱贫攻坚的主要领域,对很多老大难问题都拿出了有针对性的措施。各地也制定了相应的落实方案和实施细则,聚焦稳定脱贫,推广扶贫产业项目叠加覆盖模式,出台扶贫产业保险办法。

四　坚持精准扶贫、精准脱贫的基本方略,建立精准帮扶的工作体系

一是持续完善建档立卡,着力解决"扶持谁"的问题。不断加强精准识别,确保应纳尽纳、应出尽出,识别准确率进一步提高。

二是强化驻村帮扶,着力解决"谁来扶"的问题。吉林省共组建驻村工作队 1489 个,选派驻村第一书记 1489 人、驻村干部 4708 人,实现包保全覆盖。

三是落实"七个一批",着力解决"怎么扶"的问题。稳步推进产业扶贫、就业扶贫、易地扶贫搬迁、教育扶贫、健康扶贫、兜底保障等,努力做到因人、因户、因村施策。

四是严把贫困退出关,着力解决"如何退"的问题。建立贫困退出机制,明确退出标准、程序和后续政策,科学合理地制订脱贫滚动规划和年度计划,确保脱贫质量。

五　政府精准投入,形成扶贫大格局

吉林省坚持发挥政府投入的主体和主导作用,建立与攻坚要求相适应的投入体系。首先,积极筹措财政资金,近三年共投入各级财政扶贫资金 124.67 亿元。其次,加强涉农资金整合,在前期于 8 个国家级贫困县试点的基础上,又扩大延伸到 7 个省级贫困县,共整合涉农资金 130.58 亿元。再次,积极筹措地方债券,近三年共安排地方政府新增债券 27 亿元,用于支持脱贫攻坚。最后,吉林省努力形成扶贫大格局,体现在以下两方面。

第一，坚持全社会参与的大扶贫格局，建立较为有效的宣传动员体系。推动延边朝鲜族自治州与浙江省宁波市开展扶贫协作，同时积极推进省内扶贫协作；推动驻吉央企帮扶工作，39 家央企包保39 个贫困村；深入实施"民企帮扶脱贫攻坚光彩行动"，374 家民企帮扶 384 个贫困村；工会、共青团、妇联等群团组织通过各种活动积极参与脱贫攻坚；开展"吉林好人·脱贫攻坚先锋"评选活动，充分发挥先进人物的示范带动作用。

第二，坚持全面从严治党的总体要求，建立多渠道、全方位的监督考评体系。吉林省出台了《脱贫攻坚督查巡查工作办法》，实现巡视和审计全覆盖，组织开展督查、巡查，针对突出问题，督促整改落实。严格开展市、县两级党委和政府年度扶贫开发工作成效考评，对排名靠后的市、县两级党政领导进行约谈。组织开展贫困县党政正职、贫困村第一书记驻村帮扶工作年中考核，对于考核结果"较差"的第一书记，由派出部门（单位）及时"召回"，选派得力干部接任。坚持惩处问责与正向激励并举，严肃查处扶贫领域的腐败和作风问题，出台驻村干部管理办法，在严管干部的过程中营造支持干事创业、激励担当作为的良好氛围。扶贫干部队伍精气神显著改善，群众认可度、满意度明显提高。

六 坚持问题导向，压实责任、提升效果

吉林省委、省政府坚持把问题整改作为推动整体工作改进和提升的重要契机和抓手，抓住关键层面、核心环节进一步聚焦，拿出一系列更有针对性的实招、硬招，重拳解决突出问题和深层次问题，有效促进了整个脱贫攻坚工作不断提升。

首先，充分发挥领导干部"关键少数"的作用。建立省委、省政府脱贫攻坚等重点工作双周县市调度例会制度。从 2019 年 5 月 16 日开始到 2020 年脱贫攻坚战结束前，以视频形式直接调度到县

市，每次聚焦 2～3 个县市，会前调研暗访，会上互动点评。会议既有"辣味"，又有效果。

其次，明确五级书记脱贫攻坚任务。细化省、市、县、乡、村五级书记各自不同的职责和任务，如制定脱贫攻坚的方针政策及决策部署，研究制定区域内的脱贫攻坚规划和计划，统筹各级各类扶贫资源，遍访贫困对象，抓党建促脱贫攻坚等，牢牢压实"党政一把手负总责，五级书记抓扶贫"的主体责任。

再次，成立解决"两不愁、三保障"突出问题专项推进组。聚焦饮水安全、义务教育、基本医疗等重点领域，进一步充实扶贫工作力量，从全省抽调年轻干部组成专门的省脱贫攻坚调研指导组，与原单位脱钩。在 2020 年底前，调研指导组常态化下到基层开展调研指导和明察暗访，帮助发现问题、解决问题、推动工作。

最后，实行问题整改点对点暗访全覆盖。吉林省脱贫攻坚调研指导组分成六个小组，对涉及整改的 12 个县（市、区）的 30 个点位问题逐一核实，对一些问题随机调研，帮助发现并解决一些容易被忽视的细节问题，督促各地改到位、改彻底。

第三节　2020 年吉林省实现全部脱贫任务艰巨

2019 年，吉林省贫困人口人均收入达到 7718 元，比 2018 年增长 13.9%。2020 年吉林省仍然有靖宇县、大安市、通榆县、安图县、汪清县 5 个国家扶贫开发工作重点县和双辽市、柳河县、长岭县、白城市洮北区 4 个省定贫困县需要全部脱贫，任务十分艰巨。

一　全面建成小康社会时间节点临近

党中央对 2020 年脱贫攻坚的目标已有明确规定，即：到 2020

年，稳定实现农村贫困人口不愁吃、不愁穿，义务教育、基本医疗和住房安全有保障；实现贫困地区农民人均可支配收入增长幅度高于全国平均水平，基本公共服务主要领域的指标接近全国平均水平；确保我国现行标准下农村贫困人口实现脱贫，贫困县全部"摘帽"，解决区域性整体贫困。深度贫困地区也要实现这个目标。同时，我们要以唯物主义的态度对待这个问题：即使到了2020年，曾经的深度贫困地区也不可能达到发达地区的发展水平。

脱贫攻坚已进入最为关键的阶段，脱贫攻坚战从取得决定性进展到实现全面胜利，仍面临不少困难和挑战。深度贫困问题依然突出。

首先，剩下的贫困人口脱贫难度较大。截至2018年底，因病、因残致贫人口分别占贫困人口总数的42.3%、14.4%，65岁以上贫困老人占17.5%，初中以下文化程度的占96.6%。特别是一些贫困群众等、靠、要思想严重，陈规陋习尚未根本转变。随着贫困人口总数减少，内生动力不足的贫困人口占比不断提高，越往后脱贫难度越大。

其次，基础设施和基本公共服务发展滞后。镇赉县和龙井市等深度贫困地区基础设施和基本公共服务发展滞后，道路交通、通信设施、教育培训、基本医疗、住房安全等还存在不少短板。而且，在这些地区加强基础设施建设、提高基本公共服务水平的成本高、难度大，实现基础设施和基本公共服务等主要领域的指标接近全国平均水平难度仍然不小。

再次，扶贫工作仍存在一些突出问题。形式主义、官僚主义屡禁不止，频繁填表报数和层层评估检查加重了基层负担。对脱贫进度和脱贫标准把握不准，急躁情绪与消极拖延现象都有，盲目提高标准和随意降低标准并存，弄虚作假、数字脱贫问题在一些地方比较突出。贯彻精准方略存在偏差，有的发钱发物"一发了之"，有的统一入股分红"一股了之"，有的低保兜底"一兜了之"，而激发内生动力的方法和措施不够。扶贫资金管理、使用不规范问题仍然存在，乡、村两级"微腐败"多发，资金闲置浪费和使用不精准、效益不高问题突出，还有个别地方打着脱贫攻坚旗号过度举债。

二 贫困县主导产业培育困难重重

首先，产业发展资金缺乏保障。产业发展过度依赖上级政府，民间资本投资意愿不足，农民自有资金有限、自有积累很少，导致缺乏资金用于生产和扩大再生产。

其次，现代农业发展缺乏技术支撑。农业产业结构调整缺乏技术支持，种植业对新产业、新品种接受能力不强，养殖业品种改良、新技术应用水平较低。

再次，农业基础设施匮乏。农田水利设施较少，基础设施老化严重，配套设施跟不上。

最后，信息化建设滞后。网络通信设施严重不足，信息化技术使用较少，农村电商发展缓慢，能够实现线上交易农产品的农户寥寥无几。

三 在精准扶贫过程中各级政府应当关注的问题

一是新生的贫困人口问题。扶贫具有长期性，长期问题与短期行为要有机结合。短期目标是解决贫困人口全部脱贫的问题，长期目标是解决脱贫后致富奔小康及防止新的贫困人口出现的问题。2020 年全面建成小康社会之后，贫困的标准也会随之提高。"十三五"时期农村贫困人口"不愁吃、不愁穿，义务教育、基本医疗和住房安全有保障"的目标标准要提高；2300 元国家标准和吉林省2800 元（有些地方是 3300 元）标准不可能一成不变。由于贫困的标准不断提高，在一个具有跨度的时间段中，还会出现一定数量新的贫困人口。

二是扶贫要与经济社会发展一起通盘考虑。精准扶贫已经被纳入各级政府"十三五"规划，扶贫是经济社会发展的一部分，不能游离于整个"十三五"规划之外。扶贫是各级政府的重要职责，但不是全部。实现经济社会统筹发展、城乡统筹发展、区域统筹发展，全面建成小康社会，才是政府部门全部的职责和任务。

三是基础设施建设要适合新型城镇化、新农村建设及农村社区建设等多方面的需要。要整合各种规划，推进"多划归一"，不能搞重复建设，避免各种规划各唱各的调。

四是扶贫既要解决贫困人口全部脱贫问题，又要考虑各级政府的实际财政能力。要根据扶贫对象的实际情况，考虑本级政府的财政收支状况，结合帮扶部门提供财力、物力、技术，确定扶贫目标。有些扶贫对象被确定为脱贫致富，有些则是保证其脱贫。

第八章　农民素质提升与乡村振兴战略

　　吉林省作为农业大省、粮食大省，是全国五个粮食调出省份之一，粮食总产量居全国第4位，粮食商品率一直在80%以上，肩负着国家粮食等农产品供给的任务，特别是肩负着国家粮食安全的重任。改革开放以来，各种惠农政策及措施极大地改善了农业生产条件，提高了农产品附加值和农业比较效益，调动了农民从事农业生产的积极性，从而有效地推动了农业发展方式的转变。但必须看到，随着世界局势尤其是中美贸易摩擦的加剧，粮食生产受到的各类资源环境约束日益强化，具有刚性约束特点的农业自然资源、具有逐利性和软约束力的农业社会资源等的约束日益凸显，仅靠增加具有边际报酬递减约束的农业现代投入要素来进一步增产难度很大，而通过提高农业科学技术转化率和利用率突破资源边际报酬递减规律是唯一途径。目前，农业科技转化率和利用率较低与农业经营主体的素质普遍不高具有极大相关性。为此，应通过农民素质提升，增强农民接受新技术和新的农业生产方式的能力，提高农业科学技术利用率，形成新的农业生产力，为吉林省粮食稳产、高产、产量跃上新台阶探寻新途径。农民素质提升对于实现农业生产集约化、现代化和可持续发展意义重大。

第一节　农民素质提升的意义与作用

我国农村 40 多年的改革实践证明，现代农业的发展需要科学技术的支撑，需要高素质农业劳动者的支撑。提升农民素质是发展农业农村经济、实现农业农村优先发展、全面建成小康社会、实现乡村振兴的重要保障。

农民是农业生产力中最活跃的要素，是农业的经营主体，肩负着农业生产和实现乡村振兴的重要职责。发展现代农业，实现农业农村现代化，关键是培养新型农民，提升农民的主体素质。在我国农民素质普遍不高，农产品供给压力持续存在的前提下，应提升农民素质，提高农民接纳和使用农业科学技术的能力，进而保障农业科学技术对农业的全面支持，不断提高农业的综合生产能力。通过农民素质的提升，培养和造就新型农民，把农民培养成具有一定文化和较高思想道德水平的现代农民，在文化水平、技术能力、经营管理、科技应用、基地示范等方面，都能成为建设社会主义新农村的中坚力量，以及农业专业化生产和产业化经营的高素质知识型劳动者和带头人。

提升农民素质，逐渐使"农民"成为一种职业，是中国农业发展到现阶段的一次变革，是农业生产力进一步提高的方向性选择。要提升农民素质，使之真正成为吉林省发展现代农业、实现乡村振兴的主力军，为全省经济注入新的活力。

首先，提高农民素质是加快农业产业化发展、提升农业经营主体带动能力的客观要求。

其次，提高农民素质是适应生产力发展要求、提高农业文明程度、促进农业发展方式转变、建设现代农业的有效途径。

再次，提高农民素质是增强县域经济活力、推进城镇化建设的重要手段。

又次，提高农民素质是优化资源配置、实现城乡融合发展的有效举措，有助于加快实现一体化进程。解决了农业人才问题之后，农业的其他问题会迎刃而解。

最后，提升农民素质是建设农业农村现代化、实现乡村全面振兴的基础保障。高素质农民的能力是一种经济资源，通过结合新技术、新产业、新模式，形成推动经济社会发展的新动能。一是创新创业精神。高素质农民从事农业生产多是出于对土地、对农村的深厚情感，能够将"人"和"心"都扑在农业上。与传统农民相比，他们文化水平较高、脑子活，对新鲜事物接受能力更强，面对市场变化，敢于挑战、敢于创新，能够结合已有的理论知识及实践经验开展创造性生产。二是产业开拓能力。高素质农民能够更为合理地配置农业农村资源，尤其是通过扩大规模，实行种子、化肥等统一产、供、销以降本增效。例如，吉林省榆树市拓野农机专业合作社通过连片机械化种植、统种统销，每公顷降低成本1000多元。80%以上返乡下乡人员参与农产品加工、农村电商、休闲农业和乡村旅游等产业融合项目。三是小农户的引领作用。高素质农民越来越多地通过先行先试、传授技术、供给生产资料、订立销售合同、雇佣或联合创立合作社等方式，将对小农户的"带动作用"提升为"引领作用"，不仅带动小农户增产增收，还能引领其独当一面。四是高素质农民所集聚的新动能会从点到面、由浅入深传递到整个乡村，激发现代生产要素的活力，进而推动乡村全面振兴。

第二节　吉林省农民素质的现状

从第五次、第六次人口普查，第一次、第二次农业普查，以及吉林省"阳光办"的调查统计结果来看，吉林省农村人口及劳动力数量不断减少，农民受教育程度逐年提高，素质不断提升。

一　吉林省提升新型农业经营主体从业人员素质的举措

第六次全国人口普查数据显示，2010年吉林省受教育人口数量比过去有较大幅度提升。全省常住人口中，具有大学（含大专）以上文化程度的有2716108人，高中（含中专）文化程度的有4631729人，初中文化程度的有11553196人，小学文化程度的有6607037人（以上各类均包括毕业生、肄业生和在校生）。同2000年第五次全国人口普查相比，每10万人中具有大学（含大专）以上文化程度的由4926人上升为9890人，具有高中（含中专）文化程度文化的由15076人上升为16866人，具有初中程度的由35687人上升为42069人，具有小学文化程度的由33598人下降为24059人。全省常住人口中，文盲人口（15岁及以上不识字的人）有527101人，同2000年相比，文盲人口减少了720760人，文盲率由4.57%下降为1.92%，下降了2.65个百分点。

吉林省为提高新型农业经营主体从业人员的素质，采取了多项举措：

一是农业部门开展农技推广体系建设工程，全面推行"农技专家＋技术指导员＋科技示范户＋辐射带动户"的农技推广模式。

二是"阳光工程"重点向培育新型职业农民倾斜，按照有关农业项目实施方向、重点区域和产业布局规划加强对接，为产业发展服务。举办全省新型职业农民培训机构负责人培训班，旨在保障全省新型职业农民培育工作提质增效，提高培训机构负责人新时期的政策水平和责任意识。2013年，"阳光工程"共培训了13.4万人。其中7.6万人参加了农业专项技术培训，5.6万人参加了农业职业技能培训，2000人参加了农业创业培训。

三是吉林省供销合作社加强文化教育培训，提升农民综合素质和能力。吉林省供销合作社在加强新型职业农民培训方面加大力度。2016年6月，举办了全省供销合作社第一次基层社主任培训班，以提高基层社领导的综合素质，从而使其适应改革发展新形势，满足基层社主任的工作需求为导向，促进基层社加快改造升级和快速发展。各市（州）、县（市、区）供销社立足于当地的优势资源和特色产业，利用本系统内的人才、网络、设施等条件，积极引导、组织农民专业合作社骨干人员、农产品经纪人参加农民专业合作社知识培训，进一步提高农民专业合作社人员的综合素质。例如，长春市供销合作社帮助2000余名农民取得了农产品经纪人资格证。松原市社聘请了经验丰富的专家、教授，对各县级供销社副主任、业务人员，以及系统内新型农民专业合作社的负责人进行培训。延边朝鲜族自治州供销社在2010年主动承接了农产品经纪人培训的职能后，州政府每年从财政中划款10万元专项资金委托供销社开展针对农产品经纪人及新型职业农民的相关培训工作。近年来累计培训新型职业农民2万余人次，培养持证农产品经纪人5218人，带动农民1.2万人。2016年，延边朝鲜族自治州供销社共针对2811人次开展了农村电子商务培训，实现农产品网上销售额1569万元，农资产品网上销售额400万元。2017年，又争取到吉林省新型农民社员培训项目资金30万元，助力新型职业农民培训。

二　吉林省的农民素质提升培训

吉林省是开展农民素质培训较早的省份。改革开放以来，针对吉林省是农业大省、国家粮食主产区和重要的商品粮基地，担负着国家粮食安全的重要责任，吉林省积极开展农民素质提升培训工作，各种形式的培训班、短训班、识字班在全省各地广泛开办。特别是进入21世纪以来，国家层面的农民素质提升工作的开展，极大地促进了吉林省农民素质提升工程的开展，农民素质得到普遍提升，推动了吉林省现代农业的发展，加快了农业现代化建设的步伐，在全面提高吉林省农业综合生产能力方面作用重大、意义非凡。

（一）阳光工程

"阳光工程"是由政府公共财政支持的，主要在粮食主产区、劳动力主要输出地区、贫困地区和革命老区开展的，农村劳动力转移到非农领域就业前的职业技能培训示范项目。该工程按照"政府推动、学校主办、部门监管、农民受益"的原则组织实施，旨在提高农村劳动力的素质和就业技能，促进农村劳动力向非农产业和城镇转移，实现稳定就业和增加农民收入，推动城乡经济社会协调发展，加快全面建成小康社会的步伐。

我国农村劳动力整体素质不高，缺乏转移就业的职业技能，难以向非农产业和城镇转移，难以在城镇实现稳定就业，难以提升从业的岗位层次。开展农村劳动力转移培训，是加快农村劳动力转移、促进农民增收的重要环节，也是提高农民就业能力、增强我国产业竞争力的一项重要的基础性工作。党中央、国务院高度重视农村劳动力转移培训工作，中央农村工作会议、中央人才工作会议和《中共中央、国务院关于促进农民增加收入若干政策的意见》（中发〔2004〕1号）对做好该工作提出了明确要求，2003年10月国务院办公厅下发的《2003—2010年全国农民工培训规划》对培训工作做出了具体部署。为贯彻落实党中央、国务院的要求和部署，加强农村劳动力转移培训工作，农业部、财政部、劳动和社会保障部、教育部、科技部、建设部从2004年起，共同组织实施了"农村劳动力转移培训阳光工程"（简称"阳光工程"）。

1. 2009 年以前的"阳光工程"

2004年，吉林省农村劳动力有656万人，其中有220万人外出打工。外出务工农民中，接受转移前培训的占24.9%，获得职业资格证书的占10.6%，在获得职业资格证书的农民工中，初级工占

80.8%。此时，吉林省农村劳动力转移培训与就业仍有差距。为贯彻党的十六届三中全会和中央、省委农村工作会议的精神，吉林省出台了《吉林省2004—2010年农村劳动力转移培训规划》（吉政办发〔2004〕15号），加快促进农村劳动力向非农产业和城镇转移。根据农业部、财政部、劳动和社会保障部、教育部、科技部和建设部《关于组织实施农村劳动力转移培训阳光工程的通知》（农科教发〔2004〕4号）的精神，省农委、省财政厅、省劳动保障厅、省教育厅、省科技厅和省建设厅决定共同组织实施农村劳动力转移培训"阳光工程"，联合下发了《吉林省关于组织实施农村劳动力转移培训阳光工程的通知》，要求各市（州）、县（市、区）政府以及农业、财政、劳动、教育、科技和建设部门，要从战略高度认识农村劳动力转移培训工作的重要意义，加强领导，加大工作力度，切实把实施"阳光工程"作为一件大事抓紧、抓好。

各级政府在粮食主产区、劳动力主要输出地区、贫困地区和革命老区，以用工量较大的行业为重点，组织开展职业技能培训，辅助开展引导性培训。2004年，吉林省确定了30个县（市、区）作为农村劳动力转移培训工作的重点县（市、区）。培训重点是针对家政服务、餐饮、酒店、保健、建筑、制造等用工量大的行业的职业技能。2004～2010年，利用7年左右时间，吉林省对260万名农村劳动力进行了转移就业前培训。通过实施"阳光工程"，转移培训农村劳动力150万人。销按照统筹城乡经济社会发展的要求，不断扩大培训规模，提高培训层次，使转移就业的农民都能够接受培训。同时，不断完善"阳光工程"的项目管理，探索培训工作机制，建立健全农村劳动力转移培训制度。"阳光工程"启动，目的是调动广大农民、用工单位、教育培训机构、行业的积极性，多渠道、多层次、多形式地开展培训工作，促进全省农村富余劳动力向非农产业和城镇转移。

2. 2009 以来的"阳光工程"

"阳光工程"实施以来积累了许多宝贵经验,同时也发现了一些应该改进的问题。为此,2009 年,国家对"阳光工程"进行了调整。吉林省配合国家在省内农业领域和农村地区实施的重大工程项目,大力开展农村劳动力就地、就近转移就业培训、创业培训和农村带头人培训,引导农民转变就业观念,提高农民就地、就近的就业能力、创业能力和辐射带动能力,促进农业劳动力向农业产业延长链转移,由单纯外出务工向就地、就近转移就业转变,由偏重服务城市发展向注重支撑农村经济社会发展转变,促进农业增效、农民增收,推动城乡统筹发展和社会主义新农村建设。

吉林省的"阳光工程"自实施以来,就围绕农民技能的提高和转移就业开展培训。随着农业发展和新农村建设的推进,从 2009 年开始逐步尝试转型,2011 年实现全面转型:由农民外出务工就业培训向就地、就近转移培训转变,由服务城镇二三产业向服务农业经济发展和农村社会管理转变;明确了农民培训不再强调转移,而是侧重在提高农民素质、提高致富能力、促进现代农业发展、带动地方特色产业升级、培养农村致富带头人等方面进行培训。2011 年,中央财政投入吉林省的专项培训资金达 5040 万元,培训农民 14 万人。培训内容集中围绕农业发展方式转变、新农村建设及省委、省政府"三帮扶"的要求,面向农业产前、产中、产后服务和农村社会管理领域的从业人员,特别是面向农村困难群众和困难党员开展短期技能培训,推动支持农业创业培训,着力提高农村劳动力的就业能力、创业能力、致富能力和辐射带动能力。引导农民转变就业观念,加快培育专业化的现代农业劳动者队伍,拓宽农民增收渠道,为现代农业发展和新农村建设提供人才支撑。

（二）"一村一名大学生"项目和"一村一名大学生"就业工程

为了加快振兴吉林老工业基地，大力推进农业现代化建设，吉林省委、省政府决定实施"一村一名大学生"项目，即从 2005 年起，每年从农村选拔 2000 名左右优秀青年，到农业大专院校深造，进行以发展本地产业、提高生产经营所需的专业技术知识为主的大专学历教育，通过 5 年努力，使全省 1 万个行政村每村都拥有 1 名有知识、懂技术、留得住、用得上的大学毕业生，培养他们成为农村致富奔小康的带头人，从而为推动农村经济社会的协调发展、加快农村小康社会建设的进程提供人才和智力保障。从 2009 年开始，吉林省又实施了"一村一名大学生"就业工程，为大学生就业开辟了新通道，对于深入贯彻落实科学发展观，积极促进高校毕业生就业，加强基层组织和新农村建设，引导和鼓励大学生到基层建功立业，培养造就经过基层实践锻炼的优秀后备人才，具有重大而深远的战略意义。

1. "一村一名大学生"项目

实施"一村一名大学生——农村优秀青年素质提升"项目（简称"一村一名大学生"项目），是吉林省委、省政府落实人才兴业战略，推动吉林振兴发展而首批确定的 10 个重点人才项目之一。实施"一村一名大学生"项目，是解决"三农"问题、全面建成小康社会的迫切需要。

党的十六大以来，党中央提出树立科学发展观，把统筹城乡经济社会协调发展作为一项重要战略举措。农业是国民经济的基础，我国 14 亿人口中有近 6 亿人生活在农村。解决农业、农民、农村问题，实现农村的小康，在我国经济社会发展中占有重要的战略地位。全面建成小康社会，重点在农村，难点也在农村。吉林省是农业大省，解决"三农"问题，加快推进农村小康社会建设进程，在全省经济社会发展全局中占有重要地位。推进农村发展，解决人才问题是关键。在现代知识经济社会中，人才是第一生产力，是推动事业发展的最重要资源，人才是兴业的支柱。人才兴业是推动当今社会发展最科学的战略选择。解决"三农"问题，推动农村发展，首要的是为农业发展提供和培养人才。围绕农业产业结构调整和增加农民收入的要求，大力培养开发农村的应用型人才，提高广大农民的科学文化素质，是解决"三农"问题、促进农村发展和农民增收的治本之策。特别是随着吉林老工业基地振兴步伐的加快，吉林省农业和农村进入了一个新的发展阶段，农村新型经济组织和新兴产业大量涌现，对农业经济管理人才和实用技术人才的需求也越来越迫切。

实施"一村一名大学生"项目，是为了培养高素质的农村实用人才。目前，农村的现实状况是，一方面农村经济社会发展急需大量人才，另一方面农村人才资源严重匮乏。据统计，2017 年吉林省的农村从业人口中，受过农业技术培训的农民有 137.8 万人，仅占17.2%，农业科技人员仅占劳动力的 0.6%。吉林省农村劳动力的平均受教育年限仅为 8 年，相当于初中二年级的文化程度。农村劳动者素质普遍不高的现实状况，很难适应发展现代农业的需要。据2013 年对全省农村实用人才状况的调查统计，吉林省农村实用人才（获得职业资格证书的）大约有 37.978 万人，仅占全省农村劳动力总量的 4.7%，且绝大部分农村实用人才的现代科技文化素质并不高。吉林省很多农村特别是偏远贫困地区一直存在"培养大学生难，留住大学生更难"的问题，推动农村经济发展的人才后备力量严重不足。省委、省政府启动实施"一村一名大学生"项目，通过这种方式，尽快为农业生产第一线培养一批"留得住，用得上"的技术和管理人才，以此带动农民整体科学文化素质的提高，推动农村产业发展，加快农民增收致富的步伐。

"一村一名大学生"项目是一项系统工程，肩负着农业现代化和为乡村振兴培养人才的重任。吉林省委、省政府审时度势，围绕为农村经济社会发展提供有力的人才支持，以"学会一门技能、开发一个项目、培养高素质新型农民"为培养目标，实施了"一村一名大学生"项目。这是一项系统工程，需要在以下几方面进一步强化，以确保这项工程全面完成。一是组织好生源。在文化基础、政治素质、年龄及身体等方面确保生源质量，这是保证人才培养质量的前提。二是组织好教学。发挥各承办院校教育教学的主体作用，是确保该项目实施质量的关键。三是加强各地、各有关部门对项目实施的有效管理和服务，这是实现项目预期目标的重要保障。各级地方政府要建立健全项目工作领导责任制，把"一村一名大学生"项目列入重要议事日程抓紧抓好。

各具特色的教学管理模式和办学格局已经形成，各地不拘一格使用农民大学生。吉林省各承办院校积极探索创新，形成了各具特色的教学管理模式和办学格局。吉林农业大学注重对学员知识应用能力、实践动手能力和创业能力的培养，形成了集学历教育与职业技能培训于一体的人才培养模式。北华大学结合学员特点和园林生产的特殊性，确定了"一专多能"、兼修两个专业方向的人才培养模式。吉林农业科技学院以成立创业者协会为载体，激发学员的学习动力和创业激情，提高学生的创业能力。吉林电大成立学员创业致富研究会，及时推广农业新技术、新品种、新动向，积极搭建学员创业致富的信息平台。与此同时，为充分发挥农民大学生的作用，各地制定政策措施，创新工作思路。松原市提出毕业学员"人人有职务、个个有项目"的工作目标和一系列优惠政策。白城市提出每个村都有1名以上大学生村官。东辽县有计划地把"一村一名大学生"项目培养的毕业生充实到村班子；蛟河市力争通过5年努力把90%以上的回乡大学生培养成产业带头人。吉林省首届毕业生中，已任村"两委"班子成员的有217人。对没有进入村"两委"班子的毕业生，各地普遍安排他们担任村主任助理，作为村级后备干部进行培养。目前，"一村一名大学生"项目已在培养社会主义新型农民、提高农民素质、促进科技致富、加强农村基层组织建设等方面发挥了显著作用。

2. "一村一名大学生"就业工程

选聘高校毕业生到村任职工作，是党中央做出的一项重大决策，为大学生就业开辟了新通道。根据《中共吉林省委办公厅转发吉林省农村基层组织建设"三项工程"领导小组〈关于全省农村基层组织建设"三项工程"重要任务分解的意见〉的通知》（吉办发〔2009〕31号）的精神，按照《关于开展高校毕业生就业推进行动的通知》（吉人社联字〔2009〕35号）的要求，吉林省人力资源和社会保障厅、吉林省财政厅联合制定下发了《关于印发〈吉林省2009年"一村一名大学生"就业工程实施方案〉的通知》（吉人社联字〔2009〕51号），此后，吉林省"一村一名大学生"就业工程工作全面启动。

"一村一名大学生"就业工程的任务，是每个村子选聘1名大学生协助村"两委"工作。人力资源和社会保障部门选择并确定10%的行政村实施该就业工程。

"一村一名大学生"的选聘采取公开、公平、择优、统一调剂、协议管理等方式。各地人才中心负责落实本辖区内10%的行政村作为该工程的选聘单位，在报名人员中遴选符合条件的，以专业相近、原籍地优先的原则调剂大学生进入"一村一名大学生"就业工程。没人报名的选聘单位，可在全省范围内调剂安排，确保选聘工作公开、公平、公正。第一次选聘工作从2009年11月起在全省各地开展，12月被选聘的毕业生开始上岗工作。选聘服务期为两年。选聘对象为吉林省籍全日制普通高等院校2007～2009年专科及以上学历未就业毕业生。

从相关待遇看，根据本人意愿，选聘生的户籍可落入选聘地，也可落入长春市集体户籍。选聘生在村里工作期间，人事档案由人才中心免费管理，基层工作时间可连续计入工作年限。党员的组织关系可转入所在乡（镇）的党委；服务期间积极要求入党的，由所在乡（镇）的党委按规定程序办理。大学生在村里工作期间，政府给每人每月提供不低于 700 元的生活费补助，所需资金从就业专项资金中列支。选聘人员比照就业困难人员享受社会保险补贴政策。社会保险补贴不包括选聘人员个人应缴纳的基本养老保险、基本医疗保险和失业保险，以及企业（单位）和个人应缴纳的其他社会保险。社会保险补贴所需资金从当地就业专项资金中列支。协议期满仍未落实就业单位的大学生，由各级人才中心提供就业指导和就业推荐服务。

（三）吉林省农广校的"农民科技教育培训中心"

吉林省农业广播电视学校（简称"农广校"）是一所中等农业成人职业学校，始建于 1981 年。2000 年 3 月，经省编委批准，省农广校加挂了"吉林省农民科技教育培训中心"的牌子，全省 53 所市（州）、县（市、区）农广校相继加挂了"农民科技教育培训中心"的牌子，全省大部分乡镇建立了农民科技教育培训站，相应增加了职能。农广校自成立以来，始终遵循"育才兴农，服务小康"的办学宗旨，坚持面向农村、面向农业、面向农民的办学方向。1999 年，农业部赋予农广校系统开展农民科技教育培训的新职能，农广校承担了"绿色证书工程"、"跨世纪青年农民科技培训工程"、"农业科技电波入户工程"、农村基层干部培训、农业实用技术培训和职业技能鉴定等任务，在吉林省农民科技教育中发挥了不可估量的作用。

1. 吉林省农广校系统

吉林省农广校拥有专兼职教师和学员万余名，办公场所面积达 6 万多平方米，教学设备价值 3100 多万元，实验实习基地占地 4000 多亩，各专业图书、音像资料齐全，基本满足了目前全省农民科技教育培训工作的需要。吉林省农广校系统现有省校 1 所，市（州）级分校 9 所，县（市、区）级分校 43 所，乡（镇）培训站 532 个，村培训点 4000 多个，已形成省、市、县、乡、村五级教育培训、农技推广系统。

近 40 年来，吉林省农广校系统认真贯彻党的教育方针，坚持面向"三农"的办学方向，以"培养新农民、服务新农村"为己任，充分发挥现代远程教育的优势，探索出适合吉林省的农民职业教育培训模式和经验，多形式、多渠道、多层次地对农民开展教育培训、科技推广、科学普及和信息传播，成为农民科技培训和农村实用人才培养的重要阵地和主力军，为吉林省培养了一大批有文化、懂技术、会经营的农村实用人才，为吉林省农业和农村经济发展发挥了积极作用。吉林省农广校全面开展农民教育培训工作，积极探索出一条特点鲜明、完全符合实际的农民教育培训办学之路。

2. 吉林省农广校的专业设置

办学近 40 年来，吉林省农广校开设的专业含种植、养殖、农业工程、经济与管理等四大门类，包括农学、林学、园林与花卉、畜牧兽医、农业经济、企业管理、农村电气化、土地管理、计划生育等 30 个专业。同时，开展"电波入户工程"，覆盖面达 50%。1999年以来，吉林省农广校通过实施"远教 + 基地 + 农户 + 市场"的办学模式，探索出一整套对农民进行科技教育服务的经验和办法。进入 21 世纪，吉林省农广校与时俱进，调整新思路，再上新台阶。

3. 吉林省农广校培训农民的成果

近 40 年来，在吉林省农广校系统接受中专学历教育的乡村干部、青年农民达 10 余万人，接受大专（联办）学历教育的县乡农业科技干部有 1 万多人，接受农民绿证教育的有 27 万人，接受农村劳动力转移"阳光工程"培训的有 45 万人，接受农民创业培训的有 8000 余人，农广校累计培训各类新型农民和农村实用人才 80 多万人。农广校作为农民科技培训、农村实用人才培养的重要阵地，充分发挥了体系健全、了解农村、熟悉农业、贴近农民的优势，紧紧围绕优质粮食增产、精品畜禽养殖、园艺特产业等，以种养业农民、青年农民为对象，大力开展农业实用技术培训，努力打造农技推广服务平台；重点加强对农民经纪人、专业协会及龙头企业负责人等农业经营管理人才的培训，努力打造农业产业化服务平台；以农村剩余劳动力转移为重点，加强农村劳动力技能培训，努力打造农民就业创业服务平台；有效整合农业信息网络资源，及时发布和更新培训信息，努力打造现代农业科技信息服务平台。

第三节　吉林省农民素质提升过程中存在的问题

吉林省农民素质提升工作已取得了阶段性成果，农民素质得到不同程度的提升，对吉林省转变农业发展方式、发展现代农业生产力起到了基础性、关键性、决定性的作用。但是通过分析吉林省农民素质提升工作的发展过程和发展现状我们发现，还有许多机制需要完善，许多问题急需解决。找准存在的问题并加以解决是当务之急。

一　培训制度不健全，对农民技术技能培训重要性的认识不够

农民技术技能培训不仅仅是农村教育问题，更是社会问题。农民技术技能事关农村人才建设，而吉林省的农村劳动力仍占全省劳动力的大多数。目前，吉林省针对农民素质提升的培训制度仍不健全，对培训重要性的认识仍旧不够。

一是农民素质提升培训目前是常态化，但大多是短期培训。吉林省仅仅根据国家财政的支持力度而确定本省的培训计划，可以说，对农民的培训、提升农民素质目前还多是短期行为，缺少制度

层面的建设。

二是认识到农业现代化建设的长期性和艰巨性，但忽略农民素质的提升。在全面建成小康社会的过程中，最繁重的任务仍然在农村，而农村全面小康的核心就是提高农村劳动力素质，因为农村劳动力素质的高低对整个农业生产和农村经济的发展起决定性作用。因此，加强农民技术技能培训，全面提高农民素质，必须引起各级政府、政府各部门乃至全社会的高度重视。

二　政策支持不到位，农民提升素质的自觉意识不强烈

农民素质提升政策往往只在省级层面运行，不像农业补贴政策那样直接落实到农民自身、在广大农村家喻户晓，因此效果也不是非常明显。

一是农民历来观念落后，"靠天吃饭"的思想根深蒂固。真正想依靠科技致富的农民，是那些接受了先进文化、想要凭借自身的实力改变落后状况的农民，即所谓新型农民，这样的农民在农村并不是很多。更多的农民对科技抱着半信半疑的态度在观望。

二是政策的引导作用没有真正发挥出来。很多农民觉得从事农业生产不需要太高文化修养。实践证明，一个屯能够成为专业屯，首先不是干部带的头（多数是这样），而是那些有头脑、敢于冒险的农民带的头。他们的成功带动了周边的人，一个产业才由此得以发展起来。农村缺的不仅仅是夜校，更缺乏新的理念和富于冒险精神的带头人。普遍的短期培训对全体农民素质提升的效果不可能理想，应该把机会给予急需科技支撑的农民，而对那些处于观望状态的农民，要等到他醒悟过来时再进行培训。

三　培训资金到位不及时，缺少一定规模的培训基地

由于投入"阳光工程"的资金属于国家财政，下拨渠道复杂，不能及时到位到账，往往错过农时，培训不能与生产实际结合起来。例如，2014年国家"阳光工程"经费下拨过晚，没能根据农民需要，在农业生产季节进行病虫害、栽培技术等技能培训，过时的培训让农民感觉"不解渴"。没有联系实际的培训，农民接受起来也不容易。

由于培训资金有其定向使用的财政科目，各市（州）、县（市、区）及以下乡镇、村屯基本上没有培训基地，全省也没有统一的并具有一定规模的农民技术技能培训基地。现有的培训是通过社会办学机构，如农校、农广校、农技推广中心等涉农单位，而这些单位作为培训机构，规模小，设备等培训资源十分有限，无法完成大批量的培训工作。而现有的专业学校，由于价格较高、农民自己难以自行解决培训经费。

四　师资队伍不足，培训内容不能完全适应农业发展需要

一是农民素质提升工程的技术技能培训"因陋就简"，师资队伍、教案水平等参差不齐。由于对师资队伍没有标准化要求，各培训单位根据自身特点和农业科技人员情况安排培训计划，基本上没有考虑农民的需求。

二是没有统一教材，培训内容随意性较强。吉林省提升农民素质的各种培训都没有统一教材，不是根据全省现代农业发展规划、当地农业生产发展需要以及农民组织生产的需求来设计培训内容，而是根据每年的经费情况、师资能力及上级要求安排教学内容和培训计划，往往有些培训内容脱离实际，造成不必要的浪费。

五 培训目标不明确，缺乏配套教材

一是农民素质提升工程缺乏发展计划和培训目标。目标责任体系不健全，缺乏一整套像九年制义务教育那样的教育培训体系和目标考核体系，有关部门、领导的目标责任还不够明确。

二是缺乏针对吉林省重大农业项目实施的目标培训。吉林省每年都有一些重大农业项目实施，例如"三项工程"的实施，为吉林省现代农业做出了重大贡献。如果吉林省农业培训部门能够结合全省现代农业发展规划、农业技术推广重点以及每年新实施的各项农业工程和项目制定农民素质提升工程培训计划，可以收到比现在更好的培训效果。

六 农民培训政出多门，镇、村两级的组织引导作用没有充分发挥

一是政出多门会内耗过多的能量，影响培训的效果。政府部门是农民技术技能培训的执行机构，而镇、村两级是农民技术技能培训的最终组织者和引导者，却往往缺乏培训经费，不能有效地组织实施培训，影响农民素质提升。

二是镇、村两级组织没有意识到自身在农民素质培训提升中的责任。由于镇政府和村委会缺乏农民素质培训经费，不会也不可能把农民素质提升变成自身的工作任务，而在配合上级部门进行农民素质提升工程培训时，也不是积极参与，甚至在没有经费支持的情况下，不会主动参与培训工作。

第四节 农民素质提升的战略、对策和建议

农民素质提升是一项长期而艰巨的事业，需要几代人艰苦卓绝

的努力。要全面建成小康社会，实现乡村振兴，实现城乡居民无差别生产生活，远期来看，需要制定农民素质提升长期发展战略，近期来看，需要制定农民素质提升发展规划，完善农民素质培训制度，进一步提高农民素质提升工程的管理水平，从而促进城乡居民素质均等化发展，推动城乡发展一体化，实现吉林省经济社会健康发展。

一　发展战略

农民素质提升必须从战略的高度加以推进。应从政策支持、科技人才支撑、品牌提升三个方面制定发展战略，为吉林省农民素质提升工程理清发展思路，指明发展方向。

（一）政策支持战略

全省应整合各部门已有的扶持政策，规范扶持措施，完善政策扶持体系，发挥叠加效应，使政策对农民素质提升的支持效应最大化。强化原有的农民素质提升工程组织机构的功能，最大限度地发挥它们的作用，改善农民素质提升工程的体制机制，完善对过程的管理。加大资金投入，设立政策性基金，为农民素质提升工程营造良好的发展环境。

要明确对农民素质提升工程的支持政策，逐步完善政策扶持体系，强化农民素质提升对现代农业发展的贡献。省政府相关部门对口出台提升农民素质的细则，制定《农民素质提升工程实施方案》，规范扶持措施，减免行政规费。同时，建立农民素质提升工程发展专项基金，并随财政收入的增长逐年增加。

加大各级财政对农民素质提升工作的扶持力度（包括惠农补贴），实施财政集中投入和政策倾斜，发挥政策的最大叠加效应。把农民专业合作社、种养大户、家庭农场的负责人及从业人员作为农民素质提升的重点培训对象，重点扶持。整合财政支农资金，扩大农民素质提升补贴资金的范围和规模。探索"阳光工程"的创新服务方式，结合农业新型经营主体的需要，做好培训试点。

（二）品牌提升战略

各地要重新整合各类农民培训机构，倾力打造具有吉林省特色的农民素质提升工程学校品牌。吉林省政府农民素质提升培训管理机构（省"阳光工程"办公室）负责农民素质提升工程，针对全省现代农业的发展进程，制定培训规划（年度计划），编制培训教材，整合培训机构，逐步建立可纳入国民经济社会发展规划的培训规划，编写具有自主知识产权、适应现代农业发展的较专业的培训教材，建成具有全方位培训功能、培训能力、培训水平的培训学校，形成具有独立资产品牌的农民素质提升工程。

一是建立品牌培训机构，培训出品牌农民工。品牌培训机构的建立由吉林省阳光办统一规范，要发挥农业科研推广机构、科研院校的优势，建立具有吉林省特点的农民素质提升工程培训机构，负责吉林省农民素质提升的培训任务。充分利用各种媒体、展会、推介会，推荐吉林省已有的"吉林保姆""吉林保安"等农民工品牌。

二是整合培训机构，培养农业职业经理人。提高农民素质是培养农业职业经理人的前提。应依托农业科研院校，建成专家学者、农技推广人员互为补充的教学队伍，实现由单一技术培训向职业素质、经营管理相结合的综合能力培训转变。农业职业经理人可由乡镇政府推荐，以合作社负责人、村组干部、农机手、种养大户、家庭农场经营者为优先推荐对象。

三是实施名牌带动战略，提高农民素质培训机构的市场竞争力。加强自主品牌开发和名牌产品培育，引导各类农民素质培训机构不断提高内在质量，注册地理标识商标，创建区域品牌，形成吉林省农民素质培训机构的特色。

四是建立争创名牌的奖励机制，对于国家和省级认证、认可的著名商标、驰名商标和标准化农民素质培训基地，政府给予一定奖励，扩大品牌效应，提高市场竞争力。

（三）科技人才支撑战略

吉林省要扶持各县（市、区）为农民素质提升工作在基础文化、科学技术方面做长期积累和储备。整合政府农技推广部门、农业科研院所、大专院校和重点农业产业化经营龙头企业的科技推广资源，实施农业科技资源整合人才支撑战略，形成农民素质提升的内生动力。

整合全省的农业科技资源，实现农民素质全面提升。在省阳光办的引导下，实现技术资源共享，共同建立全省农民素质提升工程培训人才库，为农民素质提升做好人才储备。

引导科研院所面向基层和根据生产需求从事科研，把科研攻关、农技推广与农民素质提升结合起来，建立县（市、区）农业技术服务中心—乡镇村区域技术服务站—科技示范户三级"农技推广-素质培训"运行机制，使农业科技成果与农民直接进行对接，提高技术推广的有效性和覆盖率。

二　对策措施

我们针对吉林省农民素质提升工程实施过程中存在的问题，依据农民素质提升发展战略，借鉴国内外农民素质提升的经验启示，提出提升农民素质的对策措施。

（一）提高民族认识，确定农民素质提升工程在经济社会发展中的战略地位

"十三五"时期是全面建成小康社会的关键时期，也是全面推

进乡村振兴的重要时期。农民素质提升在全面建成小康社会和乡村振兴中具有基础性、先导性、全局性的重要地位。各地应该充分利用媒体广泛宣传农民素质提升工程对提高农民收入、缩小城乡差距、实现城乡一体化发展的重要意义，对促进"三农"全面发展、转变农业发展方式、实现全省经济社会加快发展的重要作用。要充分利用各种涉农会议、教育会议等扩大对农民素质提升工程的宣传，提高全社会对农民素质提升工程的认识。

（二）在国家立法之前，加快地方立法进程

我们应借鉴国外重视农村教育立法的经验，通过立法保障农民教育所必需的人力、物力和财力，改革和完善农业教育体系，造就和培养大批农业科技人才。目前，我国关于农民素质教育还只有《教育法》《义务教育法》等综合性法律中的笼统性规定，远远不能满足农民素质提升的需要。因此，在培养新型农民过程中，除了认真贯彻《农业法》《农业技术推广法》《教育法》《职业教育法》《民办教育促进法》《劳动法》等法律中有关农民教育的规定外，各级政府还要定期进行执法检查，建立健全农民教育的长效机制。2002 年以来，尽管国务院相继发布了《关于大力推进职业教育改革与发展的决定》（国发〔2002〕16 号）、《关于进一步加强农村教育工作的决定》（国发〔2003〕19 号），但仅对农民教育培训做了一些规定，太笼统、不系统、不具体、不明确、不易操作，使农民教育培训缺乏法律保障。为此，建议我国政府相关部门尽快制定类似于《农村教育法规》《农民职业教育法条例》《农民教育条例》《农民职业教育培训实施意见》《农民职业教育细则》的法律法规，将农民教育提高到社会经济发展的重要地位，以保证农民教育健康发展。在发展农民教育过程中，应鼓励农民接受职业教育培训，规范有关部门、单位和农民自身的责任与义务，确保农业、劳动保障、教育、科技和财政等相关部门在职责范围内切实做好农民的教育培训工作。同时，还要健全和完善岗位资格认证和劳动准入制度，从制度上保证新生劳动力的素质和能力。坚持并完善"绿色证书"制度，为提高我国农业领域的竞争力提供人力资源保障。在国家层面出台有关法律法规之前，建议吉林省设立地方法规，以法律的形式确定农民素质提升工程的定位，使农民素质提升工程有法律保证，按照法律执行。

（三）创新投入机制，建立农民素质提升制度

从发达国家的经验看，政府一般都是基础教育投入的重要支持力量。在日本、澳大利亚、法国、英国等国家，中央政府投入占整个基础教育投入的比重大致为20%～80%。日本对全国的义务教育不分城市和农村实行一体化的财政制度，虽然农村义务教育由村级地方政府负责管理，但其财政投入却是由中央、都道府县、町村三级共同分担。日本中央支出的教育经费实际上有50%～60%用于对农村地方义务教育的补助。可以说，对地方义务教育经费的补助已成为日本中央教育经费使用的重点领域和国家教育财政投入的中心任务。

教育投入力度的大小，直接影响到农民教育事业。据统计，目前我国教育投入约占国民生产总值的3%，低于5%的世界平均水平，更低于发达国家。教育投入不足在农村教育尤其在农民教育中表现得尤为突出。为此，吉林省应该在国家财政对农民素质提升工程投入的基础上，创新本省农民素质教育投入机制，建立省级投入基金，对各级政府及社会力量兴办农民素质教育机构进行补贴。同时，建立农民素质教育提升制度，将农民素质教育经费列入各级财政预算支出，并且根据需要逐年增加。

（四）以农民素质教育为补充，完善教育体系

国外农民教育长期发展，已经形成了比较完备的农民教育体

系，诸如在农民教育管理机构和培训组织，以及教育质量监督方面，基本形成了系统化、制度化的农民教育管理体系。以美国农民教育体系为例，全美约有 3500 所高级中学设有农业职业教育课程，通过这些课程，充分培养学生对农业的兴趣，也为农业的发展培养了大量后备军。美国用了 50～70 年的时间建立了一个以州农学院为核心的，包括美国农业部、州农业实验推广站在内的完善的农业科教体系，这是农业教育、科研、推广三位一体的、统一管理的科教体系。我国培养新型农民，必须坚持为"三农"服务的方向，坚持"科学性、针对性、实用性"的原则，全面推进农民素质教育，整合基础教育、职业教育、成人教育、农民工培训等资源，培养有先进思想观念、有高尚道德情操、有科学致富本领的新型农民。与此同时，整合教育资源，把农民素质教育纳入国民教育体系。在实施九年义务教育的同时，要深入挖掘内部教育潜力，对农民职业技术教育、远程教育统筹规划，逐步建立农、科、教相结合，布局合理的以农民教育为主体的新体系。发展农民教育，是为农村培养更多的专门人才，提高农村从业人员的文化素质，使农村成人教育与职业技术教育结合，同农业技术推广相衔接，并把扫盲与普及科技知识、农民实用技术培训结合起来，大范围提高农村劳动力的素质。

（五）以发展现代农业为开展农民素质培训的目标，革新教育理念

由于现代农业是科技型农业，农民增收依托于农业科技的创新推广，农民素质的高低直接影响到农业科技成果的消化吸收。农村劳动者的整体素质不高，制约了农业现代化的进程。发展农民教育，培养新型农民，要依据"实用、实际、实效"的原则，以提高素质为目标，以满足农村人才需求为目的，树立多层次、多渠道、全方位培养新型农民的教育理念。

首先，要解决思想认识问题，消除政府和农民在教育中的短期

化行为，进一步落实教育优先，加大教育体制改革的力度，真正把农民教育的重点放在提高农民素质上，以增强其运用技术的能力和水平，从而增加农民收入，改善生活水平，确保社会和谐发展。

其次，在内容和方法上，要因人施教，注意教育和培训的基础性、系统性、针对性和实效性。

再次，大力实施"绿色证书工程"、"启智工程"、"跨世纪青年农民科技培训工程"、"农业科技电波入户"计划以及"星火""丰收""燎原"等计划，继续实施"农科教结合百县千乡万村计划"和《农民资格证书制度管理办法》，大力推进"阳光工程"和"蓝色证书培训工程"，促进农民教育的发展，为现代农业发展和新农村建设培养高素质后备人才。

三 几点建议

全面提升农民素质，需要长远发展战略指明发展方向，需要制定对策措施明确怎么做、做什么。这里在前面发展战略与对策措施的基础上，进一步提出农民素质提升的几点建议。

（一）制定农民素质提升规划

农民素质提升，要坚持科学规划、抓点带面、分层推进、分步实施，注意避免农民素质提升工程的盲目性，做到有计划、有重点、全面实施。规划内容包括制度建设规划、教学内容规划、教学基地建设及教学机构开办规划、教师队伍培养规划以及农村基础教育发展规划。

1. 制度建设规划

一是依托农村普通中小学校，把职业教育渗透到四年级以上的学生当中，对初中文化程度的开展技术性教育，对高中文化程度的开展创业性培训。

二是在地区农校开设乡镇干部短训班，对乡镇干部进行轮训，使他们掌握一至两门技术技能，成为乡镇培训工作的骨干力量。

三是市、县两级分别建立培训用工网页，创建信息平台，加强同劳务基地的联系，经常掌握劳动力的需求信息，发布用工消息、务工政策，开办技术技能培训讲座，加强对农村富余劳动力的培训并促进其转移。

四是继续抓好"阳光工程""蓝色证书培训工程""跨世纪青年农民科技培训工程""绿色证书工程"四大工程建设，造就适应市场需求的务工人员，以及适应农业结构调整和农业产业化经营需要的新型农民和技术骨干，加快农业科技的进村入户。

五是建立职业资格证书制度和职业就业准入制度。

2. 教学内容规划

一是根据全省农业现代化发展进程及发展规划安排总体教学内容。

二是根据每年农业发展建设工程调整年度教学内容。

三是根据各县（市、区）农业的不同发展情况制定适合本县（市、区）的教学内容。

四是根据农业生产季节确定教学内容。

3. 教学基地建设及教学机构开办规划

教学基地建设的过程即是教学机构确立的过程。

一是构建市、县、乡、村四级培训网络，积极探索以骨干职业院校为龙头，带动其他有培训能力的如农业技术推广中心、农广校等农业站所的培训机制，走集团化、连锁式发展道路。

二是以地区农校为依托，外联部分高等院校，内联各培训机构，以市场化需求为导向，利用现有设备、人员，"一校两牌、一师两任"，建成一所学科门类齐全、特色鲜明、适应市场需求的职业技术学院。

三是县一级采取先易后难、分步实施的办法，每年在两个县

（市、区）分别建一所职业技术学校，到"十三五"结束时，实现在每个县（市、区）都有职业技校的目标。

四是对乡、村两级成人技术学校、农业广播电视学校和农业推广培训机构进行一次清理整改，充实人员，添置设备，增加经费，使其能满足初级培训需要。对教育、农业、科技、扶贫、劳务等部门的业务培训机构进行统筹安排，划分培训任务，确定培训人员，避免重复培训或培训资源的闲置浪费。

4. 教师队伍培养规划

一是制定和实施职业学校和成人技术学校教职工的编制标准，落实现有执教人员的待遇，稳定队伍。

二是每年从未就业的大中专院校毕业生中，选派一批专业对口的人员充实到职业学校任教。

三是采取固定岗位与流动岗位、专职与兼职相结合的设岗用人办法，面向社会公开招聘具有丰富实践经验的专业技术人员和高校教师担任专业教师和实习指导教师，保证培训力量。

5. 农村基础教育发展规划

一是继续巩固"普初"成果，加快"普九"步伐，采取有效措施，提高适龄儿童入学率，从源头上杜绝"新文盲"的产生。

二是加大扫盲力度，50岁以下的劳动力应全部接受扫盲教育，降低返盲率。

三是要促进普通教育和职业技术教育相互衔接、渗透，对完成普通教育学业有困难的初高中生，可以及时转型，对其开展技术技能培训，毕业时发给职业技术培训证和普通中学毕业证书。

（二）实施农民素质提升系列工程

发展目标明确之后，配合发展规划，需要开展一系列工作，以促进农民素质提升工程广泛深入实施，进而提升全省农民的素质，加快农业现代化建设的步伐，包括：政府推动农民素质提升工程；

继续强化"阳光工程";整合资源、助推农民技术提升工程通过社会力量提升农民素质。

1. 政府推动农民素质提升工程

农民素质提升工程是一项系统工程，需要政府统筹把握。一是制定支持政策，全面部署农民素质提升工程，将其作为政府部门日常工作内容。二是建立农民素质提升工程扶持基金，制定扶持基金使用办法，引导农民素质提升工程的发展方向。三是监督、检查农民素质提升工程的进展情况，明确监督、检查的部门及责任，使农民素质提升工程有始有终，发挥其应有的作用。

2. 继续强化"阳光工程"

"阳光工程"是目前国家层面推动的开展得最好的农民素质提升工程，应该在现有的基础上继续强化，使其成为农民素质提升最富有成效的平台。一是加大国家层面的政策扶持力度，把"阳光工程"做得更系统、更连续、更有生命力。二是吉林省政府应该充分利用这个平台，制定行之有效的配套政策，各级政府要投入配套资金，使"阳光工程"成为吉林省农民素质提升的主阵地。三是"阳光工程"的管理和实施部门应该制定好农民素质提升规划、配套实施政策，使"阳光工程"更好地发挥提升农民素质的作用。

3. 整合资源，助推农民素质提升工程

政出多门难以形成合力。目前，吉林省参与农民素质提升工程的部门较多，农口各部门、组织部、宣传部、科技厅、科协等推出的各种支持政策五花八门，对农民素质提升尽管起了一定作用，但也往往事倍功半，花钱没办好事。这就需要整合这些资源，集中使用，才能使其更好地发挥作用。一是吉林省政府出台政策，建立全省统一的管理协调部门，今后有关全省农民素质提升工程的各项政策由这个部门出台。二是参与农民素质提升工程的有关部门均设立农民素质提升办公室，负责本部门、本系统的农民素质提升工作。三是设立省、市、县三级农民素质提升工程联席会议，探讨农民素

质提升工程如何实施，总结成功经验，进一步研究发展方向。

4. 通过社会力量提升农民素质

吉林省应该制定相关扶持政策，支持社会力量参与农民素质提升工程，借助外力推进农民素质提升工程持续发展。一是鼓励民间创办培训学校，把民办培训机构作为政府培训机构的补充，填补培训的空白点和盲点，逐步形成多元化的办学和培训格局。二是支持能人大户以传帮带、师带徒、以工代培等形式开展普通技术培训。三是支持大型农业新型经营主体建立培训机构，培训本企业、本合作社、本农场的农民，同时更要支持这些新型农业经营主体的培训机构承担培训更多农民的责任。

（三）利用农民素质提升工程培育职业农民

培育农村新型生产和经营人才，是为了加快农民职业化进程。农民职业化是农业劳动主体由传统农民向职业农民转变的过程，是全面造就新型农业生产和经营人才的重要途径。通过加强农村新型生产和经营人才队伍建设，满足现代农业发展的人才需要。

1. 学习发达地区经验，完善农业职业经理人培养

吉林省可借鉴美国以"大型农场主＋私营企业"为主的农民职业化模式、日本"超小型农户＋农协"的农民职业化模式、法国政府主导的"农民职业准入＋推动劳动力转移＋扶持合作组织"的农民职业化模式以及我国成都市政府主导的"认定管理办法＋培育方式＋政策扶持体系"的农民职业化模式的培养经验，结合本省实际，完善农业职业经理人培养。

一是农业职业经理人培养应重视中介组织的发展壮大。政府应支持建立大学生村官青年创业基地、职业农民孵化园，鼓励并扶持农业院校大中专毕业生成为农业经营主体的投资者、管理者，带动发展各类中介组织。

二是提高农民素质是培养农业职业经理人的前提。农业职业经

理人可由乡镇政府推荐，以合作社负责人、村组干部、农机手、种养大户、家庭农场经营者为优先推荐对象，依托农业科研院校，建成专家学者、农技推广人员互为补充的教学队伍，实现由单一技术培训向职业素质、经营管理相结合的综合能力培训转变。

三是政府要进行大力扶持。省政府有关部门应出台加强农业职业经理人队伍建设的有关办法，从农业职业经理人选拔机制、业务培训和交流、考核以及培训与管理等方面进行规范。建立储备制度，由农业部门建立农业人才库，对农业职业经理人实行实名登记，逐步实现多层次、全方位的农业职业经理人培养、管理体系。

2. 加强宣传，推进农民职业化

一是利用各市（州）农业职业技术院校，采取减免学费和增加补贴等办法，大力培养代耕、营销、技术、管理等方面的农业人才，推动农业生产经营的职业化进程。培养职业农民，有助于促进乡村的繁荣和发展。

二是通过"企业＋合作社＋农户＋基地""合作社＋农户""家庭农场＋农业综合服务公司"等方式，全面培养农业职业经理人，实现农业职业经理人队伍的系统化、规范化和组织化发展。

三是省里每年应举行职业农民总结表彰会，积极开展"十佳职业农民"评选活动。各县（市、区）每年可开展以农民专业合作社经纪人、"职业农民"等为主题的宣传月活动，强化对农业技术与政策的宣传，提升普通农民的文化素质与经营理念，为农民职业化营造氛围。省电视台《乡村频道》可通过开辟"职业农民"专题栏目，破除传统认识误区，扩大职业农民的影响力。

第九章　农业组织化与乡村振兴战略

　　农民组织化是农业组织化的重要组成，农业生产经营体制的创新是推进现代农业建设的核心和基础，因此应通过农业生产经营体制的创新实现农民组织化，进而提高农业组织化的程度。2013年中央"一号文件"提出："创新农业生产经营体制，稳步提高农民组织化程度。"

第一节　农业组织化的意义和作用

　　农业组织化是农业组织结构的现代化，是农业组织结构从低层次、低水平、小规模向高层次、高水平、适度规模的变迁。世界发达国家的实践经验表明，农业现代化的过程就是农业组织化的发展过程。中共十八大报告指出，坚持和完善农村基本经营制度，培育新型经营主体，发展多种形式规模经营，构建集约化、专业化、组织化、社会化相结合的新型农业经营体系。创新农业生产经营体制，稳步提高农民组织化程度。

一　提高农业组织化程度的意义

　　改革开放以来的实践探索证明，农业需要转变发展方式，农业经营主体需要组织化构建。提高农业组织化程度，是发展农业农村经济，实现农村工业化、城镇化、信息化和农业现代化，全面建成小康社会的重要保障。

农业组织化是现代农业的重要载体之一、有效手段之一和主要标志之一，是在市场经济体制下，农民为获取最佳农业经济效益，在农业产业化背景下，试图打破家庭承包经营制的约束，进行农业微观经营主体再造的过程。农业组织化的目的是实现内部经济资源配置最优化和生产经营成本最小化，从而使农业组织处于有利的市场竞争地位，实现利益最大化。提高农业组织化程度是新形势下深入推进农业产业化经营的重要举措，对于加快转变农业发展方式、推动现代农业建设、实现城乡一体化发展，对于构建和谐社会、不断提高城乡人民的生活水平、全面建成小康社会、实现伟大复兴的"中国梦"，都具有重要的现实意义和深远的历史意义。

二 提高农业组织化程度的作用

提高农业组织化程度是中国农业发展到现阶段的一次体制和制度的变革，是农业生产力进一步提高的方向性选择。

（一）是加快农业产业化发展、提升新型经营主体辐射带动能力的客观要求

通过提高农业组织化程度，加快新型经营主体集群式发展，实现单个经营主体带动向经营主体集群带动转变，有利于发挥集群集聚效应，提高优势产业的整体素质和效益；有利于推进农业产业化体制机制创新，强化经营主体的服务功能——由单项服务向综合服务发展；有利于发挥新型经营主体在构建农业社会化服务体系中的重要作用，提高其辐射带动能力。

（二）是促进农业发展方式转变、建设现代农业的有效途径

提高农业组织化程度，发挥新型经营主体的资本集聚优势，有利于推进农业专业化、规模化、集约化生产，增强农业的综合生产能力。发挥新型经营主体技术创新的主体作用，使其与科研院所合作、联合，与产业技术体系对接、融合，有利于新品种、新技术、新工艺的引进与开发应用，提高农业科技的创新能力和装备水平。强化企业间的分工与协作，完善产业链条，联合打造区域品牌，有利于增强产业的核心竞争力，提升农业的发展质量和效益。

（三）是增强县域经济活力、推进城镇化建设的重要手段

提高农业组织化程度，创建农业产业化示范基地，围绕主导产业发展农产品精深加工，带动包装、储藏、运输、信息、金融等服务业，有利于产加销有机结合，一二三产业协调发展，为县域经济发展注入新的活力。发挥新型经营主体的集群优势，积极承接产业转移，有利于增加就业岗位，促进农村人口向小城镇集中，进而带动文化、教育、卫生等公共事业发展，加快城镇化进程。

（四）是优化资源配置、实现城乡一体化发展的有效举措

实现农业现代化与工业化、城镇化同步发展，加快建立以城带乡、以工促农的体制机制，推动资源要素向农业农村流动，有利于培育壮大优势产业，提高农业经营的质量和效益，吸引社会资本投向农业。推进标准化生产，发展规模化经营，有利于先进技术的推广应用，吸引城市各类人才向农业集聚，为现代农业发展提供智力支撑；有利于集成利用新型经营主体的资本、技术、人才、品牌等要素，提高资源配置的效率，引导城市各类资源要素向农村流动，完善农村基础设施和公共服务，促进城乡经济社会一体化发展。

第二节　吉林省农业组织化发展现状

"农业组织化"概念是从中共十八大开始正式在国家文件中出现的，但其实践早已开展。纵观吉林省现代农业的发展历程，农业组织化行为贯穿始终。

一　生产过程机械化

机械化是农业组织化的原始形态，是农业组织化的最初实现形式。2007年中共十七大以来，吉林省农业机械化快速发展。2017年，全省农机总动力达到2555万千瓦，拖拉机保有量达到120.3万台，分别比2007年增长52%和183%，其中大中型拖拉机有58.5万台。农作物耕种收综合机械化水平达到79.5%，比2016年提高5.1个百分点，比2007年提高37.1个百分点，高出全国平均水平12.5个百分点（见图9-1）。

图9-1　2007~2017年吉林省农机总动力及耕种收综合机械化水平

数据来源：《吉林统计年鉴》（2008~2018年），《吉林省2008年国民经济和社会发展统计公报》。

2012 年，全省农机化作业服务组织和农机户达到 106 万个（户），比 2007 年增长 35.9%。水稻机插、机收和玉米机收水平有了明显提高，2013 年玉米和水稻机收率分别达到 40% 和 75%，农作物综合机械化水平达到 73%，比 2012 年提高 4 个百分点。

二　综合服务有序化

有序化是组织化的一种表现形式，农业产前供给和产后销售有序化是农业组织化程度高的体现之一。吉林省加快构建现代农产品市场流通体系，2012 年全省 98% 的种子、化肥、农膜、农药等产前生产资料实现有序供给，60% 的农产品实现有序销售。全省通过加强市场监管，构筑了宗善的市场监管体系，重点加强标准、检测、认证三个技术支撑体系和一个行政监管体系建设，进一步扩大"三品一标"农产品认证规模（见表 9 - 1）。据统计，截止到 2012 年底，全省获得"三品一标"认证的龙头企业达 401 家，其获得认证的产品有 854 种。

表 9 - 1　2007 ~ 2012 年吉林省"三品一标"农产品认证情况

	2007	2008	2009	2010	2011	2012
绿色食品（种）	565	683	785	850	895	949
有机食品（种）	206	240	271	308	318	335
无公害农产品（种）	1465	1814	2090	2297	2553	2812
农产品地理标志（种）	713	570	436	214	481	538
环境监测面积（万亩）	3100	3600	3900	4200	4500	4800

资料来源：根据调研资料整理而得。

三　土地经营适度规模化

土地规模化经营是农业组织化进一步发展的体现。2008 年，中共十七届三中全会提出"健全严格规范的农村土地管理制度",这促进了土地流转面积不断扩大,土地规模化经营程度不断提高。2017年,全省农村土地流转面积达157.73万公顷,占全省家庭承包耕地面积的37.48%(见图9-2),土地流转规模呈逐年扩大趋势。

图9-2 2008~2017年吉林省土地流转情况

资料来源:根据调研资料整理而得。

2017年,中部长春市农村的土地流转面积为55.8万公顷,占耕地总面积的44.6%。其中,流转规模为2~10公顷的占23.0%,11~50公顷的占26.1%,51~100公顷的占5.0%,100公顷以上的占7.6%。东部延边朝鲜族自治州2017年土地流转面积达到16.1万公顷,占全州规模经营土地面积23万公顷的70%,占全州耕地面积43.4万公顷的37%。西部白城市2017年农村土地流转面积10.1万公顷,占家庭承包经营耕地面积的20%;土地规模经营面积达到19.72万公顷,土地规模经营比例接近吉林省平均水平。

四 经营主体法人化

法人化是组织化程度提高的体现,农业经营主体法人化是农业组织化程度提高的具体形式。目前,吉林省农业经营主体逐渐从自然人向法人转变，成为在工商部门注册的法人单位，具有吉林省特点的农业新型经营主体群正在形成。

（一）农民专业合作社

农民专业合作社是农业产业化经营的基本形式。合作社上联龙头企业、市场，下联农户、百姓，破解了"公司＋农户"发展模式的弊端，使彼此之间的利益联结更加紧密。2015 年，全省农民专业合作社达到 6.27 万个，带动农户 240 万户，占全省农户总数的59.41%（见表 9 – 2）。其中，种植业专业合作社 10679 个，带动农户 56 万户，入社农民通过土地统一经营提高了经济效益。

表 9 – 2　2007~2015 年吉林省农民专业合作社发展情况

	2007	2008	2009	2010	2011	2012	2013	2014	2015
合作社数量（个）	96	1976	5723	11347	21331	30800	43035	52065	62700
加入及带动农户数（万户）	38.0	46.0	89.0	111.0	159.0	190.0	208.0	220.0	240.0

资料来源：根据调研资料整理而得。

从农民专业合作社的行业分布情况来看，2015 年种植业和畜牧业占比较高，分别占农民专业合作社总数的 42.1% 和 33.3%（见图9 –3）。

（二）龙头企业

龙头企业是产业化链条的组织核心，是实现农业产业化经营转型升级的重要推动力量。2017 年，省级重点龙头企业发展到 521家，其中国家级龙头企业有 47 家，大成集团、皓月集团等大型企业世界闻名，修正集团、吉林敖东、吉林天景、吉林华正等在国内同行业中名列前茅。全省农产品加工业年销售收入达到 6000 亿元（见图 9 –4）。

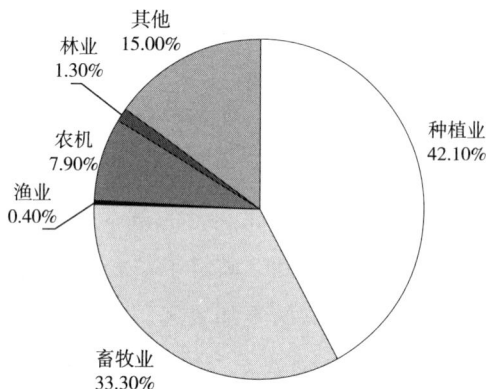

图 9 – 3 2015 年农民专业合作社行业分布

资料来源：根据调研资料整理而得。

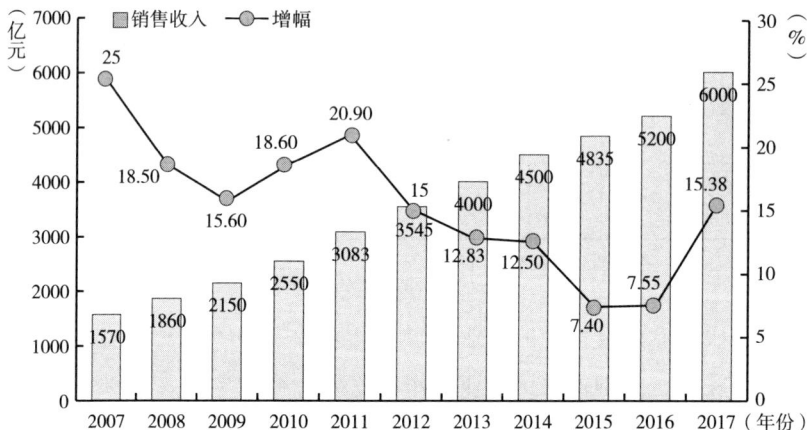

图 9 – 4 2007～2017 年吉林省农产品加工业销售收入状况

数据来源：《吉林省国民经济和社会发展统计公报》（2007～2017 年）。

（三）家庭农场

家庭农场作为农业产业化经营的新型组织形式，完善了现代农业发展的经营体制，成为推动土地适度规模经营的重要主体。2017年，全省家庭农场达到 2.36 万个。其中，延边朝鲜族自治州家庭农场发展较快，2017 年底，总数达到 4307 个，经营土地面积达 24 万

公顷，占全州耕地面积的 62%，平均每个家庭农场经营土地 55.72
公顷。其中，经营旱田作物的占 68.7%，水田作物的占 21.2%，蔬
菜作物的占 2.9%，经济作物的占 7.2%。种植大户、村干部、返乡
创业人员等种粮大户领办类型占 45.0%，农民合伙类型占 18.0%，
农民专业合作社领办类型占 28.0%（以土地入股的家庭农场占此类
型的 8.9%），城镇个人创办类型占 4.5%，城乡企业带动创办类型
占 4.5%（见图 9-5）。

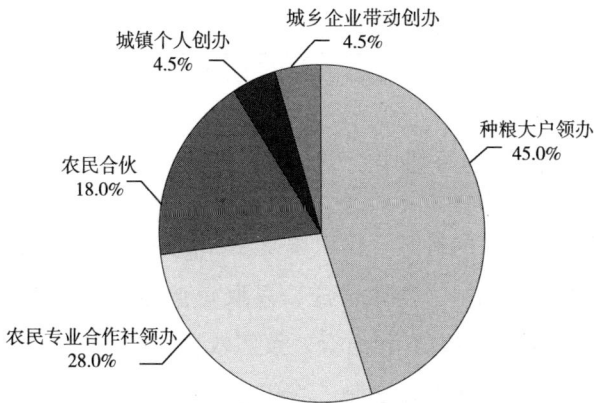

图 9-5　2017 年延边朝鲜族自治州家庭农场类型

资料来源：根据调研资料整理而得。

据调查，长春市家庭农场 2012 年有 4118 家，平均每村 2.5 家。
家庭农场劳动力总数达 2.4 万人，其中，家庭成员有 1.6 万人，常
年雇工有 0.8 万人。具体情况见表 9-3。

表 9-3　2012 年长春市家庭农场情况

单位：家，%

按产业结构划分							
种植业		养殖业		种养结合			
数量	比重	数量	比重	数量	比重		
3264	79.3	301	7.3	553	13.4		

按规模经营面积划分							
50～100 亩		101～500 亩		501～1000 亩		1000 亩以上	
数量	比重	数量	比重	数量	比重	数量	比重
1844	44.8	2095	50.9	149	3.6	30	0.7
按经营总收入划分							
10 万元以下		10～50 万元		50 万元以上			
数量	比重	数量	比重	数量	比重		
1980	48.1	1942	47.2	196	4.8		

资料来源：根据调研资料整理而得。

五　农民从业职业化

为了提高农民的科学文化素质及农村知识青年务农种粮的积极性，吉林省创新机制、强化措施，采取短期培训与长期教育相结合、专业教育与素质教育相结合、致富教育与创业教育相结合的培训方式，实施冬春科技大培训、"阳光工程"培训、职业农民技能培训、万名村干部培训等项目，加快培育造就高素质的农业生产经营者。一是农业部门开展农技推广体系建设工程，全面推行"农技专家＋技术指导员＋科技示范户＋辐射带动户"的农技推广模式。二是"阳光工程"重点培育新型职业农民，按照有关农业项目的实施方向、重点区域和产业布局规划加强对接，为产业发展服务。三是吉林省供销合作社开展农产品经纪人教育培训。

六　产业分工专业化

农业专业化生产是运用工业化思维谋划农业发展，需要通过组织化程度的提高来实现。吉林省农业专业化是伴随着农业产业化而产生和发展的。农业产业化经营已经成为吉林省发展现代农业的主要模式，以农业产业化为基础的农产品加工业是吉林省的三大支柱产业之一，有力推动了全省经济的快速发展。

（一）农业产业化经营组织发展速度不断加快，质量、规模明显提升

2012年底，吉林省较大规模的农业产业化经营组织达到4180个（见图9-6），直接或间接带动农户265万户，占全省农户总数的65%。

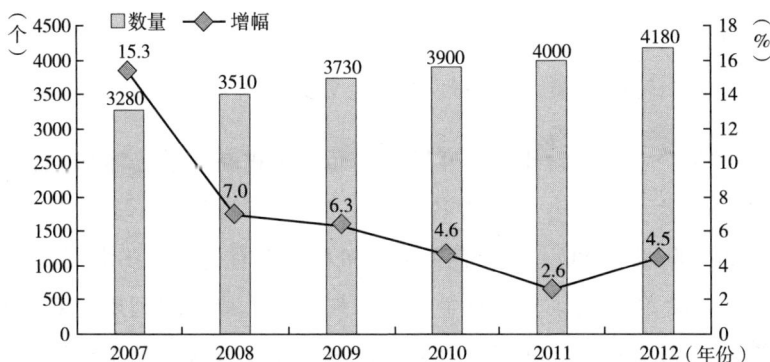

图9-6　2007～2012年吉林省农业产业化经营组织发展情况

数据来源：《吉林省国民经济和社会发展统计公报》（2008～2013年）。

（二）龙头企业集群发展，优势主导产业的地位日益凸显

吉林省现已形成了具有本省特色的三大主导加工业：粮食加工业、畜禽屠宰加工业、特产品加工业（见表9-4）。

表9-4　2007～2012年吉林省特色主导加工业发展情况

	粮食加工业		畜禽屠宰加工业		特产品加工业	
	数量（万吨）	增幅（%）	数量[亿头（只）]	增幅（%）	数量（亿元）	增幅（%）
2007	1350	3.8	2.9	22.0	324.0	14.4
2008	1400	3.7	3.1	5.4	474.0	46.3

续表

	粮食加工业		畜禽屠宰加工业		特产品加工业	
	数量（万吨）	增幅（%）	数量[亿头（只）]	增幅（%）	数量（亿元）	增幅（%）
2009	1450	3.6	3.18	2.6	555.9	17.3
2010	1480	2.1	3.4	6.3	707.8	27.3
2011	1500	1.4	3.6	5.9	830.0	17.3
2012	1560	4.0	3.8	5.6	1050.0	26.5

数据来源：《吉林省国民经济和社会发展统计公报》（2007～2012 年）。

（三）科技创新水平不断提高，支撑作用显著增强

龙头企业运用新技术、开发新产品、引进新工艺，增强了企业的发展后劲。2018 年，全省各级龙头企业科研经费投入达 18.1 亿元，208 家龙头企业建有专门的研发机构，拥有研发和技术人员 2.1 万人，一些创新成果具有自主知识产权。如大成集团利用发酵技术生产蛋氨酸、以玉米秸秆为原料生产植物化工醇等，处于世界领先水平。吉林金翼蛋品有限公司 2012 年自筹资金 3000 余万元，研制开发了蛋饼、调味蛋粒等新产品，成为肯德基、康师傅蛋品的独家供应商，市场占有率不断提升。吉林敖东投入的科研经费随销售收入同步增长，依靠科技强力支撑自身发展壮大。

（四）品牌建设意识增强，市场影响力持续扩大

品牌是企业参与竞争的重要的无形资产。吉林省立足于开拓国内外农产品市场，采取综合措施，不断培育、整合、宣传、推介品牌，积极打造具有吉林省特色的名品、精品，实现产品优势向品牌优势、市场优势良性转化，市场影响力和竞争力显著增强，无公害农产品、绿色食品和有机农产品、具有地理标识的农产品数量不断增加。据统计，截止到 2018 年底，全省获得省级以上名牌产品称号

或著名（驰名）商标的龙头企业达 530 家，获得中国驰名商标、中国名牌产品和中国名牌农产品认证的国家级品牌数量达到 62 个。吉林省的黄玉米、绿色大米、畜禽加工产品、山野菜、中药材和有机杂粮杂豆等，都形成了各具特色的地方品牌。大成集团的赖氨酸和化工醇、皓月牛肉、德大鸡肉、华正猪肉、敖东和修正的中药等产品在国内外市场享有盛誉。

第三节　吉林省农业组织化发展中存在的问题

　　吉林省各类农业组织在组织形式、组建方式以及彼此间的利益联结机制上呈现出多样化趋势。农业产业化程度不高、新型经营主体规模偏小、科技创新能力较弱、融资问题仍然没有破题以及体制机制不完善等问题的普遍存在，制约了农业组织化程度的提高。突出表现为以下几个方面。

一　农业产业化程度不高，农业组织化总体水平偏低

　　吉林省以专业化生产和规模经营为特征的农业产业化经营格局已初步形成。但是，农业产业化经营主体总体实力不强、规模不大，组织带动能力偏弱，生产链条组织不到位等问题，导致农业组织化总体水平不高。

（一）经营主体整体规模小，组织带动能力不强

　　吉林省农业产业化龙头企业整体存在"小龙"多、"大龙"少、生产链条短的缺陷。在省级以上龙头企业中，年销售收入亿元以上的仅占 35%，年销售收入百亿元的仅 7 户。除少数大型、现代企业外，绝大多数龙头企业的科技、管理水平不高，高附加值产品不多，竞争力弱，带动作用难以有效发挥，尚未形成集群式经济。

　　农民合作组织纵向上发展很快，横向上落后于国内发达省份。虽然国家出台了《农民专业合作社法》，但大部分农民合作组织并没有完全按其规范运作。农民合作组织实行成员民主参与管理的方式也有待进一步探索，盈余二次分配制度尚未建立。农民合作组织的发展过度注重数量上的快速增多，而忽视质量和规模，注册门槛偏低，甚至一部分合作社的注册仅为追逐国家扶持政策所带来的经济利益。农民合作组织注册后是否可以运营没有标准，导致很多合作社有名无实。据调研，延边朝鲜族自治州2000余个农民专业合作社中能够建账运作的不足30%。

　　家庭农场作为农业产业化经营的新型组织形式，由于相关政策法规不完善，发展环境不优越，其法律地位和市场主体资格有待确认。同时，存在套取国家扶持资金的现象。作为推进农业发展方式转变的新型组织形式，其重要作用尚未有效发挥。

　　（二）原材料标准化基地建设水平低，生产链条前端支撑不到位

　　原材料生产基地建设是企业发展的重要支撑，是农产品加工业持续发展的基本条件。尽管吉林省农产品资源丰富，但是，各具特色的农业产业基地较少，许多县（市、区）尚未形成具有自身特色的产业基地。政府、企业用于生产基地建设的资金也较少，专业特色种养殖生产基地的建设水平与龙头企业的实际加工需求还有很大差距。龙头企业自建基地的意识淡薄，通过原材料基地建设实现农户和企业长期稳定双赢的机制尚未全面有效形成。部分原料（如优质水稻、肉牛、生猪、牛奶、肉鹅等）阶段性、季节性供求矛盾比较突出。2018年，吉林省水稻面积达83.97万公顷，比2017年增加1.89万公顷，但去掉国家储备和口粮，真正可供加工的原料非常有限。加工企业多数面临原材料难以长期稳定供应的难题，牧业基地建设的问题更为突出。

（三）利益联结机制不完善，农业产业化链条联结不紧密

公司（企业）与农户的财产各自独立，利益联结机制建设不够完善，因此无法形成风险共担、利益均沾的利益共同体。"企业＋基地＋农户""企业＋合作组织＋农户"等产业化组织的出现，弥补了"公司＋农户"组织形式的弊端，但企业、基地、合作组织和农户之间也只是简单松散的经济联合体，利益联结不紧密，利益联结机制不健全。订单农业为农户规避了一定的市场风险，但企业和农户违约现象时有发生，农企矛盾突出。同时，农户获得保护的也仅仅是生产价格，再次分配中的"利益均沾"分配机制尚未建立，农户无法获得在生产、加工、运输、销售等环节产生的高额利润，增收幅度较小。此外，贸工农一体化的利益共同体没有真正形成，农户重生产、轻流通，企业重销售、轻生产，使产加销脱节、贸工农分离，企业、合作组织和农户形成利益共同体的不多，有的产业缺乏龙头企业带动，"增产不增收"现象经常发生。

二　城乡二元结构制约土地规模集聚和劳动力有序转移

城乡二元户籍制度及不同的土地制度，既限制了农村劳动力的有序转移，影响土地流转进程；又使得农业农村发展缺乏必要的劳动力支撑，制约农业组织化程度的提高。

（一）户籍制度的不公平，使农民难以彻底离开土地

我国实行的城市和农村两种户籍制度，造成城乡劳动力市场分割，阻碍了农村剩余劳动力自由流动。农民享受不到公平的就业机会，进城务工也会面临很多障碍，农民工的薪酬水平、福利待遇也很低，这些都制约农民彻底离开土地。统计显示，2012年吉林省农村外出劳动力占第一产业劳动力的比重为47.6%，低于全国13.8

个百分点。

（二）土地流转缺乏政策、法律支撑，制约土地规模集聚

从 2008 年中共十七届三中全会提倡开展农村土地流转以来，吉林省土地流转规模不断扩大。2017 年，吉林省土地流转面积为 2366 万亩，占家庭承包土地面积的 37.6%，同比增长 5%，与全国土地流转面积的平均水平持平。由于现有的政策法律只对土地流转登记、备案做出了原则性规定，对于不登记、不备案的流转行为没有做出强制性规定，在流转过程中，随意性、自发性流转情况普遍，土地流转没有法律保障，影响土地流转的规模性。与此同时，农民土地流转意愿不强，流转速度不快，也制约土地规模集聚。吉林省 9 个市（州）中土地流转面积较大的长春市，由于农村劳动力向二三产业转移缓慢，且收入不稳定，特别是惠农政策的力度不断加大，土地收益提高，农民"恋土"观念重，不愿意放弃土地，使土地流转面积仅占耕地总面积的 21%，基本处于全国平均水平，与南方一些地区差距较大。

（三）劳动力的无序转移，使农业组织化缺乏人才支撑

随着工业化、城镇化进程加快，农村劳动力向二三产业转移的数量逐步增加。由于农村劳动力市场发育缓慢，中介服务体系不完善，劳务信息网络尚未健全，农村劳动力转移多数处于自发、无序、零散状态。同时，高素质农民流向城市，农村"精英"人才在流动中丧失，农业劳动力老龄化加剧，导致农业组织化程度提高缺乏人才支撑。2006 年底开展的第二次全国农业普查结果显示，吉林省 84.6 万名外出从业劳动力中，21~40 岁年龄段的有 51.4 万人，占 60.8%，多为男性，且具有初中及以上文化程度的占 76.6%，转移的大多数是农村中文化程度较高的劳动力。

三 科技创新能力弱，农业社会化服务体系不健全

科技创新能力弱，缺乏核心竞争力，农业社会化服务体系不健全，制约吉林省现代农业发展，影响新型经营主体组织化程度提高，农业资源优势没有完全转化为经济优势。

（一）科技创新能力弱，新型经营主体内生动力不足

吉林省科技创新平台条件落后，农业科研院所与发达省份存在较大差距，不能满足农业科技创新需求。首先，科技创新链条较为松散，传统研究室、课题组科研管理模式仍占主流，缺乏系统部署、交叉融合、相互衔接的研发转化机制。其次，创新领域覆盖不全。目前全省农业科技资源投入主要集中在产前、少数行业、发展研究、产业技术、几大作物上，对于产中、加工行业、共性技术、特色产业等投入相对较少，畜禽、人参、水稻等加工业科研投入明显不足。再次，创新投入经费不足。发达国家农业科研经费一般占到农业总产值的 0.6% ~ 1%，而吉林省仅为 0.4‰。最后，多数企业依然延续单纯规模扩张的外延式发展道路，产业链条短，产品的科技含量和附加值不高，系列化、多元化不足，副产品开发滞后。发达国家农产品加工业产值与农业产值之比为 2.3∶1，而吉林省仅为 0.8∶1，内生动力明显不足，阻碍了龙头企业做大做强。

（二）社会化服务体系不完善，影响农业产业化生产力水平提升

吉林省农业社会化服务体系不完善，手段单一、信息滞后，不能满足市场经济对农业产业化的要求。农产品市场发育程度低、服务功能少、设施条件差、市场调控能力弱，缺乏有效的信息、技术、市场、政策等服务，削弱了农业生产经营者参与市场的竞争能力与应变能力。农业信息服务设施不健全，不能为农户和企业在生

产、流通等方面提供全面、准确、快捷的信息，影响决策的时效性。市场信息不灵、融资贷款难和农业技术服务不到位等问题，已成为农民生产和经营的主要难点，影响农业产业化生产力水平提升。

四 融资没有破题，影响农业组织化程度全面提高

吉林省农业产业化资金主要来自农户和企业自有资金的积累、政府财政专项补贴和金融机构的贷款，资金来源渠道狭窄，难以满足农业产业化经营发展对资金的巨额需求。

（一）政策支持力度不够，商业银行缺乏融资热情

近些年，吉林省政府加大了对农业支持和保护的力度，制定了一系列扶持农业产业化和农村合作经济组织发展的政策。如 2006 年率先在全国成立村镇银行及 2008 年设立九台农商银行等，都体现了吉林省对农村金融的大力支持。但与发展的实际需要相比，仍然存在较大差距。

目前，吉林省财政用于支农的比例较低，为一般性财政支出的 11% 左右。所设立的农业产业化基金数额少、使用分散，全省农业产业化基金每年 2 亿元，多用于支持大中型龙头企业的发展，中小龙头企业得到的扶持很少。与此同时，由政府和银行协同为企业提供资金的相关政策不到位，资金扶持力度不够，导致金融信贷服务滞后，商业银行缺乏为农业融资的热情。由于农业贷款涉及千家万户，涉农银行运营成本高，银行对农户及规模小的农产品加工企业常以抵押物不足为由不予立项，不愿贷款。农业融资渠道窄、门槛高、额度小、信贷环境欠佳，成为制约龙头企业发展的主要瓶颈，影响产业转型升级。

（二）缺少融资平台及产品，新型经营主体融资困难

农业信贷资金是农业资金投入的重要部分，而政策性银行对农

业支持范围狭窄。目前，全省大部分县（市、区）只有中国农业银行、农村商业银行、邮政储蓄银行，有中国工商银行、中国建设银行等银行的县（市、区）很少，农业组织化程度的提高缺少融资平台支撑。同时，农业贷款品种较少，对龙头企业还是按照农业产业对待，在贷款程序、利息水平等方面没有优惠。吉林省 2010 年开展的农户直补资金担保贷款和 2013 年开展的农村土地收益保证贷款，只针对农户，而对新型经营主体没有支持。由于大部分农业产业化龙头企业资本实力和融资能力较弱，难以筹到用于集中收购原材料的生产资金和用于企业转型的发展资金，部分企业不能达产达效，难以实现转型升级。据调查，2018 年全省投资 5000 万元以上的农业产业化项目共有 100 个，总投资 650 亿元。这些资金除企业自筹、银行贷款外，缺口达 200 亿元，严重影响项日进度。

（三）商业银行撤离农村，农业组织化缺少资金支持

随着银行商业化改革的推进，我国五大银行（工、农、中、建、交）逐步撤离农村。据不完全统计，近 20 年来五大银行的县级及以下银行机构和网点已减少了 25% 左右，现有机构和网点，大多只吸收存款权而没有贷款权。2006 年获准成立的村镇银行也进行商业化运作。在利益的驱动下，商业银行甚至信用社的贷款行为变得更加谨慎，对一般地区、一般企业和一般农户缺乏应有的信贷支持。吉林省和全国一样，从 2000 年起至今，农村金融的存贷比已由 75% 降至 50% 左右，与农村存款增速上升相比，信贷增速下降了 50% 左右。邮政储蓄银行只存不贷，成为农村资金流向城市的"重要通道"。以上仅是资金流出农村的明账，如果算上财政转移支付在农村与城市之间的大幅倒置，则全国农村资金的外流现象更为严重。

第四节　各省提高农业组织化程度的经验与启示

我国各地农业组织化实践不断深入，积累了许多经验，形成了许多模式，对吉林省提高农业组织化程度都是很好的借鉴。

一　一些地区提高农业组织化程度的经验

各省提高农业组织化程度的形式多种多样，主要有以下几种经验。

（一）山东诸城经验

山东省诸城市在提高农业组织化程度方面积累了丰富的经验。

一是农业产业化。诸城市通过完善土地流转服务体系，做大做强涉农龙头企业，以及推进农业管理服务创新等措施来推进农业产业化转型升级，促进农业增效、农民增收。

二是农村社区化。该市按照地域相近、规模适度的原则，实行"多村一社区"的社区建设模式，全市所有行政村实现社区化，将政府公共管理服务职能延伸到农村，近距离为农民提供服务，实现基本公共服务均等化。

三是农民市民化。该市积极推动有条件的城区企业向农村社区延伸产业链条，开辟富余劳动力就业渠道。在镇街建立特色工业园区和中小企业创业服务基地，15万名农民就地转变成产业工人，占全市农村劳动力的30%。同时，引导城区商贸企业到农村社区发展联营、连锁门店，带动农村社区发展商贸园区、商贸经营业户，转移农村劳动力3万人。

（二）黑龙江农垦总局绥化分局经验

黑龙江省农垦总局绥化分局主体经营体系有依法注册的合作社39 个、公司 26 家、协会 13 家，参与的家庭农场 6684 家，家庭农场组织化率达到 47.2%。支撑瓜菜、浆果、黏甜玉米、食用菌、特种养殖、贸易等十大主导产业的组织体系初步形成。

绥化分局推进农业组织化的做法可概括为：一是采取新的方式方法，组织推进手段多样化；二是注重内在机制，培育组织主体多样化；三是尊重群众意愿，引导组织方式多样化；四是遵循发展规律，指导合作内容多样化；五是着眼于主导体系，各个层次定位多样化；六是结合实际，组织形成路径多样化。

（三）甘肃经验

甘肃省自然条件恶劣，经济社会发展地域性差异较大，创新农业的组织形式，提高农民的组织化程度，主要是结合实际，根据不同区域的农业布局特点与农民认识水平采用不同的模式。一是农业产业化经营带动模式；二是新型农民专业合作社引领模式；三是现代公司制农业企业联营模式；四是农业高科技示范园区聚集模式。

（四）山东淄博经验

淄博市高度重视提高农业组织化水平，大力发展农民专业合作社、专业协会等农村合作经济组织。全市农村合作经济组织发展途径可归纳为四类。一是依靠龙头企业带动，形成"龙头带基地、基地连农户"的生产经营格局。二是依靠优势产业带动，根据当地的资源优势和产业优势，按照"一业一社"或"一品一社"的原则和产业化经营的要求，组织同类生产农户成立专业协会。三是依靠农村的经济能人和生产大户，凭借他们个人在前期市场开拓过程中积累的经验，将生产同类农产品的农户组织起来，成立专业合作社。

四是在资金信贷方面建立合作关系，即由农村合作经济组织联合会或合作社提供担保，在合作社内部或合作社之间开展资金互助合作或信用担保。

（五）江苏扬州经验

扬州市农业组织化发展的着力点是提高农民素质。当地的农民培训从农业经济组织的组建方式、培训组织者、培训的内容和形式到培训的时间和费用，形成了相对完整的体系，收到了较好效果，农民也非常满意。灵活开放的办学模式和培训方式，增强了培训的实效性和针对性，激发了农民潜在的培训需求，提高了农民素质，促进了农业组织化的发展。

二 相关地区经验带给吉林省的启示

上述经验表明，发展现代农业需要农业组织化，提高农业组织化程度是破解"三农"问题的基本途径。要实现中共十八大提出的全面建成小康社会的发展目标，需要转变农业发展方式，提高农业组织化程度，实现农民增收、农业增效，缩小公共服务和社会组织形态的城乡差别。

首先，发展农业组织化需要培育新型农业经营主体。通过新型农业经营主体法人化培育过程，提高农业组织化程度，实现农业的规模化、机械化和专业化生产。

其次，发展农业组织化需要政府大力扶持。农业组织化是一种新型农业生产方式，需要政府政策、资金的支持。

再次，发展农业组织化需要破解农村金融问题。发展农业组织化的目的是为了最大限度提高农业生产力，没有银行信贷、股票、债券等各种金融产品的支持，农业生产力的提高不能得到保障。

最后，发展农业组织化需要引进社会资本。通过引进社会资本进入农业农村，打破农业农村目前的发展平衡，形成新的发展方式。在这个变革过程中，要运用市场经济先进的理念和成功经验，解决农业农村发展中的矛盾和问题，在提高农业组织化程度的同时，促进农村经济社会协调发展。

第五节　吉林省农业组织化发展的路径

农业组织化是一项长期、广泛和不断优化的过程。目前，吉林省经济社会不断发展，工业反哺农业、城市支持农村的能力进一步增强，为推动资源要素向农村配置、提高农业组织化程度提供了有利条件。因此，应乘势而上确定符合实际、适应吉林省农业需要的组织化发展路径，通过实现农村基层组织化、农业经营层面组织化、"农民职业"组织化、农业组织管理现代化等，转变农业发展方式，加快推进吉林省农业现代化的进程。

一　推进"村社一体化"发展，实现基层农业组织化

推进"村社一体化"发展，实行社区化管理，完善农村土地市场，以人口城镇化为目标，发展壮大中小城镇，是提高农村生产力和促进农业组织化发展的现实选择。

（一）借鉴诸城经验，实现农村社区化管理

山东省诸城市本着地域相近、规模适度、方便群众的原则，把全市 1249 个村庄规划建设成 208 个社区，形成"多村一社区"的诸城模式，探索创新了社区管理体制、社区干部选配机制、社区运行机制和农村集体资产管理体制，极大地激发了农村基层农业组织发展的活力。根据吉林省不同县（市、区）农村发展的实际情况，

有效化解资金缺口是实现"村社一体化"的关键性因素。

一是因地制宜，采取多种形式建设新型农村社区。经济发展较快地区的农村，如公主岭市平阳村，吸引村里、企业的能人创建村级企业，壮大集体经济实力，筹集社区建设资金。现代农业发展水平较高地区的农村，如榆树市五棵树镇合发村，重点依托农村合作经济组织，推动土地适度规模经营。同时，将农村各种资源尽可能资产化、资本化，利用农村产权抵押贷款等形式，吸引金融资金支持"村社一体化"发展，提高农业组织的社会化水平。东部山区的农村，如图们市月晴镇，通过"政府引导、企业参与、渠道多元、以城带乡"的办法筹集资金，扩大家庭农场的经济实力，发挥特色资源的优势，创办各类特色产业农民专业合作社。通过"企业＋合作社＋特色产业"路径，完善企业与农户的利益联结机制。对于建立新型特色农村社区和特色产业园区的企业（合作社），县（市、区）要给以一定补助资金，推动特色农村社区快速形成。

二是创新农村基层组织的管理模式，探索农村社区管理的有效方式，加强村企联建、联村并建新型基层组织，探索推行乡村"支部＋协会"、"支部＋公司"以及农村党建"1＋1"等组织管理模式。

（二）强化户籍制度改革，释放农业剩余人口

吉林省要通过户籍制度改革，保证农民工在城市的工作时间，增加劳动力供给，创造多元的农民市民化路径。

一是稳步推进户籍制度改革。全省推行一元化户籍登记，打破城乡二元结构，全面放开农民在小城镇的落户条件。县城要"敞开门"，让农民"自由进城"，实行居住证制度，纳入属地管理，以居住年限、社保参保年限作为获得基本公共服务和落户的条件，逐步剥离户籍制度与福利的关联，淡化户口价值。优先推进家庭流动和已经在城镇就业的农民工可自愿成为拥有城镇户口的居民，加快农

民工市民化进程。促进户籍管理的功能转换，逐步弱化对人口迁移的管理功能，加强人口登记服务功能，使户籍制度向更加有利于促进人口自由流动、改善公共服务方向发展。

二是加快发展、壮大中心镇。以推进城镇化为契机，重点培育地域优势明显、发展潜力大的重点镇，尽快使重点镇人口达到 5 万人以上，县城人口达到 20 万～50 万人左右，促进农村人口、生产要素向中心镇流动，最大限度释放农业剩余人口红利。

（三）搭建土地有序流转平台，完善农业组织化基础支撑

加快引导土地规范有序流转，是发展新型农村社区和提高农业组织化的重要内容。

一是要推进农村土地流转制度改革。加快农村集体土地确权登记颁证，可以稳定农民土地价值预期，规避土地流转权属纠纷。同时，应赋予村级集体对土地承包经营权流转的调配权，探索推广由农户将承包地统一向村委会（社区）集中，再统一流转给新型农业经营主体的模式。

二是规范农村土地承包经营权流转管理和服务体系建设。建立县、乡、村三级土地流转服务平台和网络体系，开展提供流转供求信息、合同指导、价格协调、纠纷调解等服务；建立严格的工商企业租赁农户承包耕地准入制度，对实行土地增减挂钩的城乡建设用地严格审核，培育开放且规范的农村土地产权流转市场，巩固农业组织化的基础支撑。

二　推动经营主体法人化，实现农业经营层面组织化

发展新型经营主体，推进经营主体法人化，不仅可以解决家庭承包经营制带来的农业分散经营，以农户为经营主体的生产规模偏小，生产经营效益优势正在衰减等问题，同时也可以逐步解决融资

难等问题，适应现阶段生产力发展要求，是提高农业组织化程度的有效路径。

（一）落实中央文件精神，推进经营主体法人化

中央政策鼓励和支持承包土地向专业大户、家庭农场、农民专业合作社流转，发展多种形式的适度规模经营。从世界经验看，家庭农场具有独立的法人资格，生产集约化且经营管理水平较高，是我国农业未来的发展方式。相关职能部门应尽快出台吉林省新型农业经营主体办理工商登记的优惠细则，降低登记门槛，简化登记手续，优先担保贷款和审批项目等，杜绝新型经营主体虚设套取资金，建立新型农业经营主体法人制度，推动农业经营主体法人化进程。

（二）利用经营主体的法人资格，突破农业融资难瓶颈

农业是弱质产业且比较效益低，融资十分困难。为此，应该：

一是建立政府、企业、银行联席会议制度，增强银企项目对接的灵活性。

二是借鉴山东省的做法，在有条件的县（市、区）进行组建龙头企业投资公司试点。允许家庭农场以大型农用机械、农业设施等作为抵押贷申请款，鼓励并支持农业担保机构优先为家庭农场提供贷款担保。

（三）开发融资新平台、新产品，保障农业经营主体对资金的需求

创新农业融资平台，开发农业融资新产品，是实现农业经营主体组织化跨越发展、满足其融资需求的新渠道。吉林省应由省发改委和财政厅牵头，成立以政府为主导的专门从事全省"三农"投融资服务的国有独资公司，承担农业产业化项目投资、投融资项目担

保、土地开发投资、投资管理、技能培训、咨询服务等职能。

三　培养新型人才，实现"农民职业"组织化

农民职业化是农业劳动主体由传统农民向职业农民转变的过程，是全面造就新型农业生产经营人才的重要途径和农业组织化发展的实践基础。加强农村新型生产和经营人才队伍建设，能够满足现代农业发展的人才需要。

（一）利用城镇化发展契机，积极推进农民市民化进程

随着民营经济和农业产业化发展，吉林省应积极鼓励非国有企业特别是中小微企业发展，创造就业机会，促进农民工以产业工人身份在城镇安家落户，加快农村人口向中小城镇转移。改善乡村生产生活条件，促进在自然村落逐步向城镇聚合或转变的过程中，农民以各类企业职工的身份在家乡过上市民生活，推进农民市民化。从应届和往届高中毕业生中招收人员，委托涉农院校定向培养，毕业后调配到农业农村生产一线岗位，以提高行政村的农业生产管理水平和新型经营主体的农业生产经营水平。组织乡村农技员等技术骨干和新型经营主体负责人到农业院校进行短期脱产培训，实现农业生产由职业化人员经营和管理。

（二）加强新型职业农民培养，推进农民职业化进程

发展现代农业，实施乡村振兴战略，需要进一步加大新型职业农民培养力度。一是加强顶层设计。新型职业农民培养要立足长远，明确培育目标、任务、方向和内容，明确资金投入机制，包括中央和地方的投入比例、如何引入民间力量等，形成长效机制。二是加强规范化培训。充分调研农民需求，根据市场导向，做好培训供给侧内容调整，强化师资队伍建设。实现院校化、正规化、系统化、专业化，培养高素质的新农民；要加快乡村互联网建设，培养

高水平的师资队伍，提高新型职业农民的素质。三是利用信息化平台加强培训。充分利用现代互联网、大数据、云平台等信息技术，创新新型职业农民培养的手段和工具，实现"线上线下"相结合的高效培训模式。

（三）出台扶持职业农民的政策，吸引农业农村人才返乡创业

各级政府部门出台相关政策，做好财政资金预算，鼓励从农村走出去的大学生和务工人员等返乡创业；积极引进农业领域相关人才，提供空间和平台，助力他们在农村广阔天地中施展拳脚。变人才从农村向城市"单行道"流动为城乡"双向通行"，让更多"城归族"到农村投资兴业，带动乡村人气兴旺。通过惠农政策和强化支持保护，让务农有前景、有奔头，做到以情留人、以事业留人。同时，加大农村公共投入，加快制定更多更好的支持职业农民的政策，解除新型农业从业者在医疗、教育、养老方面的后顾之忧，真正解决好农业农村后继乏人问题。

四　完善扶持体系，强化农业组织化的基础支撑

吉林省要整合各部门已有的扶持政策，规范扶持措施，完善政策扶持体系，使政策对农业的支持效应最大化。同时，加大各级财政对农业组织的扶持和补贴力度。

（一）明确对各种农业组织及经营主体的支持政策

一是吉林省政府相关部门对口出台提高农业组织化程度的文件和细则，制定加快农业组织化发展的方案，规范扶持措施，减免行政规费，增加企业技改贴息补助资金，简化银行信贷抵押手续等。

二是县（市、区）要建立农业组织化发展专项基金，与农业产业化基金一并使用，并随财政收入的增长逐年增加。同时，探

索农业经营主体土地使用税减免、员工"四险一金"缴纳补贴、减免农业经营主体的税负等政策。优先安排一定的用地指标，专门用于新型农业经营主体的农产品仓储、加工、包装等永久性基础设施建设，并按农用地管理，不需办理农用地转用审批手续，且不得改变用途。

三是实行税收优惠政策。对从事农机作业、病虫害防治以及相关技术培训业务，畜禽及水生动物配种和疾病防治所取得的收入，免征营业税。落实鲜活农产品运输"绿色通道"政策，对整车合法运输鲜活农产品的车辆免收通行费。

（二）加大各级财政的扶持力度

吉林省要把农民专业合作社、种养大户、家庭农场等作为推进传统农业转型升级、发展现代农业的重要扶持对象。

一是加大财政支持、奖励力度。各级财政应设立农民专业合作社、种养大户、家庭农场发展专项资金，对从事特色产业、带动农户增收效果明显的中小企业通过贴息、补助等形式优先进行财政扶持，支持新型生产经营主体扩大生产规模、进行技术改造升级等。同时，每年拿出一定比例财政资金用于奖励和扶持优秀的新型农业经营主体。

二是整合财政支农资金，扩大农业补贴的范围和规模。改革农业补贴的发放方式，按照"谁种田，谁受益"的原则，变"普惠制"为"特惠制"，新增补贴向农民专业合作社、种养大户、家庭农场等新型农业经营主体倾斜。

三是探索县（市、区）农业经济部门创新服务方式，与信用社联合出台县（市、区）农民专业合作社信贷支持办法，每年筛选5~10个示范合作社或家庭农场开展授信贷款试点，给予每个试点单位50万~100万元的授信贷款支持。

五 完善农业综合服务体系建设，实现农业集群式发展

全省应该巩固已有的服务体系，扩大其综合服务功能，健全农业生产经营服务体系，发展专业化生产，促进农产品加工业转型升级，释放农业集聚效应，强化农业新型经营主体的服务效能，延长产业链条，实现农业集群式发展。

（一）加强已有的服务体系建设，实现农业生产全程一条龙服务

巩固和扩大现有的农业服务体系，扩展其组织功能，是满足农业生产需求的基本途径。

一是加强农业科研院所和县（市、区）、乡镇农业部门的合作，为农户提供产前、产中和产后各环节的专业化、市场化服务，提高农业生产全程服务能力。同时，围绕农产品生产、加工、流通、贮藏、销售，农用生产资料供应，技术和信息服务，法律咨询等环节，发展培育各类专业协会、专业合作社。

二是各类农业经营主体加强优势整合，不断拓宽农业生产经营纵向、横向之间的合作途径，使"专业服务＋产加销"一条龙的农业产业化经营组织机制尽快成熟，快速发展。

（二）健全农业生产经营服务体系，发展专业化生产

农产品加工业转型升级，扩大农业生产专业化的覆盖面，有利于新型农业组织服务体系快速形成。

一是健全有关农业技术推广、农产品质量监管等的区域性公共监管服务机构；培育民营农业科技服务组织，构建公益性与经营性相结合、综合性和专业性相协调的农业科技服务体系。

二是借鉴国内外先进经验，积极发展"龙头企业＋产业协会＋协会会员""龙头企业＋农民专业合作社＋基地＋农户""农业基

地＋农民专业协会＋农户/家庭农场"等新型经济组织模式，全程为农户提供服务；引入农业保险公司、农业技术专家和法律机构对双方合作履约情况进行监督，增加信息对称性、公开性，建立风险调控基金、最低保护价收购及农业保险机制。基金来源可以是企业、合作社每年从税后利润中扣拨一定比例计提的风险金，也可以是从企业、合作社与农户中共同逐年提取，有条件的地方财政也可每年拨出一定额度的资金与企业共建风险基金，形成优势互补、利益共赢的格局。

三是做大做强农产品加工业。在县（市、区）工业园区规划建设农产品加工专属区，依据农产品加工的特性，搞好基础设施建设，扩大企业自建生产基地的范围。有条件的县（市、区）可单独设立农产品加工园区，与工业园区同等待遇，用发展工业园区的方式方法做大做强农产品加工业，提高农产品加工业在县域经济发展中的地位和作用。

（三）延长产业链条，实现农业组织化程度的跨越式提高

农业新型经营主体服务组织通过为农户提供技术和资金服务，改善农业基础设施、资源状况和环境质量，提高科技含量、装备水平，增强农业生产经营能力。引导龙头企业入园进区、增加投入，促进企业集群式发展，延长农产品深加工产业集群价值链，增加农产品的附加值，推进不同产业的配套互补、融合发展，形成集群、增长极效应，破除农产品加工企业同质化高、小企业"青菜萝卜装框就卖"现象。以集中连片、内引外联的方式，促进农产品由"生产—加工—市场"向"市场—加工—生产"转变。支持农业产业化龙头企业通过兼并、重组、控股等方式组建大型企业集团，采取保底收购、股份分红、利润返还等方式，使农户更多分享到加工、销售的收益，实现龙头企业与农民共舞、共进、共富。着力打造吉林省林特产品人参的精深加工产业集群、

中医药产业集群，实现农产品加工业转型升级，规避粮食安全问题对农产品加工业发展的制约。

六 强化科技创新，提高农业组织化发展的内生动力

科技是提高农业生产效益的重要支撑，应通过农业科技创新，实施人才兴业战略，实现农业生产力水平的提高；实施名牌带动战略，提高农业经营主体的市场竞争力；实施农业科技资源整合战略，提高农业组织化发展的内生动力。

（一）实施人才兴业战略，全面提高农业经营主体的经营管理水平

新型农业人才是未来农业组织化发展的关键因素。吉林省人力资源和保障厅、省农委应联合制定有关种养大户、职业农民、农民专业合作社负责人和家庭农场经营者的培养方案，每年在全省培训1000户种养大户、1000名职业农民、1000名农民专业合作社负责人和1000名家庭农场经营者，严格挑选，登记备案。同时，各县（市、区）要对接受培训者的生产经营效益进行跟踪、考核，确保培训对农业组织化发展的促进作用。政府有关部门应制定农业人才培养目标和方案，加强现代农业产业培训和交流，培养农业企业的经营管理人员，提高农业组织中不同群体的综合素质和农户的市场、合作、信用意识，规避中小企业、合作社等经营主体家族式管理的弊端，发挥新型农业人才的引领作用，为全面提高组织和经营管理水平提供人才支撑。

（二）实施名牌带动战略，提高农业经营主体的市场竞争力

品牌是农业经营主体及其产品的核心价值的集中体现。吉林省要充分利用中国吉林·东北亚投资贸易博览会、中国吉林农博会和国内高水平展会，组织龙头企业、农民合作经济组织、家庭农场等

参加国内外经贸洽谈和产品展销活动，定期举办农产品推荐活动，充分利用国际、国内市场，推介吉林省的知名企业和名牌产品。实施名牌带动战略，加大自主品牌开发和名牌产品培育的力度，引导各类农业经营主体不断提高品牌和产品的内在质量，如注册地理标识商标，创建区域品牌，从而形成吉林省农产品的特色。要建立争创名牌的奖励机制，对国家和省级认证、认可的著名商标、驰名商标和标准化生产基地，政府给予一定奖励，促进新型经营主体抱团成长，扩大品牌效应，提高市场竞争力。

（三）实施农业科技资源整合战略，提高农业组织化发展的内生动力

全省要整合农业科研院所、大专院校和重点农业企业的科技资源，实现资源共享，引导和促进现有农业研究推广机构和大型农业生产流通企业发挥各自优势，相互协作，形成农业组织化的科技支撑。引导科研院所面向基层和生产需求从事科研，强化关键领域、重点环节的技术攻关，搭建农业科技交流和示范平台，建立县（市、区）农业技术服务中心—乡、镇、村区域技术服务站或技术服务经营公司—科技示范户三级农技推广机制，努力形成"专家团队＋农技人员＋科技示范户"的科技成果示范推广和转化机制，公益性农技推广主要由政府和科研院所来组织和管理。对于科技含量高、市场价值大的特色农产品，可以由市场来配置农业科技推广资源，让龙头企业和科技企业出资购买农业科技成果，与农民进行对接。企业聘请专家对农民进行技术培训，使企业和农户都获得较高的经济效益；科研院所或农业大学研究开发的农业技术和取得的科研成果，可以通过技术市场有偿转让给龙头企业，龙头企业通过建立基地，以基地带农户的方式把农业生产技术或科研成果推广到农户中，提高技术推广的有效性和覆盖率。

七 引进社会资本，实现农业组织管理现代化

要积极引进社会资本进入农业领域，发挥大资本、大企业的现代经营理念和市场运营的经验和作用，挖掘农业生产经营的潜力，使农业不断适应市场经济的生产方式，引领农业组织不断实现新跨越。

（一）引导生产要素向农业集聚，发展土地适度规模经营，提高农业机械化水平

集聚产业发展优势，在优惠政策的引导下，加快培育新型农业经营主体。引导技术、资本、管理等先进生产要素向农业集聚，发挥技术的集中辐射优势；强化土地要素集聚，积极推进土地规范有序地向农民专业合作社、种粮大户和家庭农场流转，引导农业经营主体从事适度规模经营，实现农业标准化生产、区域化种植、科学化管理，在不断提高机械化作业水平的同时，提高土地利用率。

（二）引入社会资本实施重大农业项目，实现农业生产工业化

政府要引导社会资本进入农业，用工业化理念谋划农业生产。在建立严格的评审、准入和监管制度的基础上，积极引导资本进入重大农业项目，确保农业农村发展成果切实被农民享受。坚持以工业化理念发展农业，用发展工业的思路开发农业科技项目，在国家扶持政策向农民倾斜的前提下，允许企业及城镇人口登记注册家庭农场，发展多元化经营主体，建立法人农业。积极引导社会资本进入养殖、农产品储藏、运输等领域。根据当地资源优势和农产品的加工需求，面向农业高科技、农产品精深加工、特色产业开发、都市农业、土地复垦开发、现代农业示范区等主要方向，进一步整合农业资源，规划好农业项目，引进企业和资本创办现代农业的公司

化实体，促进农民向产业工人转变，实现农业生产工业化。

（三）提高农业组织化程度，实现农业组织管理现代化

现代管理理念有助于建立稳定的农业组织化机构并提高农业组织的整体水平。

一是农业龙头企业、农民专业合作经济组织等要大力引进现代企业管理人才，运用现代管理理念管理农业组织，避免家族式管理带来的负面效应。

二是深入推进企社合作，稳定农业组织关系。鼓励合作社创办龙头企业，鼓励龙头企业与合作组织更多地开展合作，通过双方先进管理方式的融合，提高农业组织的整体水平，实现农业组织管理现代化。

第十章　农村集体产权制度改革与乡村振兴战略

推进农村集体产权制度改革，是全面深化农村改革的紧迫任务，是全面建成小康社会的重要保障。实践证明，凡是实行集体产权制度改革的地方，农民收入都有所提高。

第一节　农村集体产权制度改革的提出与意义

按照经济社会发展的规律，经济社会发展到一定阶段最为关键的是产权制度的确定。新中国成立之后，经济社会经历了不同发展阶段，农业农村发展阶段更是脉络清晰。改革开放40多年的发展过程，也是中国农业伴随着家庭承包经营制等改革，由弱小变强大的过程。直到今天，人们越发感到，要想让农业农村有更好的发展，需要有像当年家庭承包经营制一样的改革来促进农业农村现代化建设，使其向着能够满足人们日益增长的美好生活需要的方向发展。农村集体产权制度改革恰逢其时。通过此项改革，农村集体经济更加强大，广大农村集体经济组织的成员能够分享到更多改革成果，农村因此更加富裕美丽。

一　农村集体产权制度改革的概念与内涵

农村集体产权制度改革是以明晰农村集体产权归属、维护农村集体经济组织中成员的权利为目的，以推进集体经营性资产改革为重点任务，以发展股份合作等多种形式的合作与联合为导向，坚持农村土地集体所有，坚持家庭承包经营的基础性地位，探索集体经济新的实现形式和运行机制，不断解放和发展农村社会生产力，促进农业发展、农民富裕、农村繁荣，为推进城乡协调发展、巩固党在农村的执政基础提供重要的支撑和保障。

积极发展农民股份合作、赋予农民对集体资产股份权能改革，是党的十八届三中全会《中共中央关于全面深化改革若干重大问题的决定》提出的明确任务，是针对农村集体经济的重大制度创新，对于维护农民的合法利益、巩固完善农村基本经营制度，具有深远的影响。这项改革十分复杂，涉及亿万农民的切身利益，涉及诸多法律和政策的修改完善。而且，中国农村的情况千差万别，需要进行试点，通过试点探索路子和办法。搞好这项改革，一项重要的基础工作是保障农民集体经济组织成员的权利，探索集体所有制的有效实现形式，发展壮大集体经济。同时，保障农民集体经济组织成员的权利是改革试点的重要基础。重点是探索界定农村集体经济组织成员身份的具体办法，建立健全成员登记备案机制，依法保障成员享有的土地承包经营权、宅基地使用权、集体收益分配权，落实好农民对集体经济活动的民主管理权利。积极发展农民股份合作，是改革试点的重要目的，要按照"归属清晰、权责明确、保护严格、流转顺畅"的现代产权制度要求，从实际出发，进行农村集体产权股份合作制改革。对于土地等资源性资产，重点是抓紧、抓实土地承包经营权确权登记颁证工作，稳定农村土地承包关系，在充分尊重承包农户意愿的前提下，探索发展土地股份合作等多种形式。对于经营性资产，重点是明晰集体产权归属，将资产折股量化到集体经济组织成员，探索和发展农民股份合作。对于非经营性资产，重点是探索集体统一运营管理的有效机制，更好地为集体经济组织成员及社区居民提供公益性服务。试点要鼓励从实际出发，探索发展股份合作的不同形式和途径。

二 农村集体产权制度改革是全面建成小康社会的需要

完善社会主义市场经济体制，促进城乡要素平等交换，加快现代农业发展和新农村建设，要求必须改革农村集体产权制度，加强对农村集体资产的产权保护。探索农村集体所有制的有效实现形式，创新农村集体经济运行机制，保护农民集体资产的权益，调动农民发展现代农业和建设社会主义新农村的积极性，着力推进经营性资产确权到户和股份合作制改革，对于切实维护农民的合法权益，增加农民的财产性收入，让广大农民分享到改革发展成果，如期实现全面建成小康社会的目标，具有重大现实意义。

（一）推进农村集体产权制度改革，是巩固和完善中国特色社会主义制度的必然要求

一方面，要坚持走中国特色社会主义道路，巩固以公有制为主体、多种所有制经济共同发展的基本经济制度，逐步实现共同富裕的目标，在农村就必须坚持集体所有制，发展壮大农村集体经济。另一方面，要适应健全社会主义市场经济体制的新要求，使农村集体经济更好地适应市场、面向市场，与时俱进地得到发展，不断焕发制度活力，就必须破除束缚集体经济发展的体制机制，创新农村集体经济的组织形式和运行机制，赋予农村集体经济组织以市场主体地位，构建中国特色社会主义的农村集体产权制度。

（二）推进农村集体产权制度改革，是全面深化农村改革的紧迫任务

我国正处在新型工业化、信息化、城镇化和农业现代化同步发展的重要历史阶段，面临许多新情况、新问题。农村社会结构正在发生深刻变化，农村人口流动与集体成员财产权不清晰的矛盾日益突出；城乡融合进一步加快，城乡要素平等交换的诉求与农村各类资源要素流动不畅的矛盾日益突出；广大农民的财产意识不断增强，保障农民财产权利与集体资产被侵蚀的矛盾也日益突出。目前，农村集体资产总量规模庞大，如果不盘活整合，难以发挥应有的作用；如果不尽早确权到户，就存在流失或者被贪占的危险。

（三）推进农村集体产权制度改革，是全面建成小康社会的重要保障

农民占我国人口的大多数。习近平总书记指出，"小康不小康，关键看老乡"。实现农民的小康，关键是增加农民收入。2004 年以来农民收入连年增长，为全面建成小康社会打下了良好的基础。目前，在农民可支配收入中，工资性收入占 49.5%；家庭经营收入占 35.9%；转移性收入占 11.0%；财产性收入占 3.6%。现阶段前三项都面临增长难题，而财产性收入虽然占比最少，但增长空间和潜力很大。如苏州市进行农村集体产权制度改革，2016 年全市的村集体平均收入超过 800 万元，农民人均可支配收入达 2.77 万元，其中财产性收入占到 18% 以上，城乡居民收入比缩小到 1.97：1。实践证明，凡是在进行集体产权制度改革的地方，农民收入都会有所提高。因此，必须推进改革，盘活农村集体资产，提高农村各类资源要素配置和利用的效率，增加农民的财产性收入，促进农民收入的持续稳定增长。

三 农村集体产权制度改革为乡村振兴战略提供重要的制度支撑

农村集体产权制度改革是深化农村改革的一项重点任务，也是实施乡村振兴战略的重要制度支撑。农业部调查结果显示，我国农村集体资产的总量规模庞大，目前账面资产总额达到 3.1 万亿元。其中，东部地区资产为总额 2.36 万亿元，占 76.1%。要盘活整合这些资产，使其发挥应有的作用，必须推进农村集体产权制度改革，探索农村集体经济的有效实现形式，完善集体资产的治理体系，使农民分享到改革发展的成果。

（一）试点、探索改革路径，积累改革经验

为创新农村集体经济组织的管理体制和运行机制，探索农村集体所有制经济的有效组织形式和经营方式，落实农民对集体资产的财产权利，2013 年中央"一号文件"提出，全面开展农村土地确权登记颁证工作。2014 年，农业部印发《〈积极发展农民股份合作赋予农民对集体资产股份权能改革试点方案〉的通知》（农经发〔2014〕13 号）。2015 年文件《深化农村改革综合性实施方案》（中办发〔2015〕49 号），2015 年确定在全国 29 个县（市、区）开展试点，到 2017 年底结束。吉林省的农村集体产权制度改革试点也同步展开。2014 年，吉林省农委决定在农安县合隆镇陈家店村，公主岭市范家屯镇平洋村、香山村等三个村开展农村集体产权制度改革试点。截止到 2016 年底，三个试点村的改革已经完成。2015 年《吉林省农村集体经济组织产权制度改革试点方案》（吉办发〔2015〕50 号），确定全省 9 个市（州）以及公主岭、梅河口 2 个扩权县（市）的 22 个行政村为全省农村集体产权制度改革试点单位，试点工作计划两年完成。

（二）逐步形成农村集体经济的实现形式和运行机制

2017 年，为了贯彻落实《中共中央国务院关于稳步推进农村集体产权制度改革的意见》精神，我国确定北京市海淀区等 100 个县（市、区）为农村集体产权制度改革试点单位，试点到 2018 年底结束。通过改革盘活农村集体资产、提高农村各类资源要素配置和利用的效率，增加农民的财产性收入。其中，西藏自治区曲水县、新疆维吾尔自治区沙湾县作为 2015 年确定的农村集体资产股份权能改革试点县，在完成好原有试点任务的基础上，承担新一轮改革试点任务。同时，农业部、中央农办要求各试点县（市、区）要全面开展农村集体资产清产核资，全面强化农村集体资产财务管理，重点在确认农村集体成员身份、有序推进经营性资产股份合作制改革、保障农民集体资产股份权利、发挥农村集体经济组织的功能和作用、多种形式发展集体经济等五个方面进行积极探索，明确试点区域和改革路径，细化推进步骤和时间节点，确保各项试点任务按期、保质、全面完成。2017 年，吉林省农村集体产权制度改革的试点单位是长春市朝阳区、吉林市昌邑区、伊通满族自治县。至 2018 年底，全国有 6.7 万个村和 6 万个组完成了改革，量化集体资产 8528 亿元，累计股金分红 2840 亿元。

农村集体产权制度改革明确了时间表和路线图，各级农业部门通过改革探索集体经济发展路径，以发挥好集体经济组织在管理集体资产、开发集体资源、发展集体经济、服务集体成员等方面的功能和作用。

从各地实践看，农村集体产权制度改革给集体和农民带来了实实在在的好处，形成了既体现集体优越性又调动个人积极性的农村集体经济实现形式和运行机制。

第二节　农村发展需要农村集体产权制度改革

产权制度是市场经济的基石。充分认识改革的意义，有助于增强推进改革的主动性、自觉性。加快推进农村集体产权制度改革，是健全中国特色社会主义农业经济体系的必然要求，是激发农村集体经济发展活力的迫切需要，也是维护农民合法权益、促进农民增收的有效途径和提高农村治理能力的重要举措。作为当前和今后一个时期深化农村改革非常重要的内容，农村集体产权制度改革需充分考虑农村集体经济的合作性和社区性两个特性，因地制宜，循序渐进。

集体经济是在我国农业社会主义改造进程中逐步形成的。集体经济的前身是 1953 年在农业社会主义改造中出现的初级社，集体经济是在初级社基础上建立的农民互助合作、劳动联合的一种组织形式。1955 年以后，农业社会主义改造加速。不到一年，初级社全部转成高级社。与初级社不同，高级社取消了生产资料私有，全部转成集体所有。紧接着不到一年，高级社全部又转成人民公社。大体到 1958 年，人民公社成为农村集体所有、农村集体经济组织固化的代表形式。

农村集体经济的产生不是偶然的，从某种意义上讲，是中国重工业优先发展战略的产物。因为新中国成立时，中国国民经济的主要部门 90% 是农业，仅 10% 是少量的轻工业和民族工业。我国当时确立了加快从农业国向工业国转变的目标，要实现这个目标，首先要解决工业化的资本原始积累问题。而这个原始积累在当时只能从农村提取，于是从 1953 年起中国开始实行农产品的突破交换制度。在此过程中，通过工农业产品价格交换的剪刀差，从农业部门提取积累资本，这成为工业化的资金积累来源。但是，要实现这样一个特殊的积累机制，有一个前提条件：必须要农民组织起来集中劳动，而且要关闭市场，不能让要素流动。人民公社制度、城乡隔绝制度、统购统销制度等，实际上都是为完成这样一个特殊的积累机制、服从于工业化优先发展战略而形成的。

进入到改革开放时期，商品经济、市场经济到来，集体经济遇到问题，难以适应新形势下发展的需要。此时，农村改革最早进行的是家庭承包制改革，也就是农村集体产权制度改革。但这项改革仅仅局限在土地关系上，之后随着农村分工分业的发展，城乡要素交流规模扩大，市场经济深度发展，集体经济的弊端暴露得更加明显。问题就出在所有者主体缺位，产权关系不清晰。人人有份，人人无份，即是如此。由此导致两个结果，一方面集体经济组织成员对组织的资产漠不关心，另一方面又极容易发生少数干部说了算甚至侵权的问题。农村集体产权制度改革有其历程和基础，实际上就是继家庭承包制后对农村关系作的新调整。

为适应城乡一体化发展的新趋势，必须推进农村集体产权制度改革，探索农村集体经济的有效实现形式，完善集体资产的治理体系，更好地保护农民的财产权益，使农民更多分享到改革发展的成果。

第三节　吉林省农村集体产权制度改革实践

吉林省与全国一样，农村集体产权制度改革是在 2014 年《农业部、中央农村工作领导小组办公室、国家林业局关于印发〈积极发展农民股份合作赋予农民对集体资产股份权能改革试点方案〉的通知》（农经发〔2014〕13 号）下发后，开始小面积试点的。2015年，吉林省出台了《吉林省农村集体经济组织产权制度改革试点方案》（吉办发〔2015〕50 号），开始实施农村集体产权制度改革大面积试点。2017 年，吉林省认真贯彻落实《中共中央、国务院关于稳步推进农村集体产权制度改革的意见》（中发〔2016〕37 号）的精神，结合全省实际，出台了《关于稳步推进农村集体产权制度改革的实施意见》（吉发〔2017〕37 号），决定从 2017 年开始，力争用三年左右时间完成农村集体资产清产核资任务，力争用五年左右时间完成经营性资产股份合作制改革任务，鼓励完成清产核资且条件成熟的地方直接开展成员确认、股权设置和股份制改革等工作，提前完成农村集体产权制度改革。

一 第一批改革试点

2014 年，吉林省农委决定在农安县合隆镇陈家店村、公主岭市范家屯镇平洋村和香山村等三个村开展农村集体产权制度改革试点。2016 年底，这三个试点村的改革全部完成，并且，积累了农村集体产权制度改革的基本经验。以下以陈家店村和平洋村为例具体介绍。

（一）农安县合隆镇陈家店村试点改革效果明显

关于农村集体产权制度改革，是一件全新的事业，不光农民对此认识不足，村社干部对此也没有足够的认识。农村集体产权制度改革是一个庞大的系统工程，村里以前没有做过，困扰和问题也有很多。例如：清产核资要如何折旧、计价？对非经营性资产如何评估？股权如何设置，集体股、个人股各设多少为宜，集体股到底设不设，农龄股设不设？集体经济组织成员资格到底怎么样认定？怎么做能比较合理？

1. 改革的基础

陈家店村有 10 个自然屯，997 户，3636 人，其中劳动力 1300人。该村距长春市 16 公里、农安县城 45 公里，东邻 302 国道，面积 10.96 平方公里，现有耕地 793 公顷、林地 41.93 公顷、水域 11 公顷。

2005 年，全村发动 54 户村民以入股方式集资 192 万元，成立了第一个集体性质的股份制企业——"众一红砖厂"。第一步的成功使村民对党总支有了信任和依靠，也促进了未入股村民加入组织联合。在两年时间内，陈家店村先后成立了 3 家股份制企业和 3 个农民专业合作社，并在 2009 年成立了农安县第一家以农业类型注册的集团公司——吉林省众一农业开发集团有限公司。经过几年的发展，公司规模不断扩大，目前下属 9 家企业，村集体收入不断增加，为陈家店村的新农村建设夯实了坚实的物质基础。几年来，陈家店村紧紧围绕"生产发展、生活宽裕、乡风文明、村容整洁、管理民主"的总体目标，从实际出发，坚持以农民为主体，循序渐进，统筹发展，和谐推进，大力实施工业带动、牧业拉动、文化推动战略，经济、社会各项事业取得了长足进步。2014 年，全村实现工业产值 761 万元，农业产值 2149 万元，蔬菜及特色收入 1390 万元，农民打工收入 2500 万元，其他收入 341 万元，农民人均纯收入 14400 元，村集体固定资产达 6000 万元。

2. 改革的基本做法

一是成立改革领导小组。陈家店村于 2014 年 4 月初成立了村集体产权改革工作小组，由村主任亲自担任组长，制定了产权制度改革工作的实施方案，并借鉴我国南方地区的经验，结合村子的具体情况，对这项工作进行了具体安排和部署。

二是制定集体经济组织成员的资格认定标准。在集体经济组织成员资格认定过程中，陈家店村统筹考虑，争取不漏掉一个人，做到公平、公正、公开。首先，形成《陈家店村人口土地情况统计表》，各小队长采集各户详细的信息并汇总，又对照户口本进行了第二次核对，对信息不详的找本人认真核对、确认，并分三次公示。最终，全村确认 3875 人具有集体经济组织成员资格。

三是有计划、分步骤实施改革。陈家店村已完成清产核资、资产量化、股权设置、股权管理、集体经济组织成员资格认定、制定章程、机构设置、股权分配等全部改革环节，改革也得到村民的大力支持和认可。

四是成立村集体经济管理机构。在管理机构的构成上，陈家店村采取过渡的方式，由村"两委"班子交叉任职，由"两委"班子主要负责人负总责，具体领导并监管集体经济组织的正常事务，并经选举产生监事会，监事会由 3 人组成，即 1 名主席、2 名监事，由股东代表大会表决通过。

产权制度改革后村集体经济健康发展。

第一，按照规划要求，积极加强基础设施建设。为了让村民享受安全、健康、舒适、幸福的生活，满足村民医疗、卫生、教育、交通方面的需求，陈家店村争取项目资金，加大了基础设施建设的力度，切实改善群众的生产生活条件。共投资近 2.7 亿元，新建了社区及文化广场。投资 2260 万元，完成村新社区的供暖管网、排污管网、自来水管网的铺设，管网总长度达 12853 米。投资 545 万元铺设水泥路 23 公里、砂石路 16 公里，建成"四纵四横"的主干道路网。投资 550 万元，先后对主干道路、社区进行绿化，绿化面积达 27 公顷，栽树品种主要有云杉、白桦、梧桐、曲柳、黄菠萝等。所有林业资产全部纳入吉林省众一农业开发集团有限公司，并由其下设的长春市众一园林绿化有限公司进行统一管理，以实现林业的专业化管理，并让村民得到实实在在的实惠。村里投资 630 万元建设占地面积达 99000 平方米的幸福公园，其中休闲广场占地 10000 平方米，内有葫芦岛湖一个、凉亭两座，配置太阳能路灯 23 盏、普通路灯 80 盏、高杆灯 1 盏，路面硬化面积达 12000 平方米，种植草坪 36000 平方米，还有景观树，幸福公园的修建丰富了群众的业余文化生活。

第二，加快土地流转，实现规模化经营。为促进陈家店村进一步发展，实现全村农业机械化全程作业，在农民自愿的基础上，全村共流转土地 480 公顷，占全村总耕地面积的 61%。租金一年一付，每公顷的年租金为 15000 元。目前，全村 793 公顷耕地全部流转，土地流转整合后新增耕地 80 公顷。农民收入渠道增多，由单一种植收益为主向多元化收入转变。农民收入主要通过以下四种方式实现：①农民作为土地所有者的租金收入；②农民作为本村企业股东的股金收入；③农民在公司工作的工资收入；④农民的福利待遇，包括住楼房补贴等。流转土地中，苗木花卉基地占地 18 公顷，美国伊利诺伊大学和吉林大学农学部现代农业推广示范基地占地 20 公顷，现代农业推广示范基地为进一步发展现代农业、创富增收提供了条件。众一蔬菜种植专业合作社在土地流转的基础上，目前已建成日光温室大棚 101 栋，占地面积达 300 多亩。

第三，因地制宜，制定发展规划。陈家店村从本村的实际情况出发，创造性地开展工作，积极争取优惠政策，全面推进股份制，用股份制打造农村经济、整合组织资源，内培外引，全方位、多角度合力共建新农村。①基本农田逐步实现现代化耕作、经营。农业机械专业合作社的成立为该村实现全程机械化作业提供了有力的保障。目前，合作社拥有大型农机具 48 台（套），并建成农机库房，建筑面积为 4000 平方米，占地面积达 10000 平方米。陈家店村将继续增加投入购进大型农机具，为全村土地流转后全部实现全程机械化作业打好基础。同时，为促进当地农村经济发展，带动周边村屯共同致富，土地流转在未来几年内将扩大到周边地区，推动周边村镇农业现代化发展。②大力实施万亩棚膜蔬菜建设，借助"长吉图发展规划"提出的"长东北开放开发先导区"发展机遇，规划建设棚膜蔬菜产业园区，现已建成标准化日光温室大棚 101 栋，总共投资 1500 万元。2014 年，年产各类蔬菜 150 万公斤、花卉 40 万株，创产值 1260 万元、利润 545 万元。种植合作社将逐步引导全村棚膜产业向规模化、产业化发展，在蔬菜基地建设的基础上，利用项目资金并自筹资金进行蔬菜保鲜库、冷藏库以及速冻库建设，重点打造集生产、冷藏、深加工、销售于一体的现代棚膜产业经济链条。③打造现代农业观光旅游生态园区。在"绿色"和"生态"概念日益普及，农业和旅游业产业地位不断提升的今天，走观光农业发展道路已经成为绿色经济大背景下的一种自然选择。该村距长春仅12公里，且紧靠302国道，借助地理位置和交通优势，陈家店村进行了现代观光旅游生态园建设。该村充分借鉴其他地区农家乐的成功经验，在科学规划设计下，建造了占地1000亩的现代农业旅游观光区。园区的功能分布和旅游路线设计都聘请知名专家进行规划，采用自然生态平衡的管理模式，由专门人员进行日常管理，打造成在长春市乃至吉林省知名的现代特色农业观光旅游生态园区。④结合合隆镇的整体规划，打造新城。合隆镇南区重点打造成工业园区，北区主要建设现代城镇社区，陈家店村正好位于此规划区之内，3.8平方公里的新城区建设在陈家店村十社南部进行，靠近合隆镇街道。这里将建成集居住、商贸、物流等于一体的现代化居住新区。到2020年底，陈家店村将建成占地646公顷的现代农业园区和物流区、占地380公顷的新型城镇区，农业机械化水平达到100%。⑤按照"三化"统筹战略，全面实施农业现代化，在此基础上进行农副产品的深加工和各项经营，推进工业现代化进程。同时借助发展现代农业、旅游开发等，促进城镇化建设，向着"产业兴旺、生态宜居、乡风文明、治理有效、生活富裕"的乡村振兴宏伟目标快速发展。

（二）公主岭市范家屯镇平洋村通过改革实现就地城镇化

平洋村位于范家屯镇西南部，面积6.6平方公里，拥有耕地538公顷，现有6个自然屯，10个村民小组，537户，2055口人。全村以种植业为主，属范家屯镇规划的现代农业发展板块。2013年2月，平洋村主动申请整村转移城镇化试点。

1. 平洋村总体情况

一是基础较好，村班子有战斗力。村支书李国和同志是一位有13 年基层工作经验的带头人，是公主岭市党代表、人大代表，肯干事，能力强，办法多，威望高。平洋村在他的带领下，蒸蒸日上：现有村集体积累 100 余万元，大型农机具 20 台（套）；538 公顷耕地全部实现流转；在外打工的较多，村民富裕程度较高，多数村民眼界较为开阔，改善生产生活方式的意愿强烈。

二是范家屯作为土地增减挂钩试点镇，拥有 1400 亩建设用地增减挂钩指标，为平洋村整村移城镇化提供了关键的土地指标支撑。

三是平洋村转移的目的地——范家屯镇，是东部新区的核心地带，随着三个县级开发区环长春的密集布局，产业集聚度蔚然可观，为城镇新片区的打造奠定了坚实的产业支撑。

综合看，平洋村完全具备试点条件，走整村转移城镇化道路是水到渠成。

2. 帮助村民圆"市民梦"

从 2013 年到现在，在范家屯镇和平洋村的积极努力下，各级领导和各相关部门把脉转移城镇化，逐步明晰了五个方面的内容，拉开了平洋村整体转移城镇化的帷幕。

一是明确整村转移路径。根据平洋村以及范家屯镇的总体情况，明确了"坚持一步到位、恪守两项原则、确保三个平衡"的整村转移城镇化路径。"坚持一步到位"，即通过住宅换楼房的模式实现整村转移。依据国家现行政策，在范家屯镇内高水平规划、设计和建设新型社区。村民自有产权房屋按照 1∶1 的比例置换楼房，附属的仓房按照正规评估公司提供的评估价进行补偿，实现全村 10 个村民小组、537 户农民整村转移。农民原有的宅基地由村集体统一拆迁、统一组织复耕。村民把承包田交由村集体托管，由其统一组织耕种、收储、销售，以屯组为单位，按土地面积分红。"恪守两项原则"，首先是农民自愿。镇村干部深入村民小组，围绕整村转移进行宣传、解释，使农民充分了解政策内容，做到宣传到位、解释到位，不强求、不强制，规范行政、依法办事。满意者提出搬迁、换房申请，与村委会签订住宅换楼房协议。其次是土地制度不变，即不征地，不改变耕地性质，不触及农民土地承包权益。"确保三个平衡"包括：①确保土地占补平衡。平洋村共有宅基地84公顷，建设新型社区需要 3.5 公顷。根据土地增减挂钩试点政策，宅基地复耕后，可以增加 80 公顷的建设用地指标。②确保建设资金平衡。根据规划，平洋村新型社区建设需要 1.5 亿元资金，节余土地通过招、拍、挂方式出让后，预期收益在 3.36 亿元左右，可以实现新型社区建设的资金平衡。③确保农民利益平衡。通过住宅换楼，农民家庭财产大幅升值，保证了的农民利益平衡。

二是明确民生福祉至上观念。农民愿不愿意、满不满意是核心。农民虽然有进城上楼的主观意愿，但真正付诸实施，仍存有障碍，最主要的还是利益上的权衡。为此，平洋村村委会立足于维护村民利益最大化，通过明确四项收入，让群众放心进城上楼。①明确房屋置换可以增加财产性收入。根据住宅普查结果，全村户均住宅面积为 93.1 平方米，价值在 10 万元左右，而置换相同面积的社区楼房，价值高达 32 万元左右。通过置换，农民的净资产平均可增加 22 万元左右。②明确土地流转能够增加生产性收入。土地由村里统一耕种，每公顷土地生产资料可节约 700 元，全程机械化作业每公顷至少节约 1000 元，高光效等技术的大范围普及应用至少增产10% 以上，每公顷土地增收约 2000 元。一年下来，每公顷土地可增收 3700 元左右，全部计入土地分红。③明确外出务工可增加工资性收入。平洋村现有劳力 1150 人，这部分人员脱离土地后，每人通过打工和经商平均一年至少赚取工资性收入 2 万元。④明确宅基地复耕可以获得补贴性收入。84 公顷宅基地复耕后，每年所获得的种植收入约为 126 万元，计划用于补贴村民入住新型社区的物业、供热等相关费用，为农民融入城市提供相应支撑。通过明确四项收入，村民的热情被愿景激发，疑虑被数据打消，所有农户都主动要求与村委会签约。

三是明确政府主导新型社区建设。为农民打造一个高品质的宜居社区是就地城镇化的关键。在试点过程中，平洋村坚持以政府为主导，实施"两步走"战略。①规划先行。范家屯镇按照"建设长春卫星城，融入省会经济圈"的发展目标，委托清华大学、哈尔滨工业大学、上海同济大学等国内知名高校和规划设计单位，对范家屯镇《城市总体规划》《控制性详细规划》《城市设计》等内容进行了全面修编。在总体规划指导下，制定了《平洋村整体迁入新型社区实施方案》，聘请公主岭市规划设计院对平洋新型社区进行了规划设计。新型社区位于范家屯镇硅谷大街北侧兴华路以西，总投资 1.5 亿元，建筑面积 6 万平方米，以 55 平方米、65 平方米、75 平方米、95 平方米四种户型为主，满足村民的居住需求。②市场运作。抓住范家屯镇土地增减挂钩试点的契机，平洋村在法律法规允许的框架内整合资源，盘活集体建设用地的存量，土地指标问题得到顺利解决。经过洽谈，与帝博房地产开发有限公司达成具体承建协议，由开发商垫付社区建设费用，镇政府通过土地收益或者出台政策，对开发商进行补偿。这样，在政府不出钱、村民不花钱的情况下，实现农民进城上楼。在规划指引下，新型社区建设已经完成，于 2014 年 11 月末交付使用。

四是保证农民上楼后无后顾之忧，坚持以人为本，明确农民上楼后的日子怎么办的问题。农民最担心的是上楼后地怎么种，猪、鸡怎么养，干点儿啥，能不能习惯城里生活，收入能不能有保障。为实现农民上楼后"有事干、有钱赚、有保障、有尊严，无后顾之忧"这样一个"四有一无"的目标，平洋村重点采取了"四化"措施。①土地集约化。平洋村 538 公顷土地全部实现流转，村集体成立了平洋农工商公司，对土地实行集约化经营。目前，村集体有 12 台大型旋耕机、4 台大型收割机、4 台大型免耕播种机，在耕、种、收三个环节实现全程机械化，每个环节的作业时间为 10 天左右，极大地解放了劳动力。土地集约化后，实施"六项重大技术"，即赤眼蜂防螟、测土配方施肥、农田统一灭鼠、种子等离子处理、玉米精量播种、高光效技术（50% 的耕地采用）；实现"七统一"，即统一选种、统一耕种、统一施肥、统一技术、统一管理、统一收割、统一销售。在上述措施保障下，平均每公顷耕地增收 3700 元。同时，还规划了标准化养殖小区，专门租给本村村民搞规模养殖。②就业多元化。平洋村共有劳动力 1150 人。其中，常年在外打工的有 500 人，土地集约经营解放出 650 人。这 650 人中，到范家屯经济开发区企业实现二产就业的有 200 人左右；到一汽大众从事保洁、绿化的有 200 人左右；从事家政服务的有 100 人左右；自主创业、自谋职业和从事新型社区管理的有 100 人左右；剩下的 50 人左右，从事全村农业生产，变为新型职业化农民。③配套改革利民化。为加快城镇化进程，公主岭市出台了若干扶持政策，主要体现在六大方面。在土地承包经营制度方面，土地承包经营权不变，农民继续按照政策标准享受各种涉农补贴。在户籍制度方面，公主岭市出台了鼓励进城落户的 15 条政策，农民可以直接落城镇户口，带地进城，与城镇居民享受同等待遇。在社会保障方面，有固定就业单位的农民享受城镇职工养老保险，没有固定就业单位的农民以灵活就业人员身份参加城镇职工养老保险，继续享受农村独女户保险和农村再生育等特殊政策。进社区农民被纳入城市居民最低生活保障范围，符合最低生活保障条件的，均可提出申请，与城镇居民同标准执行。在教育制度方面，进城农民子女在义务教育阶段有困难的，享受"两免一补"政策。初中、高中毕业后未升学的，免费接受职业教育培训。在医疗制度方面，进新型社区的农民可以自由选择新农合或城镇居民医疗保险。在房屋产权制度方面，新型社区的楼房都有房屋产权证，可以抵押、交易，实现农民资产性收益。④公共服务均等化，主要实现"三个共享"。其一，共享公共基础设施。

平洋村新型社区位于范家屯镇南部新城的规划区内，建成后可直接共享新城的统一供水、供热、供电、供气以及道路、公园、广场等基础设施。其二，共享基本公共服务。通过各项配套改革措施，在教育、就业服务、社会保险、社会服务、医疗卫生、人口计生、住房保障、公共文化和体育等八个领域实现基本公共服务均等化，推进城镇化。其三，共享社区配套服务。新型社区内配套建设社区服务中心，兼有文体活动室、图书室、健身室、教育培训室、治安警务室、一站式大厅等多种功能；建设惠民超市、幼儿园、卫生服务站，建立起功能完善、管理有效、水平适度的公共服务体系，满足社区内农民生活休闲的需求，打造"一刻钟社区服务圈"。

五是明确村转社区后由社会管理，重点实施"三改"。①改集体经济为股份合作经济，成立农工商公司，股权按照拥有的土地量化至每位农民，耕地收益按照股份的多少参与分红。②改农民身份为城镇居民身份，实现村民带地进城。③改村民委员会为社区居民委员会。通过"三改"，农民变为市民，村主任变为社区主任，屯长变为楼长。居委会、农工商公司、社区物业管理委员会三位一体，对社区居民进行规范管理和服务。同时，强化社区党建，丰富业余生活，不断提升生活质量和生活品位，增强居民对社区的认同感、归属感和同住共建意识，树立农村新型社区的文明形象。

二　扩大试点改革的范围

2015 年，《吉林省农村集体经济组织产权制度改革试点方案》（吉办发〔2015〕50 号）（以下简称《试点方案》）出台。《试点方案》主要包括五个部分共 24 个方面的具体内容，要求到 2017 年末，基本实现试点单位政经分开、账目分设，集体经济组织市场主体地位明确、集体经济组织成员身份界定清晰，集体资产折股量化到人、发证到户，集体经济组织成员依股行权、按股分红，初步建立

"归属清晰、权责明确、保护严格、流转顺畅"的现代产权制度。全省共选定 22 个试点村。《试点方案》重点对改革范围、价值确认、股权设置，享有股权人员的资格认定，股权管理、规范收益分配，农村集体经济组织市场主体地位的确定，税收政策，档案管理等重要事项做出原则性规定。对资源性资产，重点是抓紧、抓实土地承包经营权确权登记颁证工作。对经营性资产，重点是明晰集体产权归属，折股量化到集体经济组织的成员，发展农民股份合作，健全集体资产的监督管理和收益分配机制。《试点方案》明确了农村集体产权制度改革试点工作的方法和步骤：从 2016 年开始到 2017 年结束，用两年时间完成试点的各项工作任务；按照成立工作组织、广泛宣传培训、制定试点方案、摸清集体家底、折股量化到人、开展检查验收等六个步骤进行，对每个步骤都明确了要求、操作方法、工作程序和工作内容。此外，在组织机构、部门责任、工作经费、督查指导和社会稳定等方面都明确提出了具体要求。

（一）设置改革试点村

按照《试点方案》精神，每个市（州）确定 2~3 个村作为试点。试点村在城中村、园中村、城郊村和其他经济发展好的村中选定，也可以将实行农村土地股份合作的村纳入试点范围。试点村应具备以下条件：集体资产数额较大，经济实力较强，班子有凝聚力，干部威信高，干部群众改革意愿强烈。试点村选定后，由乡镇政府报县（市、区）政府或开发区管委会审核，报市（州）政府把关，报省农村集体产权制度改革试点工作领导小组办公室备案。其他有条件的地方可根据本地实际，自行探索农村集体产权制度改革，但应逐级向县、乡两级农村集体产权制度改革试点工作领导小组报告。县、乡两级农村集体产权制度改革试点工作领导小组予以备案，并给予指导。

全省 9 个市（州）、21 个县（市、区）共选定 22 个村为这次改革的试点村。其中，城中村 8 个，城郊村 8 个，其他村 6 个。名单如下：

长春市双阳区山河街道办事处东升村

长春市莲花山生态旅游度假区泉眼镇岗子村

吉林市经济开发区九站街道七家子村

吉林市龙潭区江北乡棋盘村

四平市铁西区平西乡孤榆树村

伊通县伊通镇永青村

辽源市西安区灯塔镇西孟村

东辽县白泉镇赵家村

辉南县朝阳镇新胜村

柳河县柳河镇先锋村

通化县快大茂镇东安村

白城市洮北区平安镇中兴村

通榆县乌兰花镇陆家村

松原市宁江区伯都乡杨家村

松原市宁江区大洼镇房身村

临江市新市街道黎红村

白山市浑江区七道江镇东岗村

图们市月晴镇水口村

安图县明月镇园艺村

敦化市江南镇下石村

梅河口市解放街道新胜村

公主岭市双龙镇大青山村

（二）改革试点取得的进展和成效

在农业农村改革专项小组领导下，在省农委指导下，在各市（州）推动下，改革试点工作取得了阶段性成果。

1. 组织保障比较有力

农业部门和试点村所在的县（市、区），结合实际认真做准备、打基础、强保障，努力为搞好试点工作创造条件。

首先，加强领导。各试点县（市、区）及时召开会议，对试点工作做出安排。在县（市、区）、乡（镇、街）、村却成立了领导小组，通榆县、敦化市、通化县、辽源市西安区、四平市铁西区等5个县（市、区）由党委书记任组长。临江市、白山市浑江区、辉南县、图们市等4个县（市、区）由政府主要领导任组长，其他县（市、区）由主管领导任组长；领导小组成员由农业、林业、水利、财政、国土资源、地方税务、档案、信访、民政、公安、司法、市场监督管理等相关部门的负责人构成。县（市、区）的农业（农经）部门设立了办公室，具体负责指导改革试点工作。所在乡（镇、街）及试点村都相应成立了领导小组，乡（镇、街）由党政主要领导为组长，试点村由村支部书记任组长。层层建立领导小组，为推进改革试点提供了组织保障。

其次，制定方案。各试点村所在的县（市、区）普遍重视改革试点方案的制定工作，把农村集体产权制度改革试点视为深化农村综合改革、发展现代农业的重要内容，作为事关农民群众切身利益的重大事项精心谋划，理清了方向、原则、内容、方法、步骤和保障措施，形成了比较完善的改革试点整体方案，并以党委、政府文件或者党委、政府办公室文件的形式正式印发。同时，根据试点步骤安排，对2016年度主要试点任务即资产清查核实工作做了详细安排，出台了资产清查核实专项工作方案。各试点村及所在的乡（镇、街）都结合实际进一步细化了改革试点整体方案和资产清查核实专项工作方案，进一步增强了改革试点工作的针对性和操作性。

再次，强化保障。抽调相关部门的业务骨干，组建了试点工作组深入试点村组织开展各项工作。一些县（市、区）要求工作组人员与原单位脱钩，并组织他们搞好学习培训，全面准确掌握改革试点的有关政策、操作规程,保证改革试点工作有效开展。

最后,深入指导。省农委组织专业人员多次深入试点县(市、区)、乡(镇、街)、村指导具体工作,对各级工作人员进行全员培训,以多种方式深入宣传改革试点的要义,调动了改革的积极性。

2. 清产工作完成

各试点单位普遍对资源性、经营性和非经营性等三大类资产进行了全面清查,按照清理核实结果锁定各类集体资产数额,并分门别类对清产结果张榜公布、登记造册、整理归档。同时,组织开展"回头看",查缺补漏,为实施核资工作奠定了良好基础。按照省试点方案的安排,土地等资源性资产改革的重点是确权登记颁证,省里早有统一部署,进展良好。非经营性资产暂不进行产权制度改革,所以试点单位重点开展了对经营性资产的清查工作。截至2016年10月30日,22个试点村清产工作基本结束。

3. 集体资产家底基本摸清

22个试点村普遍采取账面清查、实地摸查、反复排查等措施清理了账目,全面核清了村集体的基本财务状况;清理了资产,基本查实了村集体的各项资产状况,普遍做到准确识别、登记、认定所有资产。

4. 债权债务账面清理基本完成

22个试点村债权债务产生的时间都比较长,实际状况都比较复杂。债务方面,基本上是取消农业税之前的"三统筹、四提留"和上缴农业税过程中形成的老债务,以及近十年基础设施建设和公共事业建设中产生的新债务。债权方面,有些债务人已经离开本村、本县,很难找到,因此,此项工作费时费力,往往事倍功半,多数试点村均以挂账处理。

5. 核资工作全面开展

各试点单位在资产清查工作结束后,普遍及时跟进开展了资产核实核算工作。

一是价值重估。对账面价值和实际价值背离较大的村集体组织的主要固定资产和流动资产进行重新估价。

二是损益认定。依据国家清产核资政策和有关财务会计制度的规定，对村集体申报的各项资产损益和资金挂账进行认证。

三是资金核实。对清查出的资产盘盈、资产损失、资金挂账等清产核资工作结果，依据国家清产核资政策和有关财务会计制度的规定进行账务处理。22个试点村的核资工作基本上都由试点工作组操作，个别固定资产与流动资产数量较多、存量较大、确认较困难的试点村需要聘请有资质的第三方进行资产核资评估。

同时，资源性资产改革进展顺利。各试点单位积极落实国家和吉林省统一制定的相关改革举措和政策，全面深入推进耕地、林地等资源性资产改革。林地改革早已完成，集体林地已分林到户。耕地确权基本完成，正在等待颁发土地承包权证及土地经营权证。

（三）改革试点中存在的问题

一些地方和单位工作进展比较缓慢，一些具体工作距试点要求存在明显差距，一些重点、难点问题没有得到解决，落实试点方案的实际效果不够理想。

1. 一些地方推进试点主动性不强

一些承担试点任务的县（市、区）、乡（镇、街）、村主观上不愿意开展改革试点，没有高度重视，没有深入研究，没有认真组织，明显存在应付了事倾向。

存在模糊认识和畏难情绪。一些基层干部对这项改革试点认识不够深入、理解不够到位，对农村集体产权制度改革的方向、内容、路径、目标把握不好。个别试点县（市、区）甚至存在错误认识，一些干部认为改革后将失去集体经济支配权，一些农民认为改革就是分财产。一些试点单位认为，农村集体产权制度改革程序复杂，需要大量人力、物力、财力，涉及多方利益调整，敏感问题多，易引起这样、那样的麻烦，因而在试点工作上存在畏难情绪，左顾右盼，踟蹰不前。吉林市龙潭区江北乡棋盘村错误地认为此项改革试点可能影响农村稳定，影响村集体经济发展，因此中途停止试点工作，并正式申请退出。

组织领导和工作保障力度不够。伊通县、梅河口市、吉林市经开区、白城市洮北区、松原市宁江区、长春市莲花山生态旅游度假区、白山市浑江区、柳河县、东辽县、辉南县、吉林市龙潭区等11个县（市、区）没有足够重视这项改革试点工作；梅河口市没有制定试点方案，没有完全按照文件要求开展工作，影响了改革试点的进程和质量，从评估结果看排名靠后。一些地方试点经费没有全部落实，22个试点村仅有一半试点村的试点经费由所在县（市、区）的财政负担，其余或由试点村担负，或由试点村先行垫付，再出财政经费拨付，影响了试点工作顺利推进。

一些试点单位没有按时完成年度任务。截止到2016年11月底，长春市莲花山生态旅游度假区泉眼镇岗子村、吉林市经济技术开发区九站街道七家子村、吉林市龙潭区江北乡棋盘村、四平市铁西区平西乡孤榆树村、辉南县朝阳镇新胜村、柳河县柳河镇先锋村、图们市月晴镇水口村等7个试点单位只完成了清产工作，没有完成核资任务。

2. 一些试点工作在操作上存在障碍

一些试点村的村民代表会议难以召集，制约改革推进。这些村的村民代表数量不足以支持召开村民代表大会，比如通化县快大茂镇东安村为朝鲜族村，70%的村民长期在韩国或外地打工，村民会议、户代表会议、村民代表会议都很难达到法定出席人数，难以保证按规定履行改革试点工作的程序。

由村民代表大会决定改革事项存在风险隐患。多数改革试点中遇到的问题都需经村民代表大会决定，操作上往往存在一些不严密、不周到、不规范的地方，难免出现多数人侵害少数人合法权益，三分之二村民代表通过的决议又被十几个人上访推翻等问题。

老股金情况混乱问题严重制约清产核资工作开展。部分试点村存在老股金问题，由于老股金形成年代较久远，有些村有账目记载，有些老人持有股权证，有些村则没有账目，老股金情况混乱，将老股金纳入改革范畴有一定困难。

低保利益与股权利益相矛盾影响低保村民参加改革的积极性。实施集体产权制度改革后，成立农村集体经济股份合作社，全体村民均是合作社成员。按照民政局确定的低保户的条件，凡是合作社成员将被取消低保户资格，现有低保户的利益将会受损，因此大家对这项改革试点产生抵触情绪。

3. 一些改革举措在落实上存在困难

首先，集体经济组织成员的资格界定存在困难。目前，对农村集体经济组织成员如何界定，法律法规没有明确说法。《试点方案》虽强调"人员资格认定应在县乡政府全程指导下有序进行"，但没有具体意见。试点单位普遍认为，对集体经济组织成员的认定难以把握。如果农村集体经济组织成员的资格界定全由乡村自我管理，那么受当地乡规民约、传统观念和历史习惯等因素影响，界定的合理性和合法性很难保证。

其次，集体资产管理组织的组建存在困难。对于完成产权制度改革的新型集体经济组织，如何明晰和确定其组织形式，没有明确规定和具体办法。目前，可选方式主要有三种：成立村级集体经济合作社，由县级以上人民政府确认并颁发证书；依据《农民专业合作社法》，登记为股份合作社；按照《公司法》，登记为企业法人。但是，由于资产构成复杂、集体成员数量较多等实际情况，这几种方式往往与相关现行法规的一些条款要求不相符，给集体资产管理组织的构建带来困难。特别是工商登记后，集体经济组织需要缴纳营业税、增值税、所得税、房产税等，集体成员按股份分红时需要缴纳个人所得税，这比改革前还要加重村集体和农民个人的负担，所以，试点村对组建新型集体经济组织态度不积极。

4. 对一些试点后续事项没有提前筹划

改革后村集体如何发展公益事业？改革后短期内村集体的经济收入会减少，最多只能达到改革前收入的20%，公共事业支出也会相应减少，60岁以上村民补贴、养老保险补贴、村民公共福利等都会减少甚至没有。尽管村民个人得到了股权，但是真正能够拿到手的收入看上去不多，因此对改革不理解普遍存在。

土地集约入股后剩余劳动力如何安置？在外出打工收益下滑、打工难度加大的背景下，农民土地入股后的就业问题明显突出。对如何在实施农村集体产权制度改革过程中一并解决好剩余劳动力就业问题，有关方面缺乏合适的办法和有力的措施。这个问题解决不好，容易产生新的不稳定因素。

改革后村民自由退股权利如何行使？按照现代产权制度，村民退股自由。但如果不设置一些行使权利的必要条件和程序，改革后多数村民都会急于将所持股权变现，会导致村集体经济组织最后只剩下空壳股权，而没有实际内容。

一般村和负债村如何实施集体产权制度改革？这22个试点村基本上是集体资产数额较大、经济实力较强的城中村、园中村、城郊村及其他经济发展好的村。如吉林市经济开发区七家子村的耕地全被征用，已没有耕地资源，资产量大，均是征地补偿费，银行存款达到5993万元，村民均已市民化。这类村在全省行政村中仅占少数，改革试点成果的可复制、可推广性有限。全省80%的行政村集体资产数额较少、经济实力较弱，有的甚至负债运行。对占大多数的一般村和负债村如何进行集体产权制度改革，缺乏好的试点探索。

第四节　吉林省全面开展农业集体产权制度改革

一　2017 年推进三个县（市、区）农村集体产权制度改革

2016 年 12 月 26 日，《中共中央、国务院关于稳步推进农村集体产权制度改革的意见》（以下简称《意见》）出台。为探索农村集体所有制的有效实现形式，创新农村集体经济的运行机制，保护农民的集体资产权益，调动农民发展现代农业和建设社会主义新农村的积极性，党中央、国务院出台了该《意见》。《意见》在开展集体资产清产核资、明确集体资产所有权、强化农村集体资产财务管理、有序推进经营性资产股份合作制改革、确认农村集体经济组织成员身份、保障农民集体资产股份权利、发挥农村集体经济组织的功能和作用、维护农村集体经济组织的合法权利、多种形式发展集体经济、引导农村产权规范流转和交易、强化组织领导、精心组织实施、加大政策支持力度、加强法治建设等方面进行了详细部署。

2017 年开始，吉林省按照该《意见》并结合本省实际，在吉林省伊通县、长春市朝阳区、吉林市昌邑区推进农村集体产权制度改革试点。

2017 年 12 月 11 日《中共吉林省委吉林省人民政府关于稳步推进农村集体产权制度改革的实施意见》出台。内容包括：一是准确把握农村集体产权制度改革的总体思路。二是全面完成农村集体产权制度改革的重点任务，包括清产核资、产权界定、成员确认、股权设置、股份制改革、股权管理、注册登记。三是发展壮大新型集体经济，包括完善农村集体经济组织的功能、增强农村集体经济的实力、加强对农村集体收益的分配管理、强化对农村集体资产的监管、维护农村集体经济组织的权益、加快农村产权市场建设。四是

加强党对农村集体产权制度改革的领导，包括强化组织领导、制定工作方案、落实工作责任、加强宣传培训、加大政策支持、维护农村社会稳定。

二　2018年全省推进农村集体产权制度改革

按照中央统一部署，遵循农村改革"扩面、提速、集成"的总体要求，我国农村集体产权制度改革试点2018年进一步扩大。根据《农业农村部关于商请确定农村集体产权制度改革试点有关事项的函》（农经函〔2018〕2号）的要求，吉林、江苏、山东三省报送了整省试点方案，其他省、自治区、直辖市推荐了整市（州）和整县（市、区）试点单位。经农业农村部研究，同意吉林、江苏、山东三个省，河北省石家庄市等50个地级市，天津市武清区等150个县（市、区）为2018年度农村集体产权制度改革试点单位。整省试点到2020年10月底结束，整市（州）和整县（市、区）试点到2019年10月底结束。

第十一章　农村一二三产业融合
发展与乡村振兴战略

　　2015 年国务院办公厅出台了《关于推进农村一二三产业融合发展的指导意见》（国办发〔2015〕93 号），2016 年吉林省政府办公厅制定了《关于推进农村一二三产业融合发展的实施意见》（吉政办发〔2016〕63 号），明确提出推进农村一二三产业融合发展的总体要求、融合方式、主体培育、利益联结、融合服务和推进机制等，开启了农业农村产业融合发展的新阶段。实践表明，农村一二三产业融合发展，对于构建现代农业产业体系，加快转变农业发展方式，探索中国特色农业现代化道路，实施乡村振兴战略，具有重要意义。

第一节　农村一二三产业融合发展的提出

　　在 2016 年以来历年的中央"一号文件"中，农村一二三产业融合发展都是最重要的内容之一。农村一二三产业融合发展是产业化的升级版。实际上，农村一二三产业的融合发展，是农产品生产业、加工业和销售服务业的融合发展。融合，就是紧密关联、相互依存、相互促进。一二三产业融合发展，与其说是一种政策主张，不如说是农业现代化进程中的自发演化形式之一。这种演化，主要是市场力量的作用。但是，政府也可以通过总结不同的做法和经验进行引导和推动。

一　借鉴日本的六次产业

有人说，农村一二三产业融合发展借鉴了日本的"六次产业"。"六次产业"，是东京大学著名农业经济学家今村奈良臣提出的，指的是一二三产业密切结合，很难明确地把其中的一二三产业摘分出来，而 1、2、3 无论是相加还是相乘，结果都是 6，故称为"六次产业"。而我国有的学者做了引申，又加了四产和五产，其实还是属于第三产业，因此，这种说法没有流传开来。用一二三产业融合的说法，比较合乎实际，也易于理解。"六次产业"的说法，可能主要是强调其乘数效果，超越了一二三产业本身。但是这种说法忽略了一二三产业的密切关联性（或者说融合）。并且，"六次产业"也有固化模式的含义，而实际上，一二三产业的融合，根据产品的不同，有着各种不同的关联方式和特点。

二　我国农村一二三产业融合发展意义重大

（一）增加农民收入

之所以要倡导和推动一二三产业的融合发展，是因为这种融合发展对现代农业农村发展有很多益处。人们通常关注的是对农民生产者的益处，通常认为：仅仅从事农业生产，所得到的农产品原料的价值比较低；而如果对农产品原料进行加工，就可以大大增值，增值数倍甚至更多；农产品的销售过程，也能够实现增值。通过一二三产业的融合发展，农民就可以参与这种增值的分配，从而增加收入。

(二) 帮助小农户与大市场有效对接

在我国，一二三产业融合发展的重大作用，是解决好小农户生产与大市场需求的对接，使得千家万户的小规模生产者能够较好地满足加工商（进而包括消费者）对产品的要求。这些要求，涉及品种、数量、品质、规格、品牌、安全性等方面。一二三产业的融合发展，使生产者、加工者和消费者都能从中获益。生产者能够种得好、卖得出、卖得好；加工者能够获得所需要的原料，从加工中获得更大收益；消费者的消费需求能够更好地被满足。

例如，在粮食生产方面，无论稻谷还是小麦，如果小农户都是单打独斗，那么就不能实现优质优价。因为，加工商面对分散的农户的话，无法做到单独收购、单独运输、单独储藏、单独加工。而通过一定方式的产业融合，就可以比较好地解决这个问题。我国最大的稻谷生产省份湖南的新型合作社就是如此，由涉农企业（农资公司或稻谷加工企业）牵头，与农民组成合作社。合作社为农民提供整个生产过程的作业服务，从整地、灌水、育秧、插秧、施肥、植保、收获到稻米加工。合作社社员采用优质品种，通过同样的田间作业，生产出标准化程度很高的优质稻谷，统一加工后统一销售出去，取得很好的收益，再以适当的方式返利于农民。在我国最大的小麦生产省份河南，小麦生产合作社的特点又有所不同。这里，农民专业合作社并不自行进行小麦加工，而是与面粉加工商签订单，生产专用的优质强筋小麦。合作社自己并不进行面粉加工，可能是因为投入太大，销售面粉也不容易。合作社最大的作用，是与加工商签订单，按照订单组织农民进行生产。订单中的主要内容，是对小麦品种和质量的要求，以及收购价格承诺，例如高于市场价格 10%。如果没有合作社，签订单就不可能，因为，加工商无法同千家万户的农民签订单。

（三）农产品加工业带动农村一二三产业融合发展

农村一二三产业融合发展，很多情况下，是加工企业带动的。例如，红枣加工企业，能带动大量农民种植优质红枣；生猪的屠宰加工企业，可以带动大量农民饲养生猪。也有这样的情况，即第一产业的发展催生了第三产业的发展。例如，在油菜种植地区，美丽的油菜花盛开时，可以催化观光旅游业的发展；西南地区的水稻梯田，也有同样的带动旅游农业的效果。而一些生态园区的建立，更是把采摘、品尝、农家乐等与水果、蔬菜和花卉生产密切联系到一起，直接融合了一产和三产。

一二三产业融合发展，就是质量发展、绿色发展和高效益发展，是现代农业的新发展。因此，政府才积极倡导、引导、扶持和推动。

一二三产业融合发展，主要是市场机制和现代农业发展的结果；而政府的扶持，是重要外力。

（四）农村一二三产业融合发展助力乡村振兴

近年来，农村产业融合发展取得了显著成绩。农产品加工业稳中向好，2017 年全国农产品加工企业主营业务收入超过 22 万亿元，与农业总产值之比由 2012 年的 1.9：1 提高到 2.3：1。休闲农业和乡村旅游蓬勃发展，2017 年接待游客 28 亿人次，营业收入达 7400 亿元。农村创业创新活力迸发，2017 年返乡、下乡双创人员累计达到 740 万人，农村本地非农自营人员有 3140 万人。农村一二三产业融合发展形成良好局面，据测算，2017 年农村产业融合使订单生产农户的比例达到 45％，经营收入增加了 67％，农户每年平均获得的返还或分配利润达到 300 多元。2018 年 1~5 月，我国农产品加工业主营业务收入已超过 5 万亿元，较上年同期增长 7％ 左右。规模以上农产品加工企业有 8 万多家，大中型企业比例达到 16％，年销售收入超过 1 亿元的企业有近 2 万家，超过 100 亿元的企业达 70 家。一半以上的加工企业通过前延后伸构建了全产业链和价值链，成为农村产业融合发展的主导力量。

1. 促进农业高质量发展

一二三产业融合发展具体在六个方面提升发力。①通过协调发展促提升。统筹初加工、精深加工和后续副产物的综合利用加工，使各个环节协调起来发展，开发多元化产品，提高产品的附加值，延长产业链，提升价值链。②通过园区聚集促提升。引导加工企业向园区集中，特别是向"三区三园"——粮食生产功能区、重要农产品保护区以及特色农产品优势区，现代农业产业园、科技园、农民创业园——聚集发展。支持企业前延后伸，发展原料基地、农产品流通营销。③通过科技创新促提升。突出企业创新的主体地位，攻克一批产业发展的关键共性技术难题，取得一批科技成果，加快科技成果的转化和推广。通过集成创新，加工出营养安全、美味健康、方便实惠的食品。④通过品牌创建促提升。支持企业提升全程化的质量控制能力，弘扬精益求精、追求卓越的工匠精神，促进农产品加工业增品种、提品质、创品牌。⑤通过绿色发展促提升。发展绿色加工，引导企业发展低碳、低耗、循环、高效加工，形成一个绿色加工体系。控制食品质量安全，加工过程要进行质量控制，经得起追溯。⑥通过融合发展促提升。组织实施好一二三产业融合发展补助政策，使农户合理分享二三产业增值的收益。实施提升行动，使产业规模持续扩大，争取在 2020 年加工业转化率达到 68%，规模以上主营收入年均增长 6% 以上，与农产品加工的比值提高到 2.4∶1。通过提升行动实现初加工、精深加工、综合利用加工的协调发展。

2. 促进休闲农业和乡村旅游蓬勃发展

休闲旅游是农村产业融合的重点产业。近年来，我国休闲农业和乡村旅游蓬勃发展，2017 年，从业人员达 1100 万人，带动 750 万户农民受益，成为天然的农村产业融合主体。2018 年中央"一号

文件"明确提出要实施休闲农业和乡村旅游精品工程，农业农村部
认真贯彻落实中央的决策部署和要求，提出了开展休闲农业和乡村
旅游升级行动，目标就是要促进乡村旅游产品的质量、硬件设施建
设的升级，软件管理服务的升级，文化内涵的升级，环境卫生的升
级，人员素质技能的升级，真正打造一批生态优、环境美、产业
强、农民富、机制好的休闲农业和乡村旅游精品。主要从五个方面
来发力。①促进政策落实。已有的政策主要涉及用地、金融、财税
等方面，政策是否落实到位直接关系到产业的升级发展。有些问题
企业是解决不了的，要靠政府营造一个好的政策环境。我们要加大
政策宣传和贯彻落实力度，强化督查，细化、实化政策，真正使政
策落地生根，为产业升级创造良好的政策环境。②培育精品品牌。
完善精品品牌创建体系，促进产业标准化、规范化水平。要树立一
批在全国叫得响、立得住的品牌。建设一批全国休闲农业和乡村旅
游示范县（市、区）、美丽休闲乡村和乡镇、现代休闲园区、现代
化休闲农庄等，在全国把品牌树起来。③完善公共设施。整合相关
项目，充分利用各方面资金，改造提升一批现代农业休闲旅游的乡
村道路、停车场、厕所、污水和垃圾处理设施等，鼓励各地建设相
关配套设施，满足消费者的多样化需求。④提升服务水平。组织开
展休闲农业和乡村旅游人员培训，对休闲农业和乡村旅游管理人员
和经营人员进行培训。加强对从业人员的教育培训和考核，提高从
业者的素质能力。⑤传承和弘扬农耕文化。要结合资源禀赋、人文
历史、特色产业来深度挖掘农村文化，讲好自然和人文故事，进一
步提升休闲农业乡村旅游的内涵。积极开展对中国重要农业文化遗
产的挖掘、保护和利用。

三　农业发展面临的问题和挑战需要实施一二三产业融合发展

当前，在我国经济发展进入新阶段的背景下，经济增长速度放

缓，财政增收和增加财政投入支农的难度加大，农业发展面临的问题和挑战越发明显。

一是资源环境对我国农业发展的硬约束突出。耕地质量退化、环境污染和生态破坏等问题突出。

二是农产品成本提高、比较利益下降的问题日趋突出，增强农业资源和要素的竞争力变得日趋紧迫。

三是稳定或提高农产品价格的难度明显加大，增强农业国际竞争力的重要性和紧迫性空前凸显。

四是农业产业链、价值链的整合协调机制亟待健全，提升农业价值链、维护农业产业安全的压力显著加大。

此外，新型工业化、信息化、城镇化深入发展，农业现代化迎来新机遇，也面临新挑战。在此背景下，要像 2015 年中央"一号文件"要求的那样，"在提高粮食生产能力上挖掘新潜力，在优化农业结构上开辟新途径，在转变农业发展方式上寻求新突破，在促进农民增收上获得新成效，在建设新农村上迈出新步伐"，必须在推进农村一二三产业融合发展方面有新作为。

第二节　农村一二三产业融合发展的概念与内涵

产业融合是指不同产业或同一产业的不同行业相互渗透、相互交叉，最终融合为一体，逐步形成新产业的动态发展过程。产业融合可分为产业渗透、产业交叉和产业重组三类。

一　农村一二三产业融合发展

第一产业是指提供生产物质材料的产业，包括种植业、林业、畜牧业、水产养殖业等直接以自然物为对象的生产部门。第二产业是指加工产业，是利用基本的生产物质材料进行加工并出售。第三产业是指第一、第二产业以外的其他产业，包括交通运输业、通信业、商业、餐饮业、金融保险业、家庭服务业等非物质生产部门。各国的划分不完全一致。

通常说的三大产业采用联合国使用的分类方法：第一产业包括农业、林业、牧业和渔业；第二产业包括制造业、采掘业、建筑业和公共工程、上下水道、煤气、卫生等部门；第三产业包括商业、金融业、保险业、不动产业、运输业、通信业、服务业及其他非物质生产部门。

二战以后，随着社会经济和科学进步，各国国民经济各部门的产值和就业人员的比例不断发生变化。其变化趋势是：起初是第一产业的比重不断下降，第二和第三产业的比重不断上升；随后包括第一、第二产业在内的物质生产部门的比重都不同程度下降，第三产业的比重持续上升，这种变化趋势在发达国家比较突出。目前，发达国家第三产业的产值和就业人口的比重一般都在50%以上，第三产业成为规模最大、增长最快的产业。而在发展中国家，除新型工业化国家和地区以外，总的来说，产业结构层次相对落后，转变的进程也不快。但从变化趋势看，同发达国家基本上是一致的。

2015年中央"一号文件"围绕加大改革创新力度，加快农业现代化建设这个主题，提出了一系列具有战略高度和创新价值同时又能落地生根的政策措施。其中，最引人注目的是推进农村一二三产业融合发展。推进农村一二三产业融合发展是主动适应经济发展新常态的重大战略举措，也是加快转变农业发展方式的重大创新思维。

农村一二三产业融合发展根本上属于产业融合，以农村一二三产业的融合渗透和交叉重组为路径，以产业链延伸、产业范围拓展和产业功能转型为表征，以产业发展和发展方式转变为结果，通过形成新技术、新业态、新商业模式，带动资源、要素、技术、市场在农村的整合集成和优化重组。

二 农村一二三产业融合发展的思路

农村一二三产业融合发展的形式不拘一格，大致包括：①延伸农业产业链或发展农业循环经济。②第一、第二、第三产业的相关产业组织通过在农村空间集聚，形成集群化、网络化发展格局。如发展一村一品、一乡一业等。③农村第一、第二、第三产业虽然在空间上分离，但借助信息化等力量实现网络连接。④通过开发、拓展和提升农业的多种功能，赋予农业的科技、文化和环境价值，提升农业或乡村的生态休闲、旅游观光、文化传承、科技教育等功能。⑤开发食品短链，用可持续的农业生产方式生产出本地化、可持续、替代性食品。

农村一二三产业融合发展主要依托农业，立足农村，惠及农民，重点在县级和县级以下，关键在创新。为此要用创新的思路实施农村一二三产业融合发展。

（一）培育新型农业经营主体

推进农村一二三产业融合发展，必须做好"使市场在资源配置中起决定性作用"的大文章。为此，要明确支持新型农业经营主体的方向，注意引导新型农业经营主体在推进农村一二三产业融合发展中发挥主力军作用。在这一过程中，要注意协调好两个关系。一是新型农业经营主体与普通农户的关系。二是不同类型新型农业经营主体的关系。新型农业经营主体要更好地发挥引领、示范和带动作用，带动更多的普通农户增强参与农村一二三产业融合发展的能力，更好地分享农村一二三产业融合发展的成果。

（二）坚持消费导向

21 世纪调整农业结构、发展农业产业化要由生产导向向消费导向转变。相对于一般的农业结构调整和农业产业化，推进农村一二三产业融合发展，更要做好"消费导向"的大文章。按照消费导向推进农村一二三产业融合发展，首先要关注社会人口结构的变化及其对农业需求的影响，深入研究不同类型、不同年龄人群的消费行为、消费方式、消费结构的差异，为农村一二三产业融合发展优选市场定位、瞄准细分市场创造条件。如近年来，食品短链、社区支持农业、电子商务等新型农业消费方式日益受到消费者的青睐，与"80后"、"90后"甚至"00后"日益成为社会主流消费群体有密切关系。其次，要在重视适应需求、面向需求的同时，注意增强创新供给、引导或激活需求的能力。实践证明，发展体验经济，是引导中高端消费需求的重要途径，也是农村一二三产业融合发展，开拓市场、创新市场、提升产业附加值的重要选择。

（三）发展农村二三产业

农村一二三产业融合发展，必须有二三产业作为与农业融合的对象。近年来，在越来越多的地区，农业生产、农产品加工、农业装备等涉农工业和服务业加快融合，深刻影响着现代农业发展和新农村建设的进程，为解决农业农村发展中的问题提供了新的路径。从国内外趋势看，农业价值链的主要驱动力正呈现从生产者向加工者再向大型零售商转移的趋势，农机服务、农产品流通、农业咨询设计、农业供应链管理等农业生产性服务业对农业提质、增效、升级的重要性迅速凸显。在这一过程中，农产品流通问题近年来引发了各界关注，其中有两点值得重视。一是农产品流通环节相对于生产环节组织化程度更高，在产业链的利益分配中容易占据有利地位。二是农产品流通服务发展滞后，亟待将提质、增效、升级与加快发展有机结合起来。此外，发展农村服务业，促进城乡服务业协同发展，还可以借助新型农民培训和发展职业教育等方式，夯实农村一二三产业融合发展的人才支撑。当今世界，信息化的迅速发展为产业融合提供了新的引擎和催化剂，加速了产业融合的进程。发展农村服务业尤其是信息服务业，也将为农村一二三产业融合发展提供新的动力和黏合剂。

此外，推进农村一二三产业融合发展，还需要完善利益联结机制、开展试验示范和完善相关政策等。

第三节　吉林省农村一二三产业融合
发展的现状和经验

调查显示，吉林省农村一二三产业融合发展取得了阶段性进展，各地已将融合发展作为实施乡村振兴战略、促进产业兴旺的重要措施加以推进，成效显著。

一　农村一二三产业融合发展的主体不断壮大

在国家有关强农惠农政策支持下，在吉林省相关政策指引下，吉林省新型农业经营主体即农村一二三产业融合发展主体不断发展壮大，进而促进了农村一二三产业的融合发展。

（一）农民专业合作社和家庭农场基础作用不断强化

吉林省新型经营主体不断发展壮大，呈现出良好发展态势。其中，农民专业合作社和家庭农场在深化"三农"发展中的基础性、带动性作用不断加强，在带领小农户对接现代农业、对接产业融合发展中的地位越发重要，不可替代。2017 年，全省农业部门认定的家庭农场数量达到 24130 家，其中种植业 15604 家、畜牧业 938 家、渔业 47 家、种养结合 1189 家、其他 6352 家，经营土地面积达501.1 万亩；全省经工商部门登记注册的农民专业合作社有 81884

个，其中种植业 42007 个、林业 1280 个、畜牧业 16040 个、渔业
395 个、服务业 11093 个、其他 11069 个，合作社成员达 105.1 万
人，合作社出资总额为 1784.6 亿元。

（二）龙头企业的引领示范作用更加突出

农业产业化龙头企业出于做大、做优、做强的自身发展需求，
以及消费升级的市场需要，开展产业链经营，布局一二三产业全产
业链成为现实选择。龙头企业具有实力强、规模大、集聚要素全、
组织化程度高等特点，在农村一二三产业融合发展中的主力军作用
不可替代，尤其是在当前农村面临"空心化""老龄化"等困境下，
作用越来越重要。2017 年，全省拥有省级以上农业产业化龙头企业
530 家（含国家级 47 家），其中百亿元级企业 3 家、10 亿元级企业
16 家、亿元级企业 290 家，建有稳固的种植业基地 4070 万亩，养
殖业基地的养殖规模达 3 亿头（只），树立了一大批优质特色农产
品品牌，吉林黄玉米、白大米、黑木耳、草原红牛等享誉国内外。

社会资本成为农村产业融合发展的新兴力量。

农村产业融合发展催生的新产业、新业态、新模式，成为社会
资本追逐的效益洼地，农产品主食加工、休闲农业和乡村旅游、农
村电子商务等得到资本的投入。近年来，各级政府加大对农村产业
融合发展项目的政策扶持，鼓励、支持并引导社会资本加大投入的
力度，形成广泛的社会资本投入农村产业融合发展的良好态势。
2017 年，全省实施了一批农业产业园项目、产业融合示范园项目、
农产品产地初加工等融合项目，畜牧业支持 30 个产业融合大项目完
成实际投资 55 亿元，同比提高了 10%；完善了《吉林省林业保护
与发展补助资金管理办法》，制定了《吉林省九个百产业工程建设
规划》，引导社会资本投入 9 个林业产业重点工程；依托长白山区
林下沟系，引导社会资本大力发展林蛙养殖，总面积达到 8 万多公
顷；通过林地发包的方式引导社会资本投资林下参种植，新增林下

参种植面积 120 公顷，数量 84 万株。

二　新业态不断涌现

农业产业融合发展通过线上与线下、虚拟与实体有机结合等多种途径，催生出了共享农业、体验农业、创意农业、中央厨房、农商直供、个人定制等大量新业态。都市农业带动乡村旅游业，形成了以都市农业为主的、集生态旅游和休闲观光体验于一体的都市休闲农业发展格局。农村电子商务新技术、新业态异军突起，通过拓展市场，倒逼二产"加工"、引领一产"原料生产"，打通了产业间的梗阻，形成高技术渗透型融合模式。搭建"吉林大米网"电商平台，提供网上信息查询、线上销售、网络结算等便利服务；引导企业开展"线上注册发展会员，线下体验配送大米"的 O2O 营销模式；与阿里巴巴签订战略合作协议，建立遍布全省的"阿里巴巴·吉林大米"产地仓，开设"吉林大米"天猫旗舰店。目前，全省已有 71 家大米加工企业在淘宝、京东、1 号店等电商平台上开设网店 211 个，线上导入会员 140 余万人。淘宝吉林馆、京东吉林馆年成交额约 5.73 亿元。

三　吉林省的基本经验

我们从调研中发现一些带有规律性的东西，值得去把握。

（一）推进农村一二三产业融合发展不能忽视市场经济的客观规律

产业发展应该是一个渐进的过程，推进农村一二三产业融合发展，应该在充分依据和尊重经济发展实际情况的基础上，充分发挥市场的决定性作用，切实发挥政府的引导和服务作用。政府"拉郎配""工程"式的定指标、下任务，使融合发展很难成功，也无法为继。政府可以一边界定农村一二三产业融合发展的原则，一边为融合发展提供必需的基础设施、公共服务、社会服务管理、科技研究推广等基础性条件。关键还是要依靠市场机制以及民间自主治理，建立起产业融合发展的内在发展机制，催生新产业、新业态，激发农业农村的新动能。

（二）提高农民组织化程度对于农村三产融合发展有重要推动作用

调查发现，一些企业"关起门来搞融合"，比如一些休闲农庄，建大棚搞采摘、推出农家饭菜办餐厅，仅仅流转一些农户的土地、雇用一些农民帮工就业，产业融合程度低，二三产业的增值收益无法被当地农户分享。究其原因，就是分散的农户自身资源有限，处于弱势地位，难以与企业或工商资本对等竞争，无法有效与农村二三产业衔接。为此，推进农村一二三产业融合发展，应该千方百计提高农民的组织化程度，进而提高农业规模化经营的程度，增强农业经营主体包括小农户的话语权。

（三）基于资源禀赋、经济发展水平灵活选择融合方式

调查显示，吉林省农村一二三产业的融合形式、路径和实现方式呈现多样性、多元化特点。例如，有产地直销型、农产品加工型和农家饭餐馆、观光农园、农家民宿等旅游消费形式，实施主体是多元化的，有农民、合作组织、农业企业等。利益联结也呈现多种方式和机制，有订单合作制、股份制、股份合作制等。研究发现，各地的经济发展水平以及资源、技术、资本、人力资源等方面的优势和特点，决定了融合的最终实现方式。所以，因地制宜、多元化发展，应该是农村一二三产业融合发展应遵循的原则。

（四）农村一二三产业融合发展必须聚焦价值链的提升

调查显示，农村一二三产业融合发展催生了新产业、新业态、新模式，为农业农村发展提供了新动能，其中最重要的逻辑就是"融合"带来农业产业链的延伸、供应链的重组，进而带来价值链的提升，这成为融合发展的本质以及"魅力"所在，成为促进农业供给侧结构性改革和实施乡村振兴、促进产业兴旺发展的重要措施。

（五）农村一二三产业融合发展要加强产业政策的支持

产业的转型升级发展，大多是市场与政府两方面发力的结果。目前，吉林省正处于由传统农业向现代农业转变的关键时期，农村一二三产业融合发展更需要政策支持，需要政府通过税收优惠、财政补贴、贷款支持以及设立基金等方式支持。当然，要更加注重利用财政引导金融方式进行支持，发挥市场机制的作用。

第四节　吉林省农村一二三产业融合发展过程中存在的问题

虽然吉林省农村一二三产业融合发展取得了很大进展，但仍然处于初级发展阶段，融合程度低、层次浅，可复制模式少。

一　龙头企业培育不均衡，农业产业化程度不高

2018 年，吉林省进入全国农业产业化龙头企业 500 强的企业仅有 10 家，是山东省的 1/8，绝大部分企业分布在长、吉两市。全省农产品加工企业发展到 6512 家，培育国家级农业产业化龙头企业 47 家、省级龙头企业 521 家，销售收入 1 亿元以上的龙头企业仅有 290 家。德惠市有国家级龙头企业 9 家、省级 21 家，是全省拥有省

级以上龙头企业最多的县（市）。

第一，全省多数县（市、区）缺少精深加工龙头企业，多数龙头企业的生产经营水平还比较粗放，农业产业链仍不完整。且绝大多数生产的仍是初级加工产品，产品种类单一，综合利用程度差，附加值低。

第二，农业产业化发展水平不高。农业细分产业多、分布散，农业企业"小、散、杂"，各类经营主体单打独斗、各自为战的局面没有根本改变，尚未形成一条配套完整、关系紧密、特色突出的产业链。农产品加工业大多是"原字号"的粗加工，农产品附加值较低，且与互联网的对接程度不高，中间环节多，成本高，利润低。

第三，农业产业化程度不高。全省农业经营主体的规模化、组织化、产业化程度依然偏低。农业经营主体依然以分散的、小规模的兼业农户为主。优势农产品的精深加工、品牌效应、市场知名度都还不够，缺乏技术支撑和创新能力。龙头企业规模小、实力不强，且长期困扰农业龙头企业发展的融资难等问题依然存在。例如，白城市领军型种植、养殖加工企业少，国家级农业产业化龙头企业仅有5家，农产品精深加工、粮食过腹转化不足，二产对一产的拉动能力弱，融合程度不深。

二　第三产业带动作用滞后，影响融合发展水平

调查发现，全省各县（市、区）第三产业发展明显滞后。服务业企业普遍规模小、集中度不够，缺乏具有引领作用的龙头企业和创新企业。产业聚集效应不明显，市场竞争力较弱。

一是绝大多数的农村服务业以交通运输、批发零售、住宿餐饮三大类业为主，传统服务业占比偏高，都在60%以上。

二是真正服务于现代农业及农产品加工业的现代物流、金融服务等现代服务业起步较晚，占比不高，如在德惠市仅占38%。

三是部分县（市、区）的新型农业业态刚刚形成，以休闲农

业、乡村旅游和农村电商为主，体量很小。全省缺乏对农村服务业的整体考虑，没有顶层设计及发展规划，影响农村一二三产业的融合发展水平。

三 农村公共产品供给不足，基础设施建设跟不上

由于单靠省政府财政很难实现集中的产品供给，只能通过分散式的供给策略来提供公共产品，造成供给效率低以及资金利用率低的弊端。同时，目前公共产品供给规模不能满足农村的实际需求，使得公共产品的使用效果不明显，导致资源浪费，甚至出现公共产品闲置的情况，严重影响了公共产品供需平衡的建立，不利于农村经济的持续增长。

随着"三农"问题的重要性逐渐凸显出来，城乡发展不平衡成为目前阻碍农村经济增长和人们生活质量提高的主要问题，导致农村公共产品供给的持续性不足。一些地方政府将资金和政策支持等更多集中在公共产品供给前期，不能保证后期的持续供给，造成公共产品使用时间缩短，农村公共产品供应不足。①共享公共财政缺位。农村公共产品的利用资金有限，不能保证公共产品的正常供给。目前，公共产品大多是由政府提供的，供需矛盾问题得到一定控制，使农村产品供给逐渐发展完善，但仍存在一定不足。农村公共财政支付体制不完善，限制面向农村公共产品供给的财政支付能力。②产品供需结构不平衡。这是导致农村公共产品存在供给困境的主要因素。一些公共产品需求不能明确传达出来，导致供需结构失衡。同时，一些地方政府在公共产品提供上缺乏积极性，不能对农村实际需求进行深入调查，导致公共产品供给存在不足。

四 企业融资能力较弱，科技和人才支撑不足

目前的金融政策及企业自身缺陷导致企业融资能力弱。企业贷

款难和流动资金不足问题仍然普遍存在，粮食加工企业进行原粮收购需要占用大量资金，而企业又普遍没有抵押贷款能力，每年粮食收购季节都需要通过银行倒贷款，手续还比较繁琐，资金不能及时到位。

科技和人才支撑不足仍然是制约企业发展的重要因素。除医药和部分高新技术企业外，其他企业主要以初加工及转化为主，科技人才不够、科研力量薄弱、研发投入不足等问题还比较普遍。农村劳动力素质整体不高，多数农业生产经营者的综合素质与专业技能不能适应现代农业发展的要求。

五　利益联结机制不完善，融合发展主体责任感缺失

一是部分经营主体对农户的示范带动不足，影响农村一二三产业融合发展更好地惠及农民。许多地方在招商引资中片面追求"高大上"，导致引进的企业与农户或相关农村在资源动员能力和谈判地位上差距悬殊，农村地区或农户难以得到平等话语权，在农村产业融合中只能处于被动跟随地位。二是把利益联结机制狭隘理解为对农户的利益分配机制，不同经营主体之间、不同利益主体之间互惠共赢、风险共担的格局难以形成，没有充分考虑到不同经营主体间如何通过分工协作、优势互补共同做大农村产业融合的"蛋糕"。

三是相关权益保护制度不健全，加剧了农户和农村利益边缘化的风险。当前许多地方在农村资源开发和对产业融合项目的选择中，针对如何有效保护所在农村和农户的基本权益，尚未形成有效的制度安排，由此导致所在农村和农户往往处于被动接受的地位，缺少规划参与权和资源收益分享的谈判权，加剧其利益流失。

第五节　吉林省农村一二三产业融合发展的机制

我们总结全省农村一二三产业融合发展的现状、基本经验以及存在的问题，借鉴全国农村一二三产业融合发展的经验及成功案例，确认吉林省农村具有代表性的一二三产业融合发展机制有：融合主体培育机制、产业链条延伸机制、农业功能拓展机制、新业态发掘机制、利益联结机制和股份合作分配机制。这些机制是吉林省农村今后一个时期实施一二三产业融合发展应当参照的。

一　融合主体培育机制

农村一二三产业融合主体培育机制的核心是：各地区、各部门要把培育新型经营主体作为推动农村产业融合发展的重要抓手，通过规划引领、补贴奖励、搭建平台等方式，为农村产业融合主体的壮大营造良好的环境，推动农村一二三产业深入融合发展。融合主体培育机制的主要内容：

一是通过贷款贴息、以奖代补、先建后补等方式，重点扶持新型农业经营主体。

二是成立农牧业产业化龙头企业协会，联合政府、金融、科研、行业组织等资源力量，为龙头企业提供政策、资金、科技、融资、冷链物流等方面的服务。

三是认定农业产业技术创新战略联盟单位，打造企业、科研人员、农户等多方利益共同体。通过融合主体培育，强化家庭农场和农民专业合作社的基础作用，支持龙头企业发挥引领作用，支持和引导工商资本发挥带动作用。

四是实施青年农场主培养计划，重点培养中青年现代农场主。

引导大中专院校毕业生到农村创业，落实高校毕业生各项扶持政策，公共就业服务机构积极为返乡创业人员提供政策咨询、项目推介、开业指导、小额担保贷款等服务。

五是实施双创活动，加快发展农村职业教育，积极培养农村实用型人才。以专业大户、家庭农场主、农民专业合作社骨干等为重点，通过各种大赛筛选双创项目，选拔优秀新型农民；通过实施新型职业农民培育工程，建立新型职业农民培育体系；实施鼓励农民工等人员返乡创业行动计划，建设一批农民工返乡创业基地。

二　产业链条延伸机制

农村一二三产业链条延伸机制的核心是：通过市场、政策引导农村一二三产业融合主体，再通过农村一二三产业融合主体引导广大农业经营主体实现产业链条不断延伸。在产业链条不断延伸过程中，实现农村一二三产业融合发展。产业链条延伸机制主要包括：

一是农业产业纵向型融合机制。通过订单农业、承贷承还、贷款担保、合作协议、产供销对接等多种方式，建立有效的企农利益连接机制，加强家庭经营、合作经营、企业经营等生产经营合作，实现生产、加工、销售、品牌培育等环节的有机结合，增加农业附加值，促进农业生产、销售、加工、管理的智能化水平。

二是农业多元化服务型融合机制。发展以测土施肥、统防统治、农机服务、产品营销、技术培训等为重点的社会化服务组织，总结推广农业综合服务站、信息服务平台、粮食银行、产业联盟等社会化服务的有效形式，实现服务主体多元化、类型多元化、运行市场化，加快构建公益性服务与经营性服务相结合、专项服务与综合服务相协调的新型农业社会化服务体系。

三 农业功能拓展机制

农业功能拓展机制的核心是：各地根据自身农村经济的优势和特点，在尊重自然规律、保护和继承传统农业衣食功能的同时，通过现代技术，根据市场需求，不断拓展日益突出的农村产业发展功能、文化科普功能、旅游观赏休闲功能、生态修复与环境保护功能，使农村由过去传统的养口、养胃的定位发展为养眼、养心、养肺、养神的定位，实现多样化发展。农业功能拓展机制主要内容包括：

一是重视不同区域农村发展的差异性，在实现农村一二三产业融合发展的过程中，处理好顶层设计和基层探索的关系。要探索适合各地实际的融合发展路径，防止"一刀切"，尤其要注重统筹规划、因地制宜、分类推进，在追求粮食安全、产业效益、生态环境保护、农村环境整治、新型市场主体培育、资源要素合理配置、乡村治理创新、农村经济体制设计等方面进行理性选择。

二是以国家主体功能区建设规划为依据，对乡村进行分类，明确未来一二三产业融合发展的目标定位，实行宜粮则粮、宜经则经、宜草则草、宜牧则牧、宜林则林、宜渔则渔、宜退则退、宜居则居。

三是优化农业功能分区。立足于特色资源优势、环境承载能力和经济条件等推进农业主体功能区建设，确定重点发展区、优化发展区、适度发展区、保护发展区。不管哪一类地区，都要以支持和帮助广大农民创业和增收为基本取向。通过规划引导，重点围绕打造都市休闲农业带，建设和提升一批农家乐、共享农家、休闲农业示范点，开发农业生态休闲、旅游观光、农耕文化、科技教育等多种功能，拓展农业发展的领域和空间。

四　新业态发掘机制

新业态发掘机制的核心是：各地要根据自身的资源禀赋、经济社会发展实际以及所掌握的科学技术，在农村原一二三产业的基础上，因地制宜，通过分化、嫁接、重构形成新的生产组织形态或服务组织形态。吉林省主要有观光农业、体验农业、创意农业、田园综合体、农村电商、农村快递、乡村养老等新业态。新产业、新业态是原产业链的延长，也是原价值链的扩量；是原产业的分化、再造与放大，更是原产业组织的创新与升华；是已有产业的耦合关联，也是新意境、新技术的组合。新业态发掘机制的主要内容包括：

一是充分发挥吉林省农业资源富集的独特优势，利用"旅游+""生态+"等模式，推进农、林、牧、渔、教育、文化、康养与旅游业的广泛融合。重点发展观光农业、体验农业和创意农业。充分利用农业的自然资源以及乡村的民俗风情和文化设施等条件，以旅游为手段、以参与为特点、以文化为内涵吸引游客，以此带动吉林省现代农业的发展。

二是利用农业大省的优势，促进吉林省新型农业经营主体、加工流通企业与电商企业全面对接融合，线上、线下互动发展。

三是加强政府引导与扶持，打通乡镇与乡村"最后一公里"，形成城乡畅通的快递运输系统新业态。

四是将乡村规划依法纳入国家规划，加快修订村庄和集镇规划建设管理条例，大力推进县域乡村建设规划的编制工作。

五　利益联结机制

利益联结机制的核心是：深化农村改革，在制度层面设计好农村一二三产业融合发展主体之间的利益关系，确保融合主体之间、融合主体与农业经营主体之间利益共享、效益共沾，使一二三产业链条的每个环节上的从业主体都能够分享到产业融合发展的经济效益。利益联结机制的主要内容包括：

一是规范单产业链条各环节上融合主体的利益关系。融合主体无论是工商资本、龙头企业、合作社还是农户，充分体现平等性。产业链各环节上各方的合作必须体现自愿与协商的原则。

二是规范农村一二三产业之间融合发展的利益关系。一二三产业之间每个环节的融合都要体现双赢性，使市场起到对资源配置的绝对支配作用。

三是规范工商资本与流转土地的农户之间的利益关系。工商资本在流转农户承包地时，要充分体现双方的互利性，尽量避免在单位面积的产出上形成较大落差，使土地自身价值的升值空间没有得到较好体现。土地是具有商品属性的，对于土地"溢价"部分，要让农户能够分享到。

四是规范技术资本服务协作关系。龙头企业同农民专业合作社及农户形成稳定的技术资本服务协作关系，实现优势互补、相互协作。农民按企业要求进行生产，企业根据生产需要向农民提供资金扶持、技术指导。农民向企业提供优质的农产品原料，形成"企业＋基地＋农户"的农业产业化经营模式。

六　股份合作分配机制

股份合作分配机制的核心是：农民以土地、房屋或宅基地、劳动力、资金等物产、资产入股企业，或企业以资金、技术、品牌等入股、领办农民专业合作社，形成股份型利益联结机制，在企业和农户之间建立起权益共享、风险共担、互惠共赢的关系，使农民最大限度地分享到二三产业增值的收益。股份合作分配机制的主要内容包括：

一是创新公司与农民的利益分配机制。现代农业股份有限公司以租赁土地的方式入股，农户用自家土地入股，然后承包、管护入股土地。公司向农户承诺，不论公司盈亏，保证农户每年每亩红利分配数额。

二是实施产权制度改革，以资入股。行政村完成农村集体产权制度改革，确认股东数量，对所属经营性资产进行折股量化，形成股权台账。建立合作社，并成立理事会和监事会，由理事会和监事会成员对集体资产和股东权益进行监督和管理，实现还资于民、归益于民、自我管理、自我发展的目标。

第六节　吉林省农村一二三产业融合发展的模式选择

调研显示，吉林省农村一二三产业融合发展的模式主要有：种养循环型、农业功能拓展型、新型规模化市场带动型、高新技术渗透型以及整体推进型。

一　种养循环型

这是一种大农业内部产业链环节的融合发展模式。这种模式通过种植业发展，满足养殖业的饲料（包括青储饲料）需求；同时，对养殖业所产生的粪便及废弃物进行处理（有机化、无害化等），生产出的肥料再用于种植业生产，实现种养业循环发展。

（一）龙头企业带动型种养循环型农业发展模式

洮南市以吉林雏鹰农牧有限公司为龙头的种养循环型农业发展模式，主要建设年出栏 500 万头生猪的养殖基地，年出栏 400 万头生猪，还有年产 100 万吨饲料的饲料厂、年处理 100 万头生猪的屠宰厂、年产 2 万吨熟食的加工厂以及相配套的污水处理厂、有机肥厂和无害化处理厂，全面带动一二三产业联动发展。长春市九台区以广泽现代农业产业有限公司为龙头的种养循环型农业发展模式，以科技为依托，以奶牛规模化养殖为重点，以市场为导向，围绕牛粪生物降解、青贮饲料的种植、饲料加工、乳制品深加工、奶酪加工、调味品加工、奶牛休闲文化乐园旅游等，推动产业链延伸，形成奶牛全产业链产业集群。

（二）"稻、鸭、蟹"立体种养循环型农业发展模式

桦甸市、通化县、龙井市等地的"稻、鸭、蟹"种养殖模式，是把传统的依靠化肥、农药种植水稻的单一模式，调整为"稻＋鸭""稻＋鸭＋蟹"等多物种、多类型的种养模式。如依靠鸭在稻丛间中耕、除草，吃虫、吃萍、排泄和换羽还田肥土等，形成不施化肥、农药，不污染环境的有机稻作生产体系，产出的稻米、鸭等都属无公害产品，可放心食用。因此，该模式形成了以水田为基础、以种稻为中心、以家鸭野养为特点的自然生态和人为干预相结合的复合生态系统。

二　农业功能拓展型

这种发展模式，是在农业提供衣食功能的基础上，随着供给侧结构性改革的推进，不断拓宽农业的功能领域，实现"田园变公园、园区变景区、劳动变运动、产品变商品、空气变人气"等大变身，派生出观光、体验、休闲、康养、教育等多重功能，催生出休闲农业、乡村旅游业、共享农家等新产业、新业态。

（一）以休闲农业和乡村旅游业为载体的融合发展模式

长春市双阳区的休闲农业和乡村旅游业融合发展模式，是依托

长春市近郊的都市农业特色，打造长春的"后花园"，成就依托都市农业的"全域旅游"。国信现代农业基地、奢爱农业科技公司、绿屋生态农庄等多家企业和项目分别荣获"全国休闲农业与乡村旅游示范点"、"全国休闲农业与乡村旅游五星级企业"、"中国乡村旅游金牌农家乐"、"中国乡村旅游模范户"、省级休闲旅游度假五星级企业等称号。奢岭草莓小镇、缘山湖农业观光园、奢爱农业采摘园、国信农耕文化展示园、绿屋农业休闲园、绿宝石生态园等一批集休闲、采摘、观光、体验、娱乐、餐饮等多种功能于一体的特色小镇和园区蓬勃发展。

（二）以共享经济理念引领的"共享农家"模式

"共享农家"模式是以农村闲置的住宅、院落及其周围的园田地为资源，吸引工商社会资本，"协商开发，合作共赢"，以"企业＋农民"的形式融合发展。农民提供内有现代生活用品的房屋，有机绿色无公害的优质农产品，精加工、粗加工、特色加工的食品等，涉农企业提供包括全套电器、厨房、电信网络等在内的现代化服务设施，满足市民回归乡村、化解"乡愁"的需求。

1. 东辽县安石镇朝阳村的民居民宿

朝阳村由一个朝鲜族村和汉族村合并而成，投资 1000 万元建造了民族博物馆，改造原来的朝鲜族村民宅 50 户，打造成 50 个院落、50 套民宿，可供 300 人居住及召开工作会议。

2. 德惠市大青咀镇洪瑞德休闲农业游专业合作社的"共享农家"模式

洪瑞德休闲农业游专业合作社建成了占地面积达 62 公顷的农艺风景旅游度假区。度假区为游客提供当地民宅居住，同时提供乡村生态食品、土特产品、工艺美术品、民族民俗文化产品。合作社为12 户提供民宅的农户挂上了"共享农家示范户"的牌匾。

3. 长春市双阳区曙光朝鲜族民俗村的"共享农家"模式

曙光朝鲜族民俗村通过建设民俗园，提供"农业＋民宿""农业＋餐饮""农业＋采摘"及农业土特产品等相关服务。该民俗园是由若干个小的庭院集合成一个完整的产业服务体系，通过引进易点公司，首批打造了 5 套富有民族风情的宜居民宅，并计划逐步扩大规模，形成民族特色。

三　新型规模化市场带动型

这种融合发展模式，主要是以建立区域性主导产业产品交易市场为中心，通过有形市场带动网上交易平台建设，引领主导产业发展，是三产带动二产、一产发展的"倒逼型"融合发展模式。

长春市双阳区鹿产品地方交易市场具有代表性。鹿产业已经成为双阳区名副其实的特色优势主导产业，当地建设了全国性的鹿产品交易市场，每天成交额在 25 万元左右，以交易市场带动鹿产业全产业链发展。目前，双阳区制订了梅花鹿产业发展规划，确定了"一个市场、两个核心产业园、三个基地、三个中心"的发展布局，启动实施了梅花鹿的标准化规模养殖、良种提纯提质，鹿产品精深加工，梅花鹿文化培育等十大重点工程。2017 年，长春市双阳区鹿业现代农业产业园被全省确定为第一批 8 个创建单位之一。全区鹿养殖户达 1.2 万户，其中超千只规模的养殖户有 12 户，年产鹿茸近 200 吨，约占全国的 1/4；鹿产品加工企业有 50 余家，其中市级以上龙头企业 20 家，鹿产业经纪人达 1200 余人；生产、加工六大类 130 余个鹿系列产品，涉及制药、保健品、饮品深加工等多个领域，产品远销日本、韩国以及我国香港地区等国家和地区，年实现产值达 5 亿元；产品经销企业有 320 余家，鹿副产品年吞吐量超 5000 吨，年交易额达 18 亿元，形成了较为完整的鹿产品交易营销体系。

四 高新技术渗透型

该模式通过推动现代电子信息等高新技术与传统农业相融合，将物联网等渗透至农业产加销各个环节，依托"互联网＋农业"推动农业产业化发展，是新型农业生产经营融合发展模式。

吉林省加强农村物流配送体系建设，解决农村物流配送"最后一公里"难题。抓住国家大力发展电子商务的政策机遇，围绕"工业品下乡"、"农资产品下乡"和"农产品进城"，完善农业农村电子商务配套设施，建设县域电商运营中心，开展培训、孵化、代运营等系统电商配套服务。加强与国内大型电商企业的合作，借助淘宝、京东、苏宁、1号店等平台的资源优势，拓展吉林省农产品的供给渠道和销售网络，活跃农产品交易市场。扩大"农家网店"规模，依托农民个体、农民专业合作社在线营销特色品牌农产品。发挥吉林省农副产品生产加工优势，强化线上"吉字号"品牌建设，推广"吉林大米"线上营销模式，实施长白山人参、吉林特色杂粮、吉林黑木耳等系列特色农产品营销战略，打造一批"吉字号"线上知名品牌，提升吉林名牌、吉林地标名品的知名度。

白城市淘之宝电商运营模式，通过塑造品牌和互联网电子商务等营销创新，解决农民"卖粮难""卖好价钱难"的问题，所有农副产品实现网上销售，公司年收入超1000万元。

桦甸市田谷有机食品有限公司利用高科技腌制酸菜，实现种加销融合发展。公司先期投入1.3亿元，通过购买专利技术，实现东北酸菜腌制有机化，在白菜有机种植的基础上，实现线上（"互联网＋"）、线下（超市）共同销售模式，每年销售有机酸菜1.8万吨。

五 整体推进型

(一) 农业产业链延伸发展模式

该模式主要依托龙头企业，以农产品加工业为轴心。一方面，产业链向前端延伸，按照加工产品的要求，建设种养殖标准化原料生产基地，满足龙头企业对加工原料数量和质量的需要。另一方面，产业链向后端延伸，建设仓储冷链物流、配送营销中心等农产品加工服务业，实行全产业链深度融合，重构供应链，再造价值链。通化县禾韵现代股份有限公司、江达米业有限公司、吉林省参威人参产品科技股份有限公司采取"龙头企业＋基地＋农户"的方式，与当地农民或合作社开展土地流转合作、生产经营合作，建设稳固的质量可控的原料生产基地，再通过线上线下交易市场拉动，由产业集群集聚发展的园区带动，建立完整的产业链，形成产业链条有效衔接、利益共享的蓝莓、大米、人参产业全产业链融合体，带动整个区域的经济发展。

(二) 先导区引领型发展模式

该模式主要依托龙头企业、家庭农场、农民合作组织实施大园区、大项目等，实行农业、文化、旅游三位一体，促进生产、生活、生态有机结合，全区域、全方位整体推进。位于长春市双阳区的长春国信现代农业科技发展股份有限公司，充分发挥奢岭现代农业产业园区的集聚效应、项目的支撑效应、品牌的磁场效应，加速推动农业向价值链高端迈进，在开展有机蔬菜种植、线上线下配送的同时，推进农业与休闲旅游、文化教育、科技示范等产业深度融合，不断丰富农业发展的内涵。双阳区围绕现代农业园区，建设

"一镇八园"①，扩大主导产业的生产规模，做大产业发展基础，完善配套综合服务设施，打造现代农业产业集群，提升综合服务能力，形成规模化、标准化、科技化、品牌化的棚膜经济和现代都市农业发展核心区，全力打造双阳农业田园综合体示范样板。

抚松太安堂长白山人参产业园，以人参为核心，涵盖旅游、文化、健康养生、种植、加工、商贸等多种业态，是人参产业全产业链的集成。园区配备星级酒店，设有购物中心、商务中心、国家级人参检测中心、抚松县名优特产品展示中心、长白山特产交易市场和商铺等。该产业园通过"基地＋龙头企业＋旅游"，创建一二三产业交叉融合、相互配套、功能互补、联系紧密的，集标准化原料基地、集约化加工园区、体系化物流配送和市场营销网络于一体的三产融合先导区，逐步走集群化网络化发展道路。

抚松县兴参镇成功引进吉林精气神公司，大力发展山黑猪养殖、加工及30万头种猪繁育特色产业。公司在兴参镇租赁了141户农民的2205亩土地，采取"公司＋农户"模式，带动农民户均年收入增加5200多元，既促进当地及周边乡镇粮食的就地转化，又拓宽了农民就业和增收的渠道。

第七节　吉林省农村一二三产业融合发展的措施与建议

一　推进农村一二三产业融合发展的对策措施

吉林省要针对一二三产业融合发展的现状和存在的主要问题，

---

① "八园"包括中国草莓小镇、农业高新科技示范园、农村创业创新孵化园、农产品加工物流园、农业文化创意园、工厂化食用菌产业园、标准化精品果蔬示范园、名优花卉产业园、健康养生休闲农业园。

借鉴发达地区先进的经验,构建新型农村一二三产业融合发展的方式,促进吉林省农业现代化建设步伐。在不断优化农业结构的同时,藏粮于技、藏粮于土,保障国家粮食安全,全方位开发农业多种功能,丰富和拓展以"农户种养、企业加工、休闲旅游、循环生态"为特色的农村一二三产业融合发展的新业态,打造农工、农贸、农旅一体化经营综合体。要不断延伸农业产业链、价值链,推进传统农业向现代农业跨越,让农民更多地分享加工和流通环节的收益。

(一)借鉴国内一二三产业融合发展的典型模式

一是农户主导型。这是一种比较原始的融合方式。农户依靠当地具有比较优势的资源禀赋,凭借自身的优良素质及市场观察能力,在农业产业发展过程中,转变过去单一的种养业,实现农产品初加工、市场营销以及乡村休闲旅游等多方面融合发展。农户主导型主要包括特色有机绿色初级农产品、手工作坊式工艺品的"地产地销+休闲旅游农家乐"的产销模式。

二是农民专业合作社主导型。该模式在农户主导的地产地销的基础上,通过农民专业合作社,扩大生产、加工、销售的规模,把销售市场逐步引出农村,引向城镇。要着力发展现代农业,提高农业的现代化水平,逐步做大农产品初级加工产业,发展农产品精深加工。加强农产品销售的渠道建设,将农村产业链条由农业生产环节向农产品加工和销售环节延伸。农民专业合作社主导型主要是社员负责农业生产,合作社负责产前、产中、产后的三个"统一",即生产资料统一采购,生产过程统一管理,农产品统一收获、加工和销售。这是一种实行农超对接、农社对接的模式。

三是龙头企业主导型。这是农村一二三产业融合发展的主要模式。农业产业化龙头企业具有发展速度不断加快,优势主导产业地位日益凸显,科技创新水平不断提高,品牌建设扎实深入,市场影响力不断扩大的发展优势。龙头企业通过"公司＋农户""村企合一"等模式，不断培育一二三产业融合发展主体，在不断创新发展模式、完善与农业经营主体利益联结机制的基础上，引领农村一二三产业融合发展。农户主导型与农民专业合作社主导型注重产业链条的延伸，龙头企业主导型则使龙头企业与农业经营主体之间的利益联结更加紧密，农户、农民专业合作社、家庭农场等农业经营主体能够共同分享产业化的成果，更加强调价值链的完善。

四是"互联网＋X"型。这是一二三产业融合发展的最新模式，也是产销对接的典型模式，以互联网为主要载体，依托现代信息技术，通过线上线下综合服务，采取邮储平台的物流手段，扩大农产品的销售半径，大幅度减少产品流通的中间环节和交易成本。

（二）创建一二三产业的融合发展机制

吉林省应创新家庭农场、农民专业合作社与龙头企业等新型农业经营主体的紧密商业合作机制，根据新型农业经营主体的特点，由龙头企业发起，建立区域农村商业联盟，在一定区域内，实施比较紧密的合作机制。家庭农场主要负责农产品生产、发展初级休闲农业，农民专业合作社主要负责产前、产后等生产服务业和农产品初级加工，龙头企业重点发展农产品精深加工、拓展市场营销网络、创新市场营销模式、壮大乡村休闲旅游产业。要从实际出发，进一步优化生产服务资源的配置，三方在生产、加工、销售、休闲旅游等一二三产业融合发展过程中实现联盟管理机制，定期召开发展会议，共同协商发展问题，实现各方利益最大化，逐步形成较完整的农业产业化经营链条，建立互惠互利、风险共担、利益共享的联结机制。开展经营融合发展试点，探索家庭农场、家庭经营、合作经营与农业企业经营深度融合发展的新机制，强化龙头企业带动其他新型农业经营主体与国家扶持政策挂钩的激励机制。各级政府部门应该根据自身的经济社会发展条件，借助国家产业化扶持政策，通过建立示范区，开展农村一二三产业融合发展试点，探索适合本地区农村一二三产业融合发展的机制。在示范区内大胆尝试新型农业经营主体之间的合作机制——两家合作、三家合作、多家合作机制，通过政策逐步引导农村一二三产业融合发展，实现农村繁荣、农业发达、农民富裕。

（三）创新一二三产业融合发展的方式

农村一二三产业融合发展的方式可以有三种：一是以农业为基础，依次向农产品加工业、农村服务业方向发展的顺向融合发展方式；二是依托农村服务业，引导农业生产和农产品加工业逆向融合发展的方式；三是第二产业带动融合发展方式，即通过市场需求，优先发展农产品加工业，带动农村服务业和农业生产的融合发展。任何一种融合方式，都必须通过一二三产业在农村的融合发展形成新技术、新业态、新商业模式。

应鼓励各地根据自身特点因业制宜地探索多种融合方式。一是不同类型的农业经营主体之间，通过延伸农业产业链实现农村一二三产业融合发展，同时促进农业与旅游、健康养老等产业的深度融合；二是通过发展"一村一品""一乡一业"的形式，实现农村一二三产业的相关产业组织在农村空间集聚，形成集群化、网络化发展格局。三是培育农村电商、农产品定制等"互联网＋"新业态，通过"互联网＋"的形式，实现农业经营主体的网络连接、融合发展。四是开发食品短链，用可持续的农业生产方式生产出本地化、可持续、替代性食品。例如地方性土特餐厅，其食品原料来自本地的传统种养，是典型的食品短链方式。

（四）强化农产品加工业带动作用

农产品加工业是一二三产业融合发展的中坚力量。一要不断扩大总量规模。龙头企业快速发展，向农业领域输入了资本、技术、人才、管理等现代要素，推动农业规模化、标准化、集约化和产业化发展，龙头企业已经成为引领和推动现代农业发展的主体力量。二要加强对主导产业的培育。农产品加工业已成为农产品保障供给的主要力量，龙头企业充分发挥产加销一体化经营的主体作用，依托资源谋划项目，立足市场开发产品，围绕生产建设基地，形成区域特色鲜明、产业配套、质量标准可控、企业集群集聚的发展格局。三要完善益联结机制。农产品加工业是产业关联度高、行业覆盖面广、带动作用强的重要支柱产业，与一产、三产的利益联结机制日益完善，将会促进农村一二三产业融合发展，应通过农产品加工业带动农产品生产基地建设。四要扎实深入进行品牌建设。推进以企业为主体的品牌体系建设，注重生态品牌、特色品牌和原产地品牌的开发建设和保护，培育竞争力强、市场占有率高、影响范围广的知名品牌。必须发挥好承接第一产业农产品产业链条延伸的功能，同时承担为第三产业提供有机、生态、可追溯、物美价廉的农产品加工产品的职能。通过推动绿色功能食品、生物技术、中医制药等精深加工和现代化农产品仓储物流建设，培育一批农产品加工业的领军企业。引导农产品加工与流通业向种养业优势区域和城市郊区集中，形成原料基地建设与加工能力布局相一致的发展格局。以开发区、工业集中区、特色工业园区等为载体，建设一批农产品加工聚集园区，推动农产品加工业园区化布局、集群化发展。建立园区与原料基地联动建设机制，支持领军企业与农民专业合作社有效对接。

（五）加快发展休闲观光农业

一是统一编制东北三省休闲农业发展规划，形成一批各具特色、有机统一的休闲农业网络。二是培育发展一批城市依托型、景区带动型、农业观光型、民俗特色型、农家体验型休闲农业企业，建立一批高质量的乡村旅游示范点和都市休闲观光农业园区。三是扶持建设一批具有历史、地域、民族特点的特色景观旅游村镇，打造形式多样、特色鲜明的乡村旅游休闲产品。在打造各地特色方面，各省要拿出办法，在依法保护生态和文化资源的基础上，重视挖掘乡土特色文化、农耕文化、民族文化和生态文化。对于休闲农业创意产品的开发及休闲农业文化遗产的挖掘等，应当设立专项资金重点扶持。四是创新休闲农业发展模式，如"农村休闲游＋优质农产品""农产品加工园区观光＋精深加工农产品""果蔬采摘＋深加工农产品""特色餐饮服务＋特色农产品"等。五是加强休闲农业基础设施建设，逐步满足休闲农业与乡村旅游对基础设施的需求。

（六）推进农业产业化经营的优质高效发展

吉林省要立足资源禀赋，发挥比较优势，积极调整农业种植结构，改玉米连作为粮豆轮作，调减籽粒玉米，发展青贮玉米，扩种杂粮杂豆、马铃薯、饲草，推动常规作物向优质作物转化、单一的农产品种植向系列利用转化。加快发展牛羊等草食动物畜牧业，大力发展花卉、蔬菜等特色农业，扩大粮改饲和种养结合模式试点，构建粮牧特加统筹、农牧渔结合、种养加一体的现代农业结构。支持农产品主产区开展产品精深加工，提高产品附加值、产品效益。推动"生产导向"向"消费导向"转变，在中心城市近郊，发展农业观光采摘园、市民农园、创意农场等休闲农业，推行"休憩＋农场体验＋农产品订购"休闲消费模式，打造农业发展新业态。推动无序生产向组织化高效转变，实现产品市场竞争力和占有率双增强。

二　吉林省农村一二三产业融合发展的政策建议

（一）实施顶层设计，各地制定发展规划

农村一二三产业融合发展是实施乡村振兴战略、实现农业农村现代化的重要措施，必须坚持顶层设计。一是坚持国家政策导向长久不变，保障一二三产业融合发展方向的准确性。二是控制农村一二三产业融合发展的规模，本着循序渐进的原则，一步一个脚印有序实施。三是科学合理布局产业，因地制宜确定发展重点，尊重经济规律，尊重市场法则。四是扶持企业与科技有效对接，保障农村一二三产业在科学技术引导下健康发展。

（二）制定评价指标体系，建立县、乡、村三级示范体系

一是委托第三方，科学制定评价指标体系，保证农村一二三产业融合发展目标明确、方向清晰，发展过程有章可循。二是以项目引领产业发展，充分发挥农业农村新业态发展的活力和潜力，在项目建设和实施过程中，实现一二三产业融合发展。三是实施积极的财政政策和土地政策，在各市（州）、各县（市、区）建立一二三产业融合发展示范区，形成县、乡、村三级示范体系，引领全省一二三产业融合发展。

（三）成立指导委员会，全程指导一二三产业融合发展

吉林省可成立吉林省农村一二三产业融合发展指导委员会，委员会办公室设在省农委。聘请省内外有关专家组成指导委员会，制定委员会的规章制度，在省农委领导下对全省农村一二三产业融合发展进行指导。

（四）设立产业发展基金，推动全省一二三产业融合发展

吉林省应设立农村一二三产业融合发展基金，参照全省农业产业化发展基金的设立和运作方式制定基金管理办法，落实管理部门，实现项目管理。

后　记

　　《吉林省实施乡村振兴战略研究》一书即将与读者见面，此时此刻我的心情无比激动。本书的写作过程不仅是对我科研水平的历练，更让我真正地走进农村、走入农民，更加深刻地领会坚持农业农村优先发展的真正内涵，以及实施乡村振兴战略对中国未来发展方向与命运的重大意义。对标全面建成小康社会的各项硬任务，"三农"工作有很多硬仗要打，还有多项大任务必须完成，乡村振兴仍然任重而道远。

　　本书的撰写过程是我本人多年来理论与实践积淀、碰撞、融合的过程，在此过程中我曾迷茫过、不解过。而当我在困惑中无法自拔的时候，得到了很多专家的点拨和帮助。正是你们的耐心指导才使此书能够顺利出版，在此表示深深的谢意。同时，也对吉林省各市级、县级农业部门和农民朋友对于调研过程的大力支持，对社会科学文献出版社在疫情的特殊时期给予我的莫大帮助一并表达诚挚的谢意！

图书在版编目（CIP）数据

　　吉林省实施乡村振兴战略研究／李冬艳著. -- 北京：
社会科学文献出版社，2020.6
　　ISBN 978 - 7 - 5201 - 6788 - 8

　　Ⅰ.①吉…　Ⅱ.①李…　Ⅲ.①农村 - 社会主义建设 -
研究 - 吉林　Ⅳ.①F327.34

　　中国版本图书馆 CIP 数据核字（2020）第 102626 号

吉林省实施乡村振兴战略研究

著　　者／李冬艳

出 版 人／谢寿光
组稿编辑／任文武
责任编辑／赵晶华

出　　版／社会科学文献出版社·城市和绿色发展分社（010）59367143
　　　　　　地址：北京市北三环中路甲 29 号院华龙大厦　邮编：100029
　　　　　　网址：www.ssap.com.cn
发　　行／市场营销中心（010）59367081　59367083
印　　装／三河市龙林印务有限公司

规　　格／开 本：787mm×1092mm　1/16
　　　　　　印 张：21　字 数：282 千字
版　　次／2020 年 6 月第 1 版　2020 年 6 月第 1 次印刷
书　　号／ISBN 978 - 7 - 5201 - 6788 - 8
定　　价／88.00 元